科学的エビデンスに基づく最適の教え方
実践ガイドブック

HOW TO Teach Even Better:
An Evidence-Based Approach

ジェフ・ペティ 著

緒方広明 日本語版監修　岡崎善弘 訳

東京書籍

科学的エビデンスに基づく最適の教え方
実践ガイドブック

HOW TO Teach Even Better:
An Evidence-Based Approach

ジェフ・ペティ 著

緒方広明 日本語版監修　岡崎善弘 訳

東京書籍

Copyright © Oxford University Press 2018

How to Teach Even Better: An Evidence-Based Approach

was originally published in English in 2018.

This translation is published by arrangement with Oxford University Press

through Tuttle-Mori Agency, Inc., Tokyo

謝辞

出典に関する許諾について以下の団体、研究者に感謝申し上げます。

British Psychological Society

Hattie, J. A. C., The 34th Vernon–Wall lecture: The role of Learning Strategies in Today's Classrooms (Vernon-Wall Lecture, 2014) Pages 4 and 7. より抜粋。British Psychological Society よりPLSclearを通して転載許可受諾。

Cengage

Ausubel, D.P., Educational Psychology: A Cognitive View (Holt, Rinehart and Winston, 1968) より抜粋許可受諾。

Center for Effective Performance, Incorporated

Mager, R, Developing Attitude toward Learning, (1968)より引用。

J. A. C. Hattie and G. M. Donoghue

Hattie and G.M. Donoghue, Learning strategies: a synthesis and conceptual model (NPJ Science of Learning, 2016)より抜粋。Creative Commons Attribution 4.0 International License, CC-BY 4.0 に基づいて転載。

Marzano Research

Meta-Analysis Database of Instructional Strategies, (2018)
https://www.marzanoresearch.com/research/data © 2018 Marzano Researchより転載許可受諾。

McKinsey & Company

How to improve student educational outcomes: New insights from data analytics, (2017)より抜粋。© 2018 McKinsey & Company, www.mckinsey.com. All rights reserved. 転載許可受諾。

McREL International

Dean, C., Ross Hubbell, E., Pitler, H., and Stone, B., Classroom Instruction that Works: Research-Based Strategies McREL International より抜粋・脚色許可受諾。

T. Sherrington

Sherrington, T., Sweet Algebra. A model (2017). https://teacherhead.com/2017/04/05/sweet-algebra-a-model/より概念を使用。

The Sutton Trust

Education Endowment Foundation, The Sutton Trust, Teaching and Learning Toolkit, (2018)のデータを使用。 Education Endowment Foundation (EEF)を代表してStephen Tallより転載許可受諾。

John Wiley & Sons

Lemov, D., Teach Like a Champion (Jossey-Bass, 2010). Pages xi, 40. とD. Willingham, Why don't students like school? (Jossey-Bass, 2010). Pages 22. 163, 210の抜粋についてJohn Wiley & Sonsより許可受諾。

原書の出版前にすべての著作権者を探し、承諾をいただくよう努めましたが、連絡がとれなかった著者や団体もあります。誤りや抜け落ちなどにお気づきの際は、ご連絡をいただけましたら、できるだけ早急に修正いたします。

日本語版監修者序文

　日本では、2019年から、GIGAスクール構想により、小学校と中学校において児童・生徒全員に１人１台の情報端末が配布され、高速ネットワークが整備された。その後、多くの高等学校や大学においても、新型コロナウイルスの影響により、学生が１人1台の情報端末を学校に持ってくること（BYOD: Bring Your Own Devices）を前提として授業が行われるようになった。このような状況の中、情報端末を用いて教育・学習活動を行うと自然と学習ログが、「教育・学習の足あと」として蓄積されるようになってきた。

　このような教育データは、学習分析（ラーニングアナリティクス）の研究やエビデンスに基づく教育の実施には重要である。そのため、データを収集するためのデジタル学習基盤システムやデータの標準化、データの取り扱いについて様々な議論がなされている。

　例えば、私は、教育・学習活動のデータと収集・分析およびエビデンスに基づく教育を実現するための基盤情報システムとしてLEAF(Learning Evidence and Analytics Framework*) を開発し、教育・学習活動のデジタルエコシステムの構築を行っている。このLEAFは2024年現在、初等中等教育において国内10校、高等教育において国内10校、海外でもインドや台湾において100校以上で利用されている。

　本書でも取り上げられているが、これまで教育分野では、妥当性が高い「エビデンス」は、介入を行う群（介入群）と介入を行わない群（対照群）に分けて結果を比較するランダム化比較試験(RCT: Randomized Controlled Trial)等の研究結果から抽出されてきた。

　しかし、RCTや比較実験を実際の教室で行うには倫理面やコスト面等で課題もある。また、比較実験が難しいという課題は教育分野に限ったものではない。近年、医療分野では実験的な環境ではなく、日々の活動から得られたリアルワールド教育データ(RWED)から導き出されるエビデンスであるリアルワールドエビデンス(RWE)が注目されている。

LEAFシステムを用いて日々収集・蓄積される教育ビッグデータはRWEDである。我々はこのRWEDから効果的な学び方・教え方等のエビデンスを自動抽出し、将来的には「リアルワールドエビデンスに基づく教育」の実現を目指して研究を行っており、その成果が期待される。

　今後、人工知能(AI)やビッグデータ、データサイエンスなどの関連技術の発展により、近い将来、エビデンスに基づく教育の実現は現実のものになると考えられる。エビデンスに基づく教育について、その背景や手法を紹介し、具体的なエビデンスを説明している本書は、そのための第一歩となるであろう。教育分野において、このような本は極めて少ないので多くの教育者たちに役立ててほしいと思う。

2024年11月

日本語版監修者　緒方広明

京都大学学術情報メディアセンター教授

参考文献
＊緒方広明, 江口悦広：学びを変えるラーニングアナリティクス, 日経BP（2023）

訳者はじめに —— 日本語版刊行にあたって

「もっと良い講義を作りたい！」

「でも、何を改善すると良いのだろう……？」

当時、大学教員3年目。講義の作り方がわからず、苦悩が続いていました。努力の方向を変更する度に講義資料を作り直していたら人生時間が足りません。そこで、最初に進むべき方向を固めるところから再検討を始めました。最初に思い浮かんだことは、海外の優秀な大学教員たちでした。海外の大学では「ティーチングアワード（学生から最も高い評価を受けた講義の担当者に贈られる賞）を受賞している先生」たちがたくさんいるので、何かヒントが得られないだろうか？ と考えました。

「ティーチングアワードを受賞している大学教員たちはどのような講義をしているのだろうか？」「どのような考え方で講義を作っているのだろうか？」

情報を探り続けていると、エビデンスを活用して講義している人たちの存在に気づきました。TIPSのようなテクニックではなく、エビデンスの知見に基づいて講義を作っているのです。「効果的な講義の作り方がわかるかもしれない……！」。

エビデンスは、暗闇の中で見つけた小さな希望でした。しかし、当時は日本語で読める書籍は少なく、洋書以外に情報源はありませんでした。無謀な挑戦を始めてしまったのではないかと不安になりながらも、隙間時間を見つけては洋書を開く日々が続きました。

エビデンス関連の洋書を読み続けること約2年。読み続けた洋書の中で「これだ！」と強く感じることができた本はジェフ氏の著書だけでした。本書が他書と決定的に違う点は2つあります。

1つ目は「エビデンスの使い方」や「エビデンスを活用した授業例」

の豊富さです。「Evidence-based」がタイトルに付いている洋書は多く見つかりましたが、ほとんどの本は研究者が読む学術書でした。誤解を恐れずに言い換えると、いずれも教室を意識した実践的な本ではありませんでした（もちろん読む価値はあります！）。

　2つ目は著者の経歴です。ジェフ氏は元高校教師です。エビデンスを教室で活用した経験は誰よりも多く、試行錯誤しながらエビデンスを参照し続けて生徒たちを成功に導いていました。学校の現場をよく知っている教師が書いた本なので、説得力は別格でした。

　本書は「研究者」に向けて書かれた本ではなく、「教師」をはじめとする「教育者」に向けて書かれている本です。具体例が豊富なので、教員であれば、授業や講義をイメージしながら読み進めることができるでしょう。大切なことは「エビデンスを使っているかどうか」ではなく、「効果的に活用できているかどうか」です。エビデンスはマニュアルではありません。エビデンスを渡せば誰でも優れた教師になれるわけではありません。著者も本書で書いている通り、「何回も実践して調整を続ける」必要があります。

　日本全国の教育者の皆さんに本書が届くことを心から願っています。日本の教育を支えてくださっている教育者たちの努力や苦労が報われますように！

2024年11月

訳者　岡崎善弘

岡山大学学術研究院教育学域　准教授

Contents　もくじ

謝辞 3
日本語版監修者序文 4
訳者はじめに──日本語版刊行にあたって 6
はじめに 12
本書の使い方 14

PART 1　学習とは何か？　何が学習を促すのか？ 17

CHAPTER 1　生徒たちの理解を確実にする協働的構成主義 18
学習とは記憶することではなく、知識を関連付けること 19
考えることを通して学習する 20
難易度が高い課題の必要性 23
質が高い学習サイクル 24
「質が高い学習サイクル」の概要 27
再生課題と推論課題をセットにする 30
推論課題は深い理解を求める 32
話題の梯子 34
質が高い学習に必要なことは何か？ 35
浅い学習と深い学習の両方が必要 36
深い学習はどのように転移するか 40
協働的構成主義モデルで実る果実は大きい 42

CHAPTER 2　難しいことを教える：
　　　　　　　具体から抽象へ　複数の表現方法を利用する 46
複数の表現方法で説明する 49
数学以外の科目で抽象的概念を教えるとき 51

CHAPTER 3　分析スタイル　グラフィックオーガナイザー
　　　　　　　カード分類ゲーム 61
アトミスティック分析とホリスティック分析 61
知識を視覚的に提示する：グラフィックオーガナイザー 64
カード分類ゲーム：意思決定 80
グラフィックオーガナイザーを使ったゲーム 88

PART 2　トピックの教え方 …… 91

CHAPTER 4　RARモデル：トピックの教え方を構造化する …… 92
RARとは何か？ …… 92
RARの構造は協働的構成主義を実現させる …… 94
効果が高い授業方法の特徴 …… 95
なぜRARは大切なのか？ …… 102

CHAPTER 5　クラス全体に質問する方法とディスカッションの方法：
　　　　　　　　自分で修正する授業 …… 106
よく見かける実践：
生徒たちに質問する・回答したい生徒が回答する …… 107
アサーティブな（お互いの意見を尊重する）質問 …… 109
「アサーティブな質問」の評価 …… 110
お互いを非難しない授業 …… 114
質問の梯子 …… 116
生徒のデモンストレーション …… 116
小型ホワイトボードの使用 …… 119
優秀な教師のストラテジー …… 121

CHAPTER 6　オリエンテーションの授業方法 …… 129
オリニンテーション：学習の準備 …… 129
オリニンテーションの方法 …… 131
ゴールを設定する …… 138

CHAPTER 7　モデリング：知的スキルや身体的スキルを見せる …… 148
モデリングは私たちの小さいワーキングメモリーを助けてくれる …… 148
いつ／どのようにモデリングを使うか？ …… 152
モデルと模範解答例を活用する …… 161
身体的スキルのデモンストレーション …… 171

CHAPTER 8　「受け取る」段階：新しい内容を提示する …… 176
生徒同士の説明：アクティブアテンション課題 …… 178
アクティブアテンション課題をいつ使うのか …… 181

他のアクティブアテンション課題 ┄┄┄ 183
新しい内容をアクティブに伝える方法 ┄┄┄ 185
「質問してから教える」のバリエーション ┄┄┄ 188
解説せずに教える ┄┄┄ 191
解説せずに教える方法 ┄┄┄ 195
生徒の積極的参加を高めるアクティブラーニングの方法 ┄┄┄ 209
「受け取る」段階：学習の「チェックと修正」┄┄┄ 215

CHAPTER 9　学習したことを適用する ┄┄┄ 218
話題の梯子を組み立てる ┄┄┄ 220
「話題の梯子」で扱う課題のタイプ ┄┄┄ 224
クオリティラーニングブースター ┄┄┄ 228
推論課題を上手に使う方法 ┄┄┄ 232
「課題の梯子」の最上段：学習の転移を目指した「開かれた課題」┄┄┄ 246

CHAPTER10　レポートや論文を書きやすくする方法 ┄┄┄ 251
組み立て方と書き方を段階的に教える ┄┄┄ 252
足場を少しずつ減らす ┄┄┄ 259

CHAPTER11　学習を「チェック・修正」する方法 ┄┄┄ 263
よく見かける授業と優れた授業の比較 ┄┄┄ 265
ゴール、メダル、ミッション ┄┄┄ 269
グレードを付けると学習の質が落ちる ┄┄┄ 275
授業中の「チェック・修正」┄┄┄ 278
学習するときに役立つ他の「チェック・修正」の方法 ┄┄┄ 289
トピックやサブトピックを学習した後に「チェック・修正」する ┄┄┄ 290
間違いを見つけて修正する方法 ┄┄┄ 293

CHAPTER12　学習した内容の再使用とトピックの再学習 ┄┄┄ 309
助けて！　教えても忘れる！ ┄┄┄ 310
生徒たちのノート作成が大切 ┄┄┄ 316
授業中の復習とノート作成 ┄┄┄ 318
浅い学習で得た知識を再使用する ┄┄┄ 321
理解を深める方法と学習したことを転移させる方法 ┄┄┄ 323
フィードバックで復習する他の方法 ┄┄┄ 328

CHAPTER13　スタディスキルとアカデミックスキルを
　　　　　　　戦略的に活用するトレーニング …… 331
　精読スキルを教える …… 332
　生徒たちが取り組んだ課題や作品を使ってスキルを教える …… 343
　スキルと解き方を効果的に教えるエビデンス …… 346

PART 3　エビデンスを調べる …… 353

CHAPTER14　教育分野のエビデンスを選択する …… 354
　効果量を調べた研究：量的エビデンス …… 355
　効果量研究の統合 …… 361
　バイアスの問題 …… 365
　根拠として選択した情報源を比較する …… 365
　エビデンスとして参照する情報源は3つ：
　トライアンギュレーション …… 369
　教育分野で信頼できる情報源 …… 371
　量的研究に基づいた情報源 …… 375
　エビデンスを参照して授業を改善する …… 386

CHAPTER15　参考文献 …… 392
　質的研究の概要 …… 392
　量的研究の概要 …… 393
　生徒の学習到達度をもっとも高めた教師に関する実地研究 …… 393
　ベストエビデンスシンセシス（無料ウェブサイト） …… 394
　無料でダウンロードできる研究概要 …… 394
　その他の参考文献と書籍 …… 395

索引 …… 402
訳者あとがき …… 410
著者紹介 …… 412
著者略歴 …… 414
日本語版監修者略歴 …… 414
訳者略歴 …… 415
校正協力 …… 415

はじめに

　"Evidence"は教師たちの間で議論が多い用語です。学術誌に掲載された研究を重視する人もいれば、教育者の経験を重視する人もいます。しかし、本書が示しているように、3つのタイプのエビデンス（量的研究、質的研究、優れた教師の実践）を組み合わせることが大切であり、教師の腕の見せどころです。

　学習の可視化（Visible learning）に関する研究では、学術誌に掲載された研究に基づいて"Evidence"を整理しました。目的は、平均以上または平均以下の効果を持っている教育方法の比較であり、成功する可能性が高い教育方法の特定です。そして、成功する方法が高い教育方法を教師が実際に実践して、その効果を評価するよう依頼しました。しかし、もっと大切なメッセージが根底にあります。大切なメッセージとは、「効果を知ろう」です。つまり、教師たちが「何をするのか」というよりも、教師たちが「どのように考えるのか」（教師たちのマインドフレーム）の方が大切なのです。

　ジェフ・ペティは、教育方法とツールを紹介する才能や、教育方法の効果を教師にわかりやすく伝える才能を持っています。ジェフは、持っている知識を関連付けることの重要性を強調しており、説得力が高い方法で教育方法やツールを魅力的に紹介しています。

　ジェフは、「学習とは、単なる記憶ではない。知識を関連付けすることが学習だ」と強く主張しています。知識を持っているからこそ、知識を関連付けたり発展させたりすることができるのです。学習の最初のプロセスは知識の獲得から始まるでしょう。しかし、知識を獲得した後は、知識を関連付けることが必要不可欠です。

　ジェフは、学習に関するテーマを鮮明に表現する才能を持っており、どのような教室でも実践できるアイデアを多く紹介しています。また、「主

要な研究の集約」と「授業経験に基づいたアイデア」のバランスが優れており、本書の価値を高くしています。

「Evidenceの利用」は「調理」と似ています。以前にジェフと会った時、ジェフの娘さんが経営しているロンドンのレストランで話をしました。レストランで食べたムール貝がとても美味しくて、私はレシピを尋ねてしまいました。

帰国後、ムール貝（もちろん、ニュージーランド産の緑のムール貝です！）を買って、タマネギとニンニクをみじん切りにしました。フライパンに、ワイン、ムール貝、ニンニク、タマネギを入れて、火にかけて貝の殻が開くまで待ちました。そして、クリームを加えて2分待った後、パセリを散らして完成です。しかし、食べてみると、何かが違うのです。再びレシピを見ると、レシピの最後に「美味しくなる魔法は、煮詰めること」と書いてあることに気づきました。この1文を読んで、私は、「レシピ」に書いてある通りに作るだけでは不十分だったとわかったのです。

本書では、「膨大な研究、教師たちの経験、豊富な知恵」を煮詰める方法（エビデンスを使って上手に授業するアイデア）がわかりやすく解説されています。

どうぞ、この本を楽しんで下さい。楽しむことができれば、あなたの教え方はさらに良くなるでしょう。

2018年4月
メルボルン大学教育学部教授
オーストラリア教職リーダーシップ機構　理事長
（Australian Institute for Teaching and School Leadership）
ジョン・ハッティ（John Hattie）

本書の使い方

　完璧に教えることは不可能です。教師の仕事はいつも山積みです。しかし、教師は生徒たちの人生を左右するほど大きな影響を与えます。そこで、授業を改善する実践的なアドバイスを本書で紹介することにしました。最小限の時間と最小限の労力で生徒たちの学力に最大の効果を与えることができるでしょう。

　本書は、信頼できる研究に基づいて提案されている授業方法、ストラテジー（戦略）、テクニックに注目しています。その3つをまとめて、「教え方（method）」と呼ぶことにしました。私たちが変更できる要素の中で、「教え方」は学習成績に最も影響を与える要素です。「教え方」で大切なことは学習成績の向上だけではありません。最も効果的な「教え方」は、多くの場合、生徒たちを楽しませており、学習意欲を高めています。また、挑戦的な課題であっても「できる」と思える方法であり、教科に対して本質的な関心が持てるようになる方法です。

　また、この本では、私が長年にわたって調べた「教え方」に関する研究から得たアドバイスを要約しています。しかし、質が高い教え方のエビデンスは膨大であり、すべてを本書に反映しているわけではありません。信頼できる結論を得るためには、複数の情報源の参照が最も良い方法です（CHAPTER14参照）。多くの学校で「このような教え方に効果がある（使った方が良い！）」または「このような教え方に効果はない（使わない方が良い）」という情報が広がっているのであれば、あなたの教室やワークショップで試してみる価値はあります。このようなエビデンスの「トライアンギュレーション（量的研究、質的研究、優秀な教師を調べた実地研究）」は、この本で紹介しているアドバイスの基礎に相当します。また、各章の最後に、扱ったエビデンスの概要を紹介しました。

注意してほしいことが１つだけあります。本書で紹介した「教え方」を授業で利用しても、おそらく初回から成功することはありません。あなた自身も、生徒たちも、新しい方法に慣れていません。実際のところ、効果的な「教え方」では、「生徒たちに求めること」がとても大きいのです。教師も生徒も、効果を見極めるために、同じ方法を少なくとも５回程度は試してみる必要があります。最大限の効果を引き出せるようになるまで、そして、使いやすいと感じるまで、約25回の実施が必要になるでしょう。意外に感じるかもしれないのですが、授業改善に関する研究は、新しい方法を繰り返して利用する必要性を強調しています。さらに、利用した後は各実践を見直して利用方法を改善する必要性も強調していました。

　そして、このような挑戦は「実践コミュニティ（community of practice）」で実施する必要があります。つまり、改善に向けて挑戦したことを他の教師たちと話し合う必要があるのです。私は、実践コミュニティで実施する活動を「支えられた実験（supported experiments）」と呼んでいます。詳細はCHAPTER14で紹介しています。所属している学校で実施することが難しい場合は、非公式な実践コミュニティを作りましょう。

　エビデンスを学術的に精査するところからスタートするのではなく、エビデンスの結論から学習を始めましょう。結論よりもエビデンスの詳細が知りたい方は、CHAPTER14から読み始めると良いでしょう。その後、最初から順に読み進めることをお勧めします。もちろん、興味があるところから読み始めたり、拾い読みしてもかまいません。ほとんどの章は、それぞれ独立した内容です。

　優れた教師には生まれつき特別な才能が備わっていると思われがちです。しかし、本書で紹介している高い効果がある授業法を試した実験では、教師はランダムに選ばれています。実験の数は何十万にも上ります。このような実験を実施した結果、いずれの方法も生徒たちの学習を大き

く改善させています。つまり、優れた授業の鍵は、教師の才能ではなく、質が高いストラテジーを効果的に使うことであると言えるでしょう。優れた「教え方」を学習すれば、あなたも優秀な教師になれるのです。

本書は、著書『Evidence-Based Teaching: A practical Approach』で紹介した内容を大幅に更新・改善して構成しています。また、別の著書『In Tuition』から抜粋して改編した箇所もいくつか含まれています。

リズ・シン氏の忍耐力や編集力など、その他のたくさんのことに深く感謝致します。

PART 1

学習とは何か？
何が学習を促すのか？

CHAPTER 1 生徒たちの理解を確実にする協働的構成主義

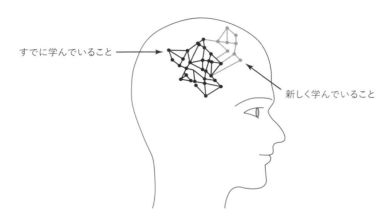

図1-1:「すでに学んでいる知識」と「新しく学習する知識」

　様々な研究からよく知られているように、学習は試行錯誤の繰り返しです。スイッチが入った時のように「あっ！わかった！」というプロセスは滅多に起きません（ただし、持っている知識が再構成された時に「あ！わかった！」は起こるかもしれません）。

　生徒たちは、教わったことを神経細胞（ニューロン）に符号化するプロセスを通して学習していきます。1回の学習だけでは完全ではないため、学習し直す必要があります。本書では、ニューロンのつながりを「構成」と呼ぶことにします。（「構成」は書籍によって意味が異なるかもしれません）。もちろん、実際の脳内の学習メカニズムは図1−1よりも遥かに複雑です。本書の図1−1はわかりやすく説明するために作成した図です。不正確な部分はご容赦下さい。

　生徒たちは、学習済みの知識（図1−1の黒色）と新しく学習していること（図1−1の灰色）を結びつける必要があります。よく知ってい

る知識やスキルが図1-1の黒色の部分です。今、教わっている新しい知識が図1-1の灰色の部分です。

持っている知識と新しい知識の「構成」は、生徒たちが個別に作っています。一般的に、生徒が最初に作った「構成」は不完全であり、いくつかの誤解を含んでいるかもしれません。これまでに学習してきたことは生徒間で異なっているため、新しいことを学習した時、「構成」も様々な形になります。生徒たちは教師の説明を忠実に記録して正確に記憶しているのではありません。生徒たちは自分で情報を足したり作ったりしているのです。

参考情報

協働的構成主義（co-constructivism）は1960年代の構成主義と同じではありません。構成主義では、最小限の授業を教師に求めていました。協働的構成主義では、緻密に計画された授業を教師に求めています。

学習とは記憶することではなく、知識を関連付けること

教えられたことを完璧に記憶することができるなら、誤答や誤解が起きることはありません。教師の話を聴き洩らしたときだけ学習できなかった、ということになります。授業で教わったことをすべて記憶できるのであれば、以下のような回答が返ってくることはありません。以下の回答はすべて実際に書かれていた試験の回答です。

穀類に共通する病気を1つ挙げなさい。
「小麦菌」
寒いとき、哺乳類はどのような方法で体を温めますか。

「カーディガンを着る」

アメーバはどのように餌を食べますか。

「変な足でエサを拾う」

なぜ陣痛が起きるのですか？

「母親はまず妊娠して……赤ちゃんが生まれるまで、腰の関節が外れるから」

「陣痛が起きる理由は、赤ちゃんが自分で回転して、まっさかさまになって頭の出口を目指すから」

私はこのような微笑ましい回答がすべて間違いだと主張しているのではありません。発音が似ている単語と間違えているケースもあります。

「illumination（イルミネーション）を使って解決した」

＊訳注：elimination（消去法）が正解

「るつぼ（現代風に例えるなら耐熱容器）をthongs（ビーチサンダル）でつかんだ」

＊訳注：tongs（トング）が正解

スペルミスもあります。

「大昔のイギリス人は泥で家を造り、床には粗いmating（仲間）を敷いた」＊訳注：matting（マット）が正解

上記の回答を見ると、生徒たちは独自に意味をつくりあげていることがよくわかります。脳はテープレコーダーではないのです。

考えることを通して学習する

有名な認知心理学者のダニエル・ウィリンガム（Daniel Willingham）は、「記憶とは、思考の後に残っているもの」だと言っています。私たちは「考えること」を通して学習するので、新しい内容について一生懸命に考えれば考えるほど、よりよく学ぶことができる、ということです。

教わった内容を生徒たちが考えた時、生徒たちの脳内では新しい知識と持っている知識の間に神経のリンクが作られて、強化され、そして「構成」が生徒たちの脳にしっかりと定着していきます。

　教材を提示しても、生徒たちが教材について深く考えなければ、過去に学習したことと教材が結びつくことはありません。知識が結びついていない場合、生徒たちは以下のような様子を示すかもしれません。

- 教材をよく理解することができない。
- 関連性が弱いため、新しく学習したことを思い出すことができない。
- 学んだことを活用する機会を設けても、学んだことを思い出すことができない。

以下にわかりやすい例を挙げてみます。

ケーススタディ

概念と概念を結びつける

　SAT（アメリカの大学進学試験）の調査によると、12歳の生徒の約80％は電卓で225÷15を計算することができました。しかし、次の文章問題を解くことができた生徒は約40％でした。

　「庭師が225個の球根を持っています。15面の花壇に球根を均等に植えるためには、1面の花壇にいくつの球根を植えると良いでしょうか？」

　解けなかった生徒たちは、どのような計算をすれば良いのかわかっていませんでした。

　生徒たちは学習を通して概念と概念をつなげる必要があるのです。次ページ図1−2は生徒（名前：ジョー）の例です。

　生徒たちが割り算の概念の理解に苦労している時、わかりやすく教える方法があります。ジョーさんが初めて割り算を学んでい

る場面で考えてみましょう。先生は協働的構成主義の考え方を使って、深い学習をジョーさんに促すことにしました。不十分な理解のままで電卓に数字を打ち込ませるのではなく、ジョーさんがすでに知っていることを手掛かりにして割り算を理解させるのです。

割り算の学習を始める前に、先生は「関連する情報を思い出させる質問」（CHAPTER 6 を参照）を使いました。ジョーさんに「切り分ける（分割）」という経験を思い出してもらった後、経験を割り算の知識と結びつけていきます。「このように切った場合、ケーキはいくつに分かれる？」

同様に「配る（分配）」という経験を割り算に結びつけます。「キャンディが6個あります。2人で分けるとしたら1人はキャンディを何個もらえるかな？」

ジョーさんは「切り分ける（分割）」と「配る（分配）」の概念をすでにもっているので、先生は割り算の概念をジョーさんが持っている概念に組み入れようとしているのです。

次に、紙を切り分ける作業をしてもらった後、「割る」という言葉を使って、「切り分ける」と「割る」がつながるように説明します。

ジョーは概念をつなげる必要がある

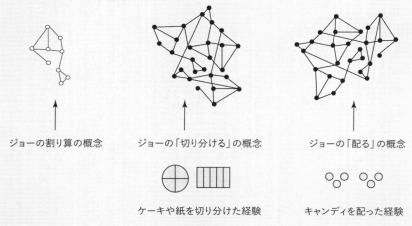

図1-2：割り算に関する概念

経験と結びつかなければ、ジョーさんの割り算の概念は持っている知識とつながらないでしょう。このような概念のリンク（構成）はとても大切です。大切な理由は２つあります。１つ目の理由は「意味」が生まれるからです。私たちは何かを「理解した」とき、それを別の観点から説明できるようになります。子ども用の辞典で「割り算」を調べると、「分割」や「分配」に関連した内容が書いてあるはずです。２つ目の理由は、概念の結びつきが学習を機能的にするためです。ジョーさんが割り算を学び、割り算の概念を知識・経験と結びつけることができたなら、球根の問題が出題されても、「分ける問題だから割り算すれば良い」とか「配るから割り算をすれば良い」とわかるでしょう。

　新しい学習と経験の接続がジョーさんの学習を機能的にするのです。対照的に、割り算の問題の解き方だけを教えられた生徒は、どのような時に割り算が役立つのか、どのような時に割り算が必要なのか理解していません。「割り算とは何か」をわかっていないことが多いのです。

難易度が高い課題の必要性

　ジョーさんの例から、私たちはもう１つ学ぶことができます。ドリルや決まった手順を繰り返して暗記する課題だけでなく、難易度が高い課題も必要です。詳細は別の章で説明します。暗記による学習が悪いわけではありません。たくさんのことを学習するためには暗記は必要な方法です。しかし、せっかく覚えても内容を本当に理解していなければ、学習したことを活用することはできません。

　学習は関係性が弱くて誤解が生じやすいことを考慮すると、生徒たちの到達度を高める効果的な方法の１つが学習の「チェック・修正」であることは当然と言えるでしょう。学習の「チェック・修正」は形成的評価（formative assessment）、フィードバック（feedback）、学習のため

23

の評価（Assessment for Learning）と呼ばれることがあります。しかし、いずれの用語も混同して理解されています。そこで、わかりやすくするために、本書では「チェック・修正（check and correct）」という言葉を使うことにします。「チェック・修正」は、教師だけでなく、生徒が1人で取り組むことができたり、仲間と一緒に取り組むこともできます。一般的に、間違いは早く見つけて早く直すほど良いと考えられています。ディスカッションや口頭で「チェック・修正」できるので、課題の採点時にも役立ちます。ただし、口頭でも筆記でも、チェックされた箇所について、生徒たちがよく理解できるようにしてください。生徒たちは自分の間違いに気づき、どうして間違えたのかを知り、脳内の「構成」を変更しなければなりません。「構成」の変更は一瞬です。

　　生徒A：一番大きい魚はクジラだよね。
　　生徒B：ちがうよ。クジラは哺乳類だよ。
　　生徒A：えっ？　どういうこと？
　　生徒B：クジラは空気を吸ったり、水を吹き出したりするよ。魚じゃ
　　　　　　ないよね。
　　生徒A：あ！そうか！
（生徒Aは「クジラ」の概念を更新した後、海にすむ魚のような生物すべてが魚類とは限らないことを理解しました。）

　もちろん、上記の例よりも修正が難しい「構成」もあります。

質が高い学習サイクル

　あるトピックを教える時の効果的な教育と学習のプロセスを図式化すると図1-3のようになります。
　図で示した学習サイクルが実際に利用されている場面を見てみましょう。学習サイクルに沿った授業方法はたくさんあります。その中から、

CHAPTER1　生徒たちの理解を確実にする協働的構成主義

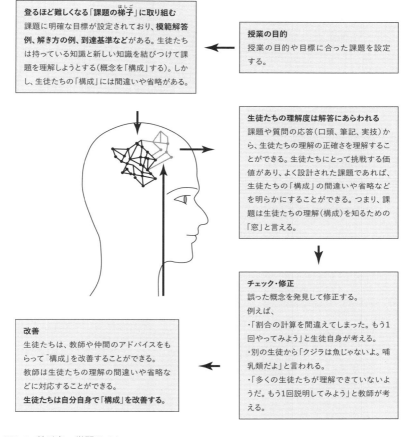

図1-3：質が高い学習サイクル

ポール・ブラック（Paul Black）らの名著Assessment for Learning: Putting it into Practice（2003）を参考にした授業例を紹介します。以下の例では、アイデアマップの作り方（本書CHAPTER 3参照）を生徒たちがすでに学習していることを前提としています。

1　教師は授業の手順を提示して、生徒たちにこれから取り組むことを伝えます。次に、すでに学習したこと（18ページ図１−１の黒色の部分）をチェックします。

2　教師は新しい知識を生徒たちに説明します。

3　知識を整理するアイデアマップの作成を生徒たちに指示します。
　注：アイデアマップを作成する上で、概念の構築（18ページ図1
　‒1の灰色の部分）が必要です。何が最も重要なのか、そして、「持っ
　ている知識」と「新しい知識」をどのように関連させるのかを考
　えてもらいます。

4　アイデアマップが完成したら、マップを机の上に置かせて、他の
　生徒たちのアイデアマップを見て回るように指示します。目的は、
　自分のアイデアマップをもっと良くする方法を知ることです。
　注：他の生徒のアイデアマップを見て、自分の理解（構成）を
　「チェック・修正」します。

5　生徒は自分のアイデアマップの改善を通して、自分の「構成」を
　改善します。

6　教師が示した評価基準（例：マップに書かれているべき事項のリ
　ストなど）を与えて、自分のアイデアマップを自己評価してもら
　います（相互評価でも良い）。自己評価と相互評価のいずれも生
　徒の「構成」の改善につながります。

　4〜6の段階を経て、生徒たちは「構成」を少なくとも2回ほど改善
していることになります。4の段階では、他の生徒たちのアイデアマッ
プを見て以下のように思うかもしれません。

　「ああ、それを忘れていた！」「ああ、こうやって書けばいいんだ！」

　6の段階でも、生徒たちは同様のプロセスを経験します。詳細は
CHAPTER 3で紹介します。

　これらの「チェック・修正」は授業の中に組み込まれていないことが
多く、まずそれに気づくことが大切です。新しい知識を教えた後にプリ
ントを渡して授業を終えてしまったら、生徒は十分に学習できず概念の
構築や修正を求められないので、習ったことを掘り下げて考えません。

　一方、教師は生徒が十分に理解したかどうかわからず、誤解のチェッ

CHAPTER 1　生徒たちの理解を確実にする協働的構成主義　　　　　26

クや修正はできません。それでも仕方なくそのまま同じ教え方を続けて
しまう恐れもあります。図1−3は解剖学的に正しくないかもしれませ
んが、学習のプロセスを視覚的にわかりやすく表している図です。

「質が高い学習サイクル」の概要

　「生徒が持っている知識」と「今、学んでいる知識」を結びつける時、
誤解や間違いが少なからず生じます。つまり、「チェック・修正」は絶
えず必要になります。しかし、教師は忙しすぎて、すべてをチェックす
る時間がありません。少ない労力で生徒たちを「質が高い学習サイクル」
に導く効果的な方法は後ほど紹介します。

　教育の目的に沿って課題を選んだり作ったりする時、生徒たちが「構
成」を必ず作り出せるような課題を選択してください。エビデンスによ
ると、以下の点を満たしていれば、「構成」を築く確率が高くなります。

- 模範解答例（優れた実践例）、解き方の例、到達基準などを示す。生
  徒たちは課題で何が求められているのかを把握することができます。
- どのような目標や課題があるのかを授業の最初に伝える。生徒たち
  は何が期待されているのかを把握することができます。
- 次の学習の理解に必要な知識をチェックする。

　課題は、生徒たちに実践、口頭、筆記などで回答することを求めます。
いずれの課題であっても、課題の回答から「生徒がどれくらい理解して
いるか」をしっかり把握することが大切です。授業が十分に計画されて
いれば、生徒たちの誤答は、どのような誤解でも「構成」の改善に役立
ちます。ただし、あまりにも多くの生徒たちが間違えている場合は、教
え直すなど、丁寧に対応してください。

　生徒たちの回答の「チェック・修正」は頻繁に実施する必要があります。

「チェック・修正」するタイミングはいつ？

すぐにできることもあれば、ある程度の時間（または長い時間）がかかる場合もあります。

- **即時**：例えば、教師と生徒の会話や生徒同士の話し合いの中で誤解していることがわかったときは、その場で誤解を修正します。
- **授業中**：理解を深める課題を生徒に与えて、生徒の理解を「チェック・修正」します。
- **次の授業までの時間**：授業後、生徒たちの学習をチェックして、理解の修正を目的とした課題や追加練習などを設定することで、生徒たちの誤解や抜け落ちている知識を補うことができます。授業によっては日、週、月の時間が必要な場合もあります。

上記のタイムスケールを意識して対応できると理想的です。「チェック・修正」する機会は常にあります。

授業方法で達成したいこと

本書を読み進める際、優れた授業方法は以下の6項目が満たされていることを心に留めておいてください。

- 教える内容に（少なくとも重要事項に）生徒たちが関心を示している。
- 高い参加率：一部の生徒だけではなく、全員が一生懸命に考えることができる。
- 生徒たちの「チェック・修正」：自発的・計画的な自己評価、生徒同士による相互評価、生徒同士の対話によるチェックができる（結果として、学習上の誤解や省略を修正することができる）。
- 教師の「チェック・修正」：生徒たちの学習の長所と短所を見つける機会がある。誤答を修正したり、進歩を褒めることができる。

CHAPTER1 生徒たちの理解を確実にする協働的構成主義

- 楽しく学習しているという感覚・認識がある。
- （可能であれば）教師の授業がどのように機能しているか洞察する。

教室で試してみましょう

　新しいことを教えている時や生徒たちが課題に取り組んでいる時、学習サイクルが回っていることを確認するためにはどうすれば良いでしょうか？　少なくとも以下の作業を通して意識的にサイクルが回せるようになる必要があります。次の方法をいくつか試してみてください。

ペアチェック：2人ひと組になってお互いの課題の回答を「チェック・修正」して話し合う。

雪だるま式チェック：1人で課題に取り組んだ後、2人ひと組になってお互いの課題の回答を修正する。そして、4人ひと組になって話し合いながら、全員が納得するベストな回答を目指す（詳細は 95 ページを参照）。

自己評価・相互評価：教師が提示した「回答例、解決方法、チェックリスト、評価基準」と作成した回答を比較する（または、ペアの相手と比較する）。

積極的な質問：モデルとなるアイデアや解決方法についてクラス全体で話し合う（または、生徒が提案したアイデアや解決方法についてクラス全体で話し合う）。

教師のチェック：例えば「問題1から問題4まで回答したら先生に教えてください。採点します」と伝える。

形成的（評価）クイズ：重要な学習内容の理解度を「チェック・修正」する（詳細は CHAPTER11 を参照）。生徒たちは小グループでクイズに答える。10 問中8問の正解を目標にしてグループ対抗戦にしても良い。大切なことは、間違いが見つかった時に生徒た

ちと教師が協力して修正することです。

新しいスキルを教える時は以下の方法が良いでしょう。

積極的に聴く課題：教師が解説する前に生徒たちに質問や問題を与えておきます。生徒たちに考えてもらった後、生徒がお互いに考えたことを説明します。（CHAPTER 8 参照）
モデル：優れた実践例、模範解答、解き方の例、プロのパフォーマンス動画などを見せます。取り組み方を生徒たちに示すことが目的です。取り組み方を見た後、生徒たちは 2 人 1 組になってモデルをお互いに説明します（CHAPTER 7 参照）。
スプーフィング評価：不完全な解答例や作業例などを見せて、評価・改善・完成させます。または、生徒同士で意見を交換してもらいます（CHAPTER 7 参照）。

私が上記の方法を「クオリティラーニング（質が高い学習）ブースター」（228ページ参照）と呼んでいる理由は、クオリティラーニングブースターが学習サイクルに沿って生徒たちを継続的な改善に導くからです。上記の方法はオンライン授業やe-ラーニングなど、様々な状況で適用可能です。特に、e-ラーニングでは、生徒が困っていても教師は気づくことができないので、「チェック・修正」のプロセスはとても重要です。

29〜30ページの方法は、継続的な改善を促す方法です。学習効果が向上するだけでなく、学習上の誤解を授業の中で修正できるので、採点も楽になります。

再生課題と推論課題をセットにする

課題には再生課題と推論課題の 2 種類があり、どちらも必要です。

CHAPTER1　生徒たちの理解を確実にする協働的構成主義

再生課題：教師が教えたことや資料に書かれていた知識・スキルを生徒たちに尋ねます。例えば、

- 以前に掲示した図を再現してもらう。
- 以前に説明した定義や簡単な説明を思い出してもらう。
- 以前に説明された計算式で計算してもらう。

　再生課題は授業の出発点として便利です。学習したことを生徒たちに再現してもらうだけです。生徒たちが内容をよく理解していなくても問題ありません。応用や深い理解は求めません。このような単純な課題は、練習すればすべての生徒たちが回答できるようになります。ただし、持っている知識に結びつける機会がないという欠点があります。

　再生課題で利用される典型的な動詞は「説明する、思い出す、定義する、リストアップする、図を描く」などです。

推論課題：次のような問題は推論課題に該当します。正解をまだ知らない生徒たちに対して以下のような質問を出します。

　学習到達度が低い生徒の場合：「ここに6つのナイフがあります。リンゴを薄く切るためには、どのナイフが最も良いですか？　それはどうしてですか？」

　「買物に行った時、買う商品を忘れないようにするためには、どうすれば良いでしょうか？」

　学習到達度が高い生徒の場合：「このビジネスプランはどのように改善することができますか？」

　「ハロルド・マクミランの政策に最も影響を与えた要因は何だと思いますか？　その理由は何ですか？」

　「1より小さい数字を2乗したらどのようになりますか？　どうして

そうなるのですか？」

　推論課題では、持っている知識を適用する必要があります。以前に学んだ知識や経験にリンクさせて考える必要もあります。つまり、思考が求められるのです。論理的に考えなければならないため、生徒たちは学習した知識を結びつけながら新しい「構成」を作り直すことになります。

　短い時間で多くのことに対処しなければならない教師や、推論のスキルが弱い生徒たちを担当する教師は、どうしても再生課題を多く用意する傾向があります。再生課題を多くすると、生徒たちは持っている知識と新しい知識を結びつける機会を持てなくなります。再生課題と推論課題に関しては、別の著書Teaching Today（2004）に詳しく書いています。例えば、ルイス・キャロルの「鏡の国のアリス」のジャバウォックの詩（ナンセンスな文章）を題材にした再生課題を与えた場合、文章を理解していなくても生徒たちは正解できることを紹介しています。

推論課題は深い理解を求める

　ジョン・ビグス（2011）の例で考えてみましょう。スーザンさんとロバートさんは同じクラスの生徒です。2人は並んで座っています。スーザンさんは勉強が得意ですが、ロバートさんは得意ではありません。やる気は2人とも十分にあると仮定します。

　例えば、教師が一方的に話したり、実演やビデオを見せるなど、生徒にとって受動的な方法を使って教えていたとしましょう。スーザンさんの場合、「なぜそうなのかな？」、「もし……だったら、どうなるかな？」、「どうしたら実際に使えるのかな？」のような推論をするかもしれません。自分の疑問に答えるために、新しく教わっていることを以前に学んだ知識と結びつけて理解しようとします。しかし、ロバートさんの場合、聞いたことをただ一生懸命に覚えようとします。スーザンさんのように自分で知識を結びつけることはしません。

CHAPTER1　生徒たちの理解を確実にする協働的構成主義

スーザンさんとロバートさんの理解度が違う理由は、必ずしも知能の違いだけではありません。これまでの学習内容や学習意欲も問題ではありません。新しいことを学んでいる時、スーザンさんは知識をつなげようとしています（ロバートさんはつなげようとしていません）。スーザンさんは「質が高い学習」に必要な認知プロセスを持っているのです。提示された情報を持っている知識に関連付けて理解しており、持っている知識に基づいて推論しているのです。スーザンさんには、深い学習を形成する習慣とスキルが身についていました。

　しかし、ロバートさんの場合、深い学習になっている場面は、推論や認知プロセスが必要な課題を与えられた時だけです。

　深い学習に導くためには、学力のレベルにかかわらず、推論する課題が必要です。推論課題があれば、すべての生徒たちは深い学習に必要な認知プロセスを経験することができます（次ページの図1-4）。

 リフレクション
「浅い学習」と「深い学習」の違い

浅い学習の中心は「what（何）」です。浅い学習は、重要な知識・スキルを思い出すことを可能にします。しかし、生徒たちの理解は十分ではありません。まったく理解していないこともあります。

　深い学習は「理解」につながります。「what（何）」だけでなく「why（なぜ）」、「when（いつ）」、「how（どのように）」が中心にある学習です。深い学習を通して、生徒たちは、学んだことを異なる場面で活用できるようになります。深い学習は関連する概念を結びつけるので、知識と知識がつながり、解釈できるようになります。学習した内容を説明することができるようになり、どのような場面で知識を利用できるのかもわかるようになります。

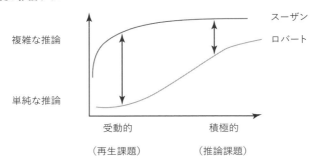

図1-4：推論課題が思考に与える影響

課題の梯子（はしご）

　学習や授業に関する多くの問題は、生徒たちに与えた課題に原因があります。深い理解に到達させるためには、能動的な課題や推論課題が必要です。先の例のロバートさんのような生徒であるなら、なおさら必要なのです。課題の形式は、口頭の質問、クラス全体のディスカッション、作業やプリントなど、様々な種類があります。

　要約すると、推論は、深い理解につながり、機能的な学習を促します。だからこそ、再生課題だけではなく推論課題も必要なのです。両方の課題を組み合わせる良い方法は「課題の梯子」を作ることです。課題の梯子はCHAPTER 9で詳しく説明します。あるトピックをしっかりと学んでもらうために、単純な再生課題から始めましょう。次に、簡単な推論課題に進んで、最後に、学んだことを別の課題に適用させるなど、難易度が高い推論課題を与えます。課題の梯子の「下段」は、「上段」の課題の準備として注意深く設計してください。「上段」の課題は学習目標が達成できる内容にしましょう。ここまで来れば、生徒たちは学んだことを必要に応じていつでも使えるようになるでしょう（図１-５）。

　課題の梯子を作り、29～30ページで紹介した「クオリティラーニングブースター」を使うと、学習の「チェック・修正」が短い時間で継続

できるようになるので、ほとんどの生徒たちはとてもよく学習するようになります。

質が高い学習に必要なことは何か？

- 新しいことを教える前に、関連する知識が十分に定着しているか確認して、必要であれば知識を修正しておきましょう。持っている知識を確認することによって、新しい学習を安定した土台に乗せることができるのです。
- 新しく学んだことをしっかりと考えることができるように難易度が高い課題をいくつか設けましょう。持っている知識と新しい学習が確実に結びつきます。考えることによって新しい「構成」がより強くなります。新しく学んだことについて考えれば考えるほど、生徒たちの理解と記憶はより深くなります。
- 生徒たちが脳内で最初に組み立てた「構成」は、おそらく未完成で、誤解が含まれています。完全な理解に必要な知識は不十分かもしれません。学習がどのように構築されていて、持っている知識と新しい知識がどれくらい結びついているのかをチェックして、必要であ

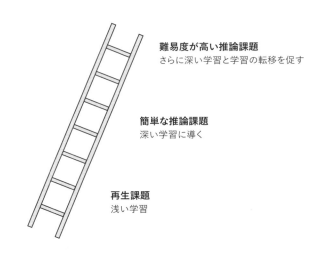

図1-5:
課題の梯子を作る

れば修正する必要があります。「チェック・修正」は、教師だけでなく、生徒が自分で、あるいは仲間と一緒に取り組むこともできます。

• 上記のことを完璧にできたとしても、学んだことを別の場面で利用する機会（少なくとも6回以上）がなければ、生徒は学んだことを忘れてしまいます。私たちの脳には、不必要な情報で混乱しないようにする自動的なシステムがあります。無意識の中で見事に機能する自動的なシステムは「忘却」と呼ばれています。教師は生徒に学んだことを確実に思い出させて、実際に使わせなければなりません。その際にも、「チェック・修正」があると良いのですが、必ず教師がしなければならないことではありません。期間を空けた学習は「分散練習（spaced practice）」と呼ばれています。分散学習の方法はCHAPTER12で紹介します。

リフレクション

* 教師と生徒が協力して思考するプロセスが知識を構築するという考え方。

上記のような学習は、教師、生徒、そして他の生徒たちと一緒に優れた「構成」を作り出していくため、「協働的構成主義（co-constructivism）」と呼ばれることがあります。1960年代の学習理論に含まれる「構成主義」と同じではないので混同しないように注意して下さい。構成主義では、授業は最小限にして、生徒1人で学習させることを重視しています。しかし、当然のことなのですが、緻密に計画された授業を受ける方がより良く学習できます。

本書では「協働的構成主義」の学習モデルを「質が高い学習サイクル」として整理し直しています。

浅い学習と深い学習の両方が必要

浅い学習は、学習の最初に必要なステップです。以下のように、手がかりを与えて要点を思い出させる方法は浅い学習に該当します。

電卓の使い方：「電卓で割り算の印は「÷」ですね。例えば、「17÷3」と打つと、電卓は割り算をしてくれます」
「12を2で割るといくつになりますか？」
サラダの作り方：「サラダには、レタス、キャベツ、ハーブなどの葉物野菜が入っています」
「洗った材料から新鮮な状態でサラダを作れなかったら？」

　浅い学習は必要不可欠であり、すべての教科で浅い学習をさせているはずです。浅い学習がなければ、学習の進歩を望むことはできません。

　浅い学習では、大切な知識を思い出させたり、簡単なスキルを使わせたりします。しかし、これだけでは内容を十分に理解することや学習したことを利用することもできません。浅い学習の後に深い学習がなければ、学んだことをすぐに忘れてしまいます。

　浅い学習で得た知識は、しっかり「構成」されていません。割り算の意味の理解や機能的な理解をするためには、先の例で見たように、「切り分ける」や「配る」の概念構成を結びつけることが必要です。

　数学が得意な生徒なら、割り算が「掛け算、サイン、コサイン、その他の概念」にも関連していると気づくでしょう。しかし、浅い学習の段階では、生徒たちは、割り算を他の概念とほぼ完全に切り離して考えています。例えるなら、1つ1つのサイロ（円筒形貯蔵庫。塔のように立ち並び、サイロどうしはつながっていない）に知識を分けて投げ込んでいるようなものです。最悪の場合、浅い学習は理解につながらず、ただ記憶されるだけです。

深い学習で各概念をつなげる

　深い学習では、新しく学んでいる知識が他の概念とつながり、深い理解が生まれます。例えば、辞書を開いてみると、「知らない単語」は「知っている言葉」で説明されています。（例：割り算とは分けて配ること）。学んでいる概念を別の文脈で考える時や別の視点で見る時、深い学習が

37

促されます。概念を学術的な言葉で説明するだけでなく、視覚的・具体的にわかりやすく表現する方法も効果的です。視覚化や具体化については次の章で解説します。

　例えば、ケータリングに関する授業で「サラダ」を表面的に理解する時、サラダの概念の中に、レタス、キャベツ、トマト、キュウリ、豆など、サラダによく入っている食材リストが含まれているかもしれません。これだけでは「サラダ」に関係する知識はつながりません（図1‐6）。例えるなら、独立したサイロに知識を放り込んでいるだけです。一方、調理の観点から「サラダ」を深く理解するためには、次のような様々な視点から考える必要があります。

　　・サラダの材料の値段　　・材料の生産地から店までの距離
　　・材料がおいしい季節　　・材料の栄養価
　　・準備にかかる時間　　・材料の色、色を生かした盛り付け方
　　・材料の保存期間
　上記で注目すべき点は、サラダが季節性や費用などの概念とつながり、「構成」が生まれることです（図1‐7）。

概念がつながると、学習したことを利用できるようになり、忘れにくくなる

　概念の構成につながりができると学習は深まります。例えば、今が旬で、生産地が近い食べ物は輸入品よりも安く、栄養があるとわかります。そこまで理解して初めて「できるだけお金のかからない、栄養価の高い冬のサラダを考えなさい」、「サラダの材料の価格が変動する要因は何か」といった問いに取り組むことができるのです。

　それらの質問に回答できる生徒は、「サラダ」の概念が季節性、費用、栄養などの概念と結びついています。関係性を考える思考法（リレーショナルシンキング）は深い学習、つまり、機能的な学習につながるので、生徒は学んだことを生産的かつ自主的に活用できるようになります。

　つながった概念の関係は相互に働きます。例えば、生徒が実生活や試

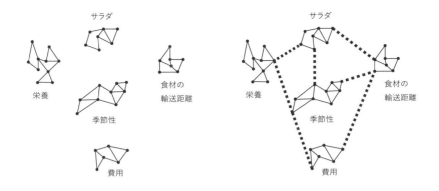

図1-6：関連リンクがない「サラダ」の浅い学習　　図1-7：関連リンクがある「サラダ」の深い学習

験で、「レストランの経費を減らすにはどうすれば良いでしょう」と尋ねられたら、「サラダは季節性があり生産地が近い材料で作ろう」と考えることが望ましい思考です。しかし、深い学習をしていなければそのような回答は出てきません。「概念が結びつかない」とか「概念のつながりが分からない」という不満が生徒から出ているとしたら、生徒たちは深い学習につながる「リレーショナルシンキング」な授業を教師に求めていると考える方が良いでしょう。つまり、深い学習が必要だということです。良い授業の結果として、生徒たちは自分で概念のリンクを形成することができます。

　サラダの例でわかるように、どのようなテーマも概念の相互関係から成り立っています。そして、概念（構成）間の結びつきが増えるほど、学習は機能的になり、記憶によく残るようになります。

　浅い学習では、サラダの概念、季節性、費用、栄養価は、それぞれバラバラの知識であり、全体的につながっていません。概念はどれも独立したサイロに放り込まれたままです。このような状態から質問の回答に必要なリンクを作り出すことはできません。季節性と栄養価、輸送距離と費用の関係など、これらの関係性がわかる生徒はほとんどいないでしょう。

考えてみましょう

　クリックすると別のページにつながる「ハイパーリンク」がインターネット上にたくさんあります。脳の中にも同じような概念間をつなぐリンクがあります。もしハイパーリンクがなかったら、インターネットはどれくらい衰退するでしょうか。リンクがないインターネットを想像してみてください。

深い学習はどのように転移するか

　あるトピックについて学んだことを、別のトピックでも利用できることがあります。例えば、サラダ、栄養価、季節性について学んだ生徒たちに次のような質問を出すことができます。

　「季節性、輸送距離、栄養価が関係するトピックは他にもあるかな？」

　生徒たちは関係性に気づかないかもしれません。しかし、少なくとも魚や肉は季節性があり、旬の時期の肉や魚は栄養価が高く、価格が低くなることを生徒たちは以前に学習しているのです。また、肉や魚も輸送距離が関係しています。このように、学習した情報を別のトピックで利用することを「学習の転移（transfer）」と呼びます。「サラダと魚の比較」や「サラダと肉の比較」から類似点と相違点を探す活動は学習の転移に役立ちます（CHAPTER3のベン図を参照）。

　算数や数学でも同様に、１つのことを教えたら適切な時期を見計らって以下のような類似点と相違点を紹介することができます。

　●割り算と掛け算　●割り算と比／分数　●割り算とサイン／コサイン

　例えば、「どこで見たことある？」と質問しながら、類似点と相違点を考えさせると学習の転移が促されます。

　転移ができるようになると、教科を「つながっていない知識の寄せ集め」ではなく、「一貫性があって相互につながっている知識」として理

CHAPTER1　生徒たちの理解を確実にする協働的構成主義

解できるようになります。また、転移ができるようになると、他の学習もよく理解できるようになるため、各教科の学習を「知的で面白い」と思うようになります。

**概念の関係を説明するだけでは不十分：
関係性を考えることができるように導く**

　優れた教師たちは概念の関係性を授業の中で紹介しているかもしれません。しかし、概念の関係性を生徒たち自身で考える機会がなければ、生徒たちは関係性をすぐに忘れてしまいます。概念の関係性を確実に定着させるためには、様々な機会や異なる場面で繰り返して関係性を具体的に考えさせる必要があります。教師には「今、授業で生徒たちの脳内に概念間のリンクを作っている」という認識が大切です。繰り返しがなければ概念間のリンクは形成されません。記憶が「思考の後に残ったもの」であるなら、概念間のリンクを定着させるために、思考を促す課題を用意しなければなりません。つまり、「深い学習」です。

　先の例で紹介したスーザンさんのように熱心に取り組む生徒は教師の助けがなくても、ある程度の深い学習をする傾向があります。しかし、ロバートさんのような生徒は、自ら深い学習をすることはありません。これは学習の平等性と質にかかわる問題です。

**リフレクション
以下のような経験の蓄積によって深い学習が起こります。**
- 学んだ概念が利用できる場面を様々な文脈で見つけて使ってみる。
- 学んだ概念を複数の視点から考えて使ってみる。
- 学んだ概念を様々な機会で何度も使ってみる。
- 学んだ概念を「関連する別の概念」に結びつける。または、学習したトピックを「関連する別のトピック」に結びつける（概念の「構成」を別の「構成」に結びつける。例：サラダを季節

性に関連付ける・割り算を比率に関連付けるなど）。

- 問題解決や質問への応答などを通して、ターゲットとなっている概念と関連する他の概念の関係性を積極的に推論する。
- 推論の「チェック・修正」をしてもらう。

以下のような経験の蓄積によって学習の転移が起こります。
- 似ている概念や関係性の類似点と相違点を調べる。
- 関連するトピックに共通するパターンを探す。
- 学習した概念をどこか他で見たことがあるか思い出す。
- 学習した原則が別のトピックにも影響することに気づく。

  例：コストの削減、顧客満足度、比率、省エネなど。

  スキルの転移はCHAPTER13で紹介します。

　教師は過密なカリキュラムを抱えており、時間に余裕がありません。入学試験などでは知識を単純に暗記していれば解ける問題もあるので、多くの教師が知識のサイロを与える授業で良いのではないかという誘惑に負けてしまいます。トピックからトピックへ急ぎ足で授業を進めてカリキュラムを終えてしまうので、教科の中にある豊かな関係性を生徒たちに紹介することはありません。そして、簡単に答えられるだろうと思った質問に生徒が答えられず、教師はがっかりしてしまうのです。

　「低予算で栄養価の高い冬のサラダを考えなさい」

　このような質問に答えることができない理由は「庭師が225個の球根を持っています。15の花壇に球根を均等に植えるためには、１つの花壇にいくつの球根を植えるとよいでしょうか？」という問題の時と同じです。深い学習ができていなければ、学習はできていないと言っても過言ではありません。

CHAPTER1　生徒たちの理解を確実にする協働的構成主義　　　　42

協働的構成主義モデルで実る果実は大きい

　概念と概念のリンクは「シナプスの可塑性」と呼ばれており、生涯続きます。シナプスの可塑性は、教師が考えている以上に学習の可能性を大きく広げます。私たち教師が上手に教えることができれば、ロバートさんのような生徒もスーザンさんと同じくらい学べるようになります。事前の学習が定着しているのであれば、概念の「構成」を促す課題が与えられているのであれば、概念が上手に関連付けられているのであれば、学習のチェックと修正がされているのであれば、ほとんどの生徒たちは上手に学ぶことができるはずです。学習を制限しているのは、生徒ではなく、教師でもなく、（協働的構成主義に基づいた）教え方なのです。

エビデンス

CHAPTER 1　協働的構成主義のエビデンス

　最も信頼できる情報源はエビデンスの集約から得られます（CHAPTER14で説明します）。したがって、次の3つのエビデンスをトライアンギュレーションする（様々な視点から捉える）ことが大切です。

質的研究の要約

　「新しい学習は構築された神経細胞に符号化される」という考え方は、神経生理学、心理学、社会学、哲学、脳外科学など、脳と心を研究するすべての領域で普遍的に受け入れられています。フィードバックや「チェック・修正」が概念の「構成」の改善に必要であることはCHAPTER15の参考文献に記載されています。質が高い学習サイクルは上記の考え方に基づいています。

　協働的構成主義は1960年代の構成主義と同じではありません。

構成主義では、最小限の授業を教師に求めていました。協働的構成主義では、緻密に計画された授業を教師に求めています。

　人間は一生懸命に考えることを通して学習します。これは認知科学では議論の余地がないほど明白です。生徒たちが概念を深く理解するためには、概念と概念の関係性を発展させる必要があります。概念間の構築についても参考文献に載せている研究で言及されています。ブランスフォード（Bransford 2000）によると、あるトピックを学び続けていると、生徒は、記憶（浅い学習）から、構造化された理解（深い学習）に進み、学習の転移に進みます（ブランスフォードの本（233～247ページ）を参照して下さい）。284ページ以降の質的研究の文献では、ローゼンシャイン（Rosenshine）を除くすべての研究者が同様のことを示唆しています（ローゼンシャインの論文は短いです）。

量的研究の要約

　ハッティ・ドノヒュー（Hattie Donoghue）の概念モデル（2016）は、ハッティの大規模な量的研究の要約のデータベースに基づいて考案されました。この概念モデルでは、浅い学習から深い学習へ、そして、学習の転移に進む必要性が明示されています（要約はCHAPTER15を参照）。

授業が上手な教師に関する研究

　特に優れた教師は、選択式の問題（浅い学習）から始めて、次に、少し難しい推論を求める自由解答式の問題を用意していました（Ayers, 2004）。自由解答式の問題は個人やグループで取り組ませて、生徒たちが各自でメモを取り、最後にノートを作っています。ハッティの研究によると、優れた教師は、深い学習を頻繁に促す課題を、授業の効果が出ていない教師（ただし、教員歴は長い）よりも多く出していました。

CHAPTER1　生徒たちの理解を確実にする協働的構成主義

参考文献　CHAPTER15の文献も参考にしてください。

P. Adey and J. Dillon (Eds), *Bad Education: Debunking Myths in Education* (Buckingham: Open University Press, 2012).

P. Ayres et al., "Effective teaching in the context of a Grade 12 high-stakes external examination in New South Wales, Australia" (*British Educational Research Journal*, 30(1):141–165, 2004).

J.D. Bransford et al., *How People Learn: Brain, Mind, Experience and School* (Washington: National Research Counsil, 2000).
20以上の教育機関が20年にわたって「学習」について研究した結果をまとめた一冊です。

J.A.C. Hattie and E.M. Anderman (Eds), *International Guide to Student Achievement* (New York: Routledge, 2013).
生徒たちの学習に影響を与える主要因に関する小論文を150以上掲載。いずれも専門家によって書かれています。

J.A.C. Hattie and G.M. Donoghue, "Learning strategies: a synthesis and conceptual model" (*NPJ Science of Learning 1,* 2016).
オンラインで無料閲覧可。https://www.nature.com/articles/npjscilearn201613

R. Marzano, D. Pickering and J. Pollock, *Classroom Instruction that Works* (Alexandria: ASCD, 2001).

R.K. Sawyer (Ed), *The Cambridge Handbook of the Learning Sciences* (Cambridge: Cambridge University Press, 2006).
最も権威ある論文集。主に質的研究の知見から整理されています。

D. Willingham, *Why Don't Students Like School? A Cognitive Scientist Answers Questions About How the Mind Works and What It Means for the Classroom* (San Francisco: Jossey-Bass, 2010).

CHAPTER 2

難しいことを教える：具体から抽象へ 複数の表現方法を利用する

　とても効率よく学ぶ生徒も、そうでない生徒も、新しいトピックを学ぶときには必ず具体的なことを手がかりにして抽象的なことを学習します。知っていることを頼りにして未知なことに向かうのです。新しく学んだことに意味を持たせるためには、「知っていること」と結びつけなければならないからです。

　大勢の教師たちが今でもVAK（視覚、聴覚、運動感覚）などに基づいた「学習スタイル」「右脳型学習」「左脳型学習」の考え方を支持しています。フランク・コフィールド（Frank Coffield）は同僚と検証した結果、それらの考え方は誤っていることがわかり、生徒に合うと思われる「学習スタイル」に沿って教えても実際は役に立たないというエビデンスをまとめました。

　本当に効果がある方法は、「逆」です。つまり、1つの学習スタイルに固執するのではなく、教師も生徒も多種多様なスタイルを用いることです。50ページの図2−2に具体的に示している通り、難しい概念や考え方を初めて教えるときは、生徒の経験を最初のスタート地点にします。次に新しいことを視覚教材や図表で示しながら、「いつも使っている言葉」で説明します。生徒が理解したら、学問的な表現を使って知識を説明したり、より抽象的な表現を使って教えます。ここで一度、図2−2を先に見てください。

　多くの教師たちは、新しいことを教えるとき、1つか2つの表現方法しか使わない傾向があります。また、教科書に載っている抽象的・象徴的・一般的な図（最初に見てしまう図）は最後に見るべき図です。教師たちが子どもだったとき、教科書以外の様々な表現や具体的な説明を見

聞きして初めて理解できるようになったはずです。しかし、教師たちは忘れてしまっているのです。

　例えば、算数の教師が小学校で割り算を紹介するとき、「15 を 5 で割ると 3 になりますよね」と言いながら、割り算の考え方を抽象的に説明しているかもしれません。一方で、様々な方法を使って説明する教師もいます（CHAPTER 1 の割り算の話で紹介した「切り分ける」と「分配」の「具体的な経験」の話です）。具体的な表現を多く使って説明する方法はとても効果的であることは明らかにされており、効果は算数に限定されません。

ケーススタディ 1

具体的な表現を多く使って割り算を説明する

例（1）具体的な経験を思い出させる：教師は「割る」の例として「切り分ける」と「分配」を説明する。

例（2）新しい具体的な経験：コインを使って「分配」の課題をさせる（12 枚のコインを 4 人で分けてもらう）。

例（3）日常的に使っている言葉で質問する：「12 ÷ 4 はいくつですか？」などの抽象的な表現で質問するのではなく、「お菓子が 12 個あります。4 人の子どもで分けると、1 人いくつもらえるかな？」のように質問する。

例（4）情報を視覚的に提示する：スライド、ポスター、動画、プリントなどを使って 12 枚のコインを 4 つの山に分けた様子を視覚的に提示する。

例（5）情報を抽象的・記号的に提示する：12 枚のコインを 4 つの山に分ける場面を見せて、「12 枚のコインがあるね。12 枚のコインを 4 人の子どもたちで分けたとしよう。分けたことを別の言葉で言うと、12 を 4 で割ると言います。割り算のルールに従って書

く場合は、このように書きます（12 ÷ 4）」。抽象的・記号的な表現方法を授業の最初から使うのではなく、割り算の授業を数回（数時間）実施した後で使い始める方が良いでしょう。教えた後ですぐに抽象的な表現を使っても理解できないかもしれません。

　とても大切なことは、生徒たちの頭の中では、「割り算」の概念は、視覚的な情報や言語的な情報などの様々な情報で同時に表現されていることです。算数に限らず、脳が「二重符号化（dual coding、言語的な情報と視覚的な情報を組み合わせること）」を利用していることは広く知られています。学習が上手な生徒たちの脳内では、複数の表現が当然のように使われているのかもしれません。教師が複数の表現方法を使って説明するだけでなく、生徒たちにも様々な方法を使わせると、生徒たちはより深く理解できるようになります。

　生徒たちの苦手な代数でもう少し説明してみます。「2a − 3 = 45」の

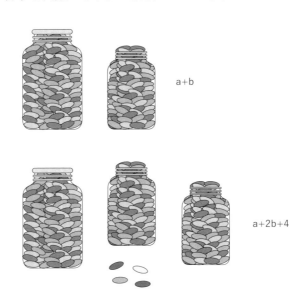

図2-1：具体的な表現で教えると生徒たちは代数を理解することができる

CHAPTER 2　難しいことを教える：具体から抽象へ　複数の表現方法を利用する　　　　　　　　48

ような抽象的・記号的な表現は多くの生徒にとって奇異に見えます。「ア
ルファベットから数字を引くことはできるの？」「なぜ計算式に入って
いるのに未知数なのか？」多くの生徒たちは「未知数」に慣れ親しんで
いるはずです。例えば、瓶の中に入ってるお菓子の数を推測した経験が
あるのではないでしょうか。ある瓶の中に a 個のお菓子が入っていて、
別の瓶の中に b 個のお菓子が入っていたとしたらどうでしょうか？

　このように具体的に表現すると、生徒たちは代数の抽象的表現を具体
的な場面で表現できるようになります。図２–１はトム・シェリングト
ンのブログ "Sweet Algebra: A Model"（https://teacherhead.com）から
引用しました。

複数の表現方法で説明する

　50ページの図２–２に示している通り、難しい概念やトピックを教え
る時、具体的な例をたくさん見せると理解しやすくなります。具体例は
多ければ多いほど効果的です。そして、生徒たちは「新しく学んでいる
こと」を過去の学習や経験につなげて表現・説明できるようになります。

　ゲーム、シミュレーション、科学的な実験を見せるなど、「新しい具
体的な経験」を与えることも生徒たちの理解に役に立ちます。

　新しいことを「日常的な言葉」で表現させたり、説明したりすること
も効果的です。例えば、「起電力は電位差を作り出す」ではなく、「電圧
は電子を押す力」と説明する方が良いでしょう。このように、日常的に
使っている言葉で説明すると、学術用語を覚える前に概念を固定するこ
とができます。イラストや図などの視覚的な提示を利用すると、新しい
概念が言語と視覚の両方で脳の中で表現されるので、理解にとても役立
ちます。

　学習が順調に進んで、学んだ概念のリンクが強くなれば、最終的に抽
象的・記号的な表現でも理解できるようになります。

図2-2：複数の表現方法

数学以外の科目で抽象的概念を教えるとき

　生徒たちが難しい概念に出会う科目は数学だけではありません。例えば、イギリスやアメリカの「議会」の理解も生徒たちにとって難しい概念です。例えば、「議会は政府、行政、与党と同じ」と考えていることがあります。

　帝国主義の概念も理解が難しいかもしれません。多くの生徒は「軍事的な侵略の後、必然的に帝国主義になる」と考えています。議会、連邦議会、帝国主義の概念は、次の「教室で試してみましょう」で紹介する方法で説明すると、生徒たちの理解を深めることができます。また、生徒たちの誤解や矛盾を示して問いかける方法も効果的です。これは認知的葛藤（cognitive conflict）〔訳註：もっている知識と新しい出来事の間に矛盾を経験した際、起こる不安や混乱〕と呼ばれており、生徒たちの誤解を解く時に役立つ方法です。具体例を以下にいくつか示してみました。

教室で試してみましょう
例1：イギリスやアメリカの「議会」の概念を理解させる
例1－1　当てはまる例と当てはまらない例を具体的に挙げる：イギリスやアメリカの議会において、野党の強い反対にもかかわらず採用された法案を例として使う。可決された法案の例と否決された法案の例を使うと、議会の仕組みがわかりやすくなり、与党と議会の違いもわかる。
例1－2　類推：議会を「休日に出かけるか出かけないか」を決める家族会議に置き換えて考えてみましょう。民主的な家庭と独裁的な家庭を想定してみると良いでしょう。
例1－3　視覚的な説明：フローチャートやインフォグラフィック（infographics）を使って、法律が作られる仕組みや政府と野党の役割を示す。また、議会、政府、与党を比較したベン図も利用す

ることができる。

例1−4　日常的に利用している言葉で説明する：日常的に使っている言葉で説明できると理想的です。例えば、「与党は、新しい法律を提案することができます。しかし、すべての政治家が提案に賛成するとは限りません。反対する政治家が多ければ、出された提案が法律になることを団結して止めることができます」。このような説明をした後、法案、野党、上院などの専門用語に置き換えて説明し直します。

例1−5　認知的葛藤：与党と野党の違いは、政府や与党が支持しても可決されなかった法案を調べてみると理解することができます。

　政府と与党の違いは、与党の中から選ばれたメンバーだけが大臣などの役職で政府内にいることを強調するとわかりやすくなります。

　意思決定ゲーム（カード分類ゲーム：CHAPTER 3で紹介）や診断クイズ（CHAPTER11で紹介）を利用すると、認知的葛藤を活用して誤解を修正することができます。また、類似点と相違点を表したベン図は、生徒たちが混乱しやすい概念の違いを視覚的に示すことができます。

例2：「帝国主義」の概念を理解させる

例2−1　当てはまる例と当てはまらない例を具体的に挙げる：帝国主義の例として、ローマ帝国とイギリス帝国を簡単に紹介する。そして、「帝国主義の行動・考え方（領土を侵略・支配・拡大）」と「他の軍事的な衝突」を比較しながら説明する。

例2−2　類推と日常的な言葉を利用する：「もしあなたが強盗に激しく殴られて財布を盗られたら、それが軍事的敗北です。殴られた後、強盗の仲間にさせられて、強盗と同じ服を着させられて、強盗が好きな音楽を聴かされて、強盗たちの宗教を強制されたら、それが帝国主義です」と説明する。

CHAPTER 2　難しいことを教える：具体から抽象へ　複数の表現方法を利用する　　　52

例2‒3　日常的に利用している言葉で説明する：2～3人で1つのグループになって「帝国主義とは何か」を整理してもらう。次に、整理したことを各グループに発表させた後、他の生徒たちが納得するまで帝国主義について話し合う。話し合いは、教師のアサーティブな質問（自分の意見を率直に伝えながら相手の意見も尊重する聞き方）で導く。そして、話し合いの中で出た結論に関連付けながら、帝国主義の正式な定義を生徒たちに伝える。

例2‒4　視覚的な説明：アイデアマップや図を使って、帝国主義で支配された国の国民が受ける影響を説明する。例えば、建築、宗教、司法制度、政治制度、教育などが挙げられる。帝国主義は軍事的な領土の侵略だけではないことを示す。

例2‒5　認知的葛藤：イギリスが帝国主義を選んだ理由や帝国主義がイギリスから独立した国々にどのような影響を残したのかを話し合う。

ケーススタディ2

複数の表現方法と認知的葛藤を多く利用しながら難しい概念を教える

　難しい概念として「キャッシュフロー（お金の流れ）を教える方法」を紹介します。次に、他の難しい概念を教える時に応用できるように、難しい概念の教え方を一般化します（56ページの「授業の準備」を参照）。

　ある経営学の講師は、表計算ソフトを使って「キャッシュフローの予測」の概念を教えていました。しかし、生徒たちは十分に理解することができません。キャッシュフローとは、企業に出入りするお金の流れのことです。銀行口座に用意しておくお金（仕入れに必要な資金や給料の支払いに必要な資金）を把握するためには、キャッシュフローを予測しておく必要があります。

生徒たちはキャッシュフローと損益を混同しており、問題を解く時も、指示がない限りキャッシュフローを考えないことに講師は気がつきました。キャッシュフローを予測する重要性が見えていないため、高い利益を出している企業にキャッシュフローの予測は必要ないと思っているようです。

　生徒たちの誤答を見ると、「時間の経過に伴うキャッシュフロー」のスキーマ（考えるときに使う概念や視点）ではなく、損益計算のスキーマが使われていました。

　講師は表計算ソフトを用いた説明（抽象的な説明）をやめて、キャッシュフローの具体例やメタファーなどの簡単なモデルを使って説明することにしました。

　そして、キャッシュフローを単純化したモデルとして、栓を抜いた浴槽に水を入れている図を生徒たちに見せました（図2-3）。

　キャッシュフローの授業は、まず、次のような質問から始まりました。

「流入」はどこから来ますか？
生徒たちの回答：顧客から受け取ったお金（収益）

図2-3：キャッシュフローの概念

「流出」は何を意味しているでしょうか?

生徒たちの回答:給料、材料、機械の購入費が流出です。

「流入」が「流出」を上回るとどうなりますか?

生徒たちの回答:水位が上がる、つまり、銀行口座の残高が増え
　　　　　　　　ます。

「流出」が「流入」を上回るとどうなりますか?

生徒たちの回答:水位が下がる、つまり、銀行口座の残高が減り
　　　　　　　　ます。

　以上のように、ほとんどの生徒たちは損益計算のスキーマを使っ
ていました。講師は「誤った考え方を最初に説明しなければ、キャッ
シュフローのスキーマを教えても理解できないだろう」と考えま
した。

　そこで、講師は、オーク材を使ったテーブルと椅子を効率よく
生産して利益を出している家具会社の話をすることにしました。
しばらくの間は収入が支出を上回っていたので、左記の浴槽には
約半分の水(お金)が入っていることになります。ここで、講師
は次のような簡単なシナリオを伝えて、生徒たちに認知的葛藤を
与えました。「この家具会社は大企業から大きな注文を受けました。
取締役はこれほど大規模で急務な注文は高額の利益を生むに違い
ないと考えました。しかし、会社は倒産してしまったのです。な
ぜでしょうか?」

　生徒たちはペアになって話し合うように指示されました。しかし、
会社がなぜ倒産したのか、最初はまったく分かりません。損益計算
のスキーマでは何の問題もなかったはずです。質問に裏があるので
は? と疑っていましたが、生徒たちは徐々に考えを深めていきま
した。大量の注文に対応するためには、会社はたくさんの材料を購
入しなければなりません。さらに、機械も新しく買う必要があるか
もしれません。納期日に間に合わせるために、たくさんの従業員を
雇って研修しなければならないことも理解し始めました。

55

生徒たちの活気に満ちた話し合いは良い結果をもたらしました。最終的に、生徒たちは、高い収益がある会社でもキャッシュフローの予測は必要不可欠であることに気づきました。生徒の1人が授業で学んだことをまとめて次のように言いました。「将来的に大きな収入を得るためには、新しい機材と従業員が必要です。でも、準備するためには大きな支出が必要です。現在の銀行口座にお金が十分になければ大きな支出はできません」。50ページの図2-2「複数の表現方法」で言うと、講師の説明は「日常的に利用している言葉を用いた説明」に該当します。講師の説明によって、生徒たちは、抽象的・形式的な表現も理解できるようになりました。さらに、次の授業から、教師は抽象的・形式的な表現と日常的な言葉を使って、生徒たちに「栓を抜いた浴槽」の図を思い出してもらうことにしました。

 授業の準備
　53～56ページのケーススタディ2で使われた方法を考えてみましょう。

1 「難しい概念」や「誤解を生みやすい概念」を特定する。
2 可能であれば、誤解している生徒たちが使っているスキーマを特定する。
3 具体的に説明できる例を見つける（以下参照）
　・状況を単純化した例（倒産した家具会社）
　・状況のモデルや比喩（「栓を抜いた浴槽」の図）
4 誤解を招いているスキーマに対して、具体的な例、モデル、比喩を使って認知的葛藤が生じる状況を作る。もちろん、教えようとしているスキーマで認知的葛藤を正しく解決できなければならない。

5 認知的葛藤を利用して、ペア・小グループで話し合いをさせる。さらに、他の生徒たちの意見を広く聞くために、クラスで協議する。

例：「トニーさんの意見に賛成の人はいる？」「どうしてトニーさんの意見に賛成なの？」、「反対する人はいる？」「どうして反対なの？」など、意見やコメントを求める（CHAPTER 5 の「アサーティブな質問」を参照）。なぜ今のスキーマでは良くないのか、どのようなスキーマを使うべきなのか、生徒全員が徐々に気づくように導く。生徒たちの「日常的な言葉」を積極的に取り入れるようにする。

6 生徒たちに具体例を思い出してもらいながら、「日常的に利用している言葉」と「生徒たちに理解してほしい抽象的・記号的な表現」を2〜3回目の授業まで使う。最終的に、抽象的・記号的な表現だけで説明する。ここまで来れば、生徒たちは十分に理解しているはずです。

上記のアプローチはシャイアーとエイディ（Shayer and Adey, 2002）が開発した「認知的加速（cognitive acceleration）」という方法を応用しています。認知的加速の方法は、難しい概念を教える時に多く利用されています。

CHAPTER 2 の要約

生徒たちは、具体例や持っている知識を使って新しいことを学びます。しかし、教科書や参考書などは記号的・形式的・学術的な表現を使っていることがほとんどです。また、脳は言語的な表現と視覚的な表現で知識を作ります。しかし、多くの教育現場では、言語的な表現が主流です（視覚的な表現があまり利用されていない）。

難しい概念を教えるときは、具体的・視覚的な表現や日常的に利用している言葉で説明することが大切です。生徒たちに与える課題でも同様

です。具体的・視覚的な表現や日常的に利用している言葉を利用して概念を構築することができると、記号的・形式的な表現を使って学習できるようになります。

学んでいることが視覚的にわかるようにフローチャート、アイデアマップ、カードゲームなどのグラフィックオーガナイザー（視覚的な表現）利用すると、難しい概念の学習を促すことができます。グラフィックオーガナイザーは次章で解説します。

エビデンス

CHAPTER 2 複数の表現方法のエビデンス

最も信頼できる情報源はエビデンスの集約から得られます（CHAPTER14で説明します）。したがって、次の３つのエビデンスをトライアンギュレーションする（様々な視点から捉える）ことが大切です。

質的研究の要約

脳が視覚的・言語的な情報を利用していることは「二重符号化（dual coding）」や「マルチ・モダリティ（multiple modalities）」と呼ばれています。認知心理学の研究に基づくと、脳が視覚的・言語的な情報を利用していることについて疑う余地はありません。最近の研究結果によると、ワーキングメモリーは視覚的な情報と言語的な情報を扱う構成要素が別々に存在するので、両方を使って概念を説明するとワーキングメモリーの負担が軽くなるようです。詳しくは、CHAPTER 7 と参考文献として挙げている"Cognitive load theory (2017)"をご覧下さい。「知っていること」に基づいて「知らないことを教える」という方法は、本書CHAPTER15で紹介しているすべての質的研究に基づいています。具体的なモノを使って抽象的な理解につなげる方法もいくつかの質的研究の中で紹介

されています。

　認知的葛藤があると、難しい概念の構築が易しくなり、誤解の修正に役立ちます。認知的加速(cognitive acceleration)は認知的な葛藤を活用しており、量的研究のレビューでは高い効果が示されています。

量的研究の要約

　次章で説明する概念マッピングは、情報を言語的・視覚的に示します。概念マッピングは新しいことを学ぶ時にとても効果的な方法です。また、生徒が実際に操作する教材、例えば数学の考え方を具体的に表現するブロック（Cuisenaire rods）などの有効性も高く評価されています（Marzano,1998）。

授業が上手な教師に関する研究

　私個人としては、この研究領域におけるエビデンスをまだ知りません。

参考文献　CHAPTER15の文献も参考にして下さい。

無料で閲覧できるサイト
「dual coding」や「multiple modes of representation」で検索してみましょう。

"Cognitive load theory; Research that teachers really need to understand" (Center for Education Statistics and Evaluation, 2017).
無料でダウンロード可能。認知負荷理論の研究をまとめた論文です。ワーキングメモリは聴覚と視覚の２つに分かれるので、両方を使うと認知的な負荷が少なくなると提案しています。本書CHAPTER 7 も参考にしてください。

F. Coffield "Learning styles: time on move on" (National College of School Leadership, 2013).
ラーニングスタイルの考え方が間違っていることを端的に説明しています。

R. Marzano et al., "Nine Essential Instructional Strategies" (Adapted from *Classroom instruction that Works*, Alexandria : ASCD, 2001).
情報の視覚的提示(例えば、グラフィックオーガナイザー)は高い効果を示しています。

M. Sharma, "Part I – Linear and Exponential Functions (6 Levels of Knowing)" (https://vimeo.com, 2012).
複数の表現方法に関する動画。

T. Sherrington, "Sweet Algebra. A Model" (https://teacherhead.com, 2017).
代数の具体的な提示方法を紹介しています。

書籍と論文
P. Adey and M. Shayer, *Really Raising Standards* (London: Routledge, 1994).

J.C. Nesbit and O. Adesope, "Learning with Concept and Knowledge Maps: A Meta-Analysis" (*Review of Educational Research 76*, page 413, 2006).

M. Shayer and P. Adey(Eds), *Learning Intelligence: Cognitive Acceleration Across the Curriculum from 5 to 15 Years* (Buckingham: Open University Press 2002).
具体から抽象に進む表現方法や言語的・視覚的な表現方法の効果を説明しています。

CHAPTER 3　分析スタイル
　　　　　　グラフィックオーガナイザー
　　　　　　カード分類ゲーム

　CHAPTER 2では、視覚的情報と言語的情報（複数の表現モデル）を説明時に用いると、生徒たちの学習が促されることを紹介しました。本章では、視覚的な教材の作り方を紹介します。いずれも実際の授業で高い効果があります。

　視覚的な表現を活用するためには、情報を分析する方法（分析スタイル）を2つ理解する必要があります。2つの方法を使い分けることができれば、作文やレポートなどの文章構成の計画が立てやすくなります（CHAPTER10参照）。さらに、新しいトピックの深い理解にも役立ちます。

アトミスティック分析とホリスティック分析

　「アトミスティック分析」と「ホリスティック分析」の両方を生徒に使わせる必要があります。しかし、多くの場合、教師も生徒たちもアトミスティックな方法しか使っていません。トピックを最大限に深く理解するためには「アトミスティック分析」と「ホリスティック分析」のどちらも使う必要があります（Biggs and Collis, 1982）。

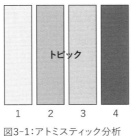

図3-1：アトミスティック分析　　　図3-2：ホリスティック分析

アトミスティック分析（ハサミを使って切り分ける分析）：トピックを切り分けて、1つずつ理解する方法です。

例　・麻疹、流行性耳下腺炎、百日咳の観点から子どもの病気を考える。
　　・科学の実験をいくつかの課題に分ける。
　　・小説や歴史的事件をいくつかの出来事に分割して説明する。

　何かをパーツに分けて分析する観点は1つだけではありません。例えば、「演劇」を分析する時、「出来事の順番」や「登場人物のリスト」に分けることができます。いずれも1つずつ検証することがポイントです。

ホリスティック分析（全体を見渡す分析）：他の人たちの視点や疑問など、様々な観点から全体を見渡すことができる方法です。

例　・子どもの病気を免疫や公衆衛生の観点から見てみる。
　　・提起している問題やテーマの観点から演劇、小説、詩などを考える。作者の影響力や言葉の使い方の観点から考える。
　　・科学の実験を信頼性、妥当性、改善方法などの観点から見てみる。「何がわかるのか」という観点から実験方法を見てみる。似ている実験と比較する。
　　・政治、経済、宗教、社会の観点から歴史的事件を見てみる。

　パーツに分けて考えるアトミスティック分析を利用すると、多くの教師たちが嫌う「記述的」な課題になってしまうことがあります。例えば、「各トピックを1つずつ調べたら課題は終わる」と生徒たちは考えるため、調べ終えたら作業を終えてしまうことがあります。パーツの分析だけでなく、全体的を見渡す分析方法を教えると、生徒たちのレポートの質はとても良くなります。「ジョン王の統治を男爵の視点から考えると……」と書いている生徒のレポートは、ジョン王の統治下の出来事を年代順に

CHAPTER 3　分析スタイル・グラフィックオーガナイザー・カード分類ゲーム　　62

並べているだけのレポートよりも質が高いとわかりますよね。訪問看護師の役割について、患者、医師、費用対効果の観点から考えることができる生徒は、訪問看護師だけに焦点を当てたレポートよりも優れた記述をしているはずです。

　ジョン・ビグス教授は、質が高いレポートと質が低いレポートの特徴を研究しており、多面的な視点から考える思考法や関係性を考える思考法（リレーショナルシンキング）は優秀なレポートに共通する特徴であることをSOLO分類（SOLOは、Structure of the Observed Learning Outcomeの略。236ページのリフレクション参照）によって明らかにしています。優れた成績を収めるためには、生徒たちはテーマの全体像を把握して、パターンや関係性を見つける必要があります。アトミスティック分析とホリスティック分析のバランスは重要です。２つの分析のバランスをとるためにはいくつかのレンズ（spectacles）が必要です（Petty, 2009）。つまり、視点や視野を変えることができるツールです。詳細はCHAPTER10で改めて説明します。認知科学者の中にはビグスの研究を知らない人もいるので、「レンズ」が役に立つとは考えてないようです。しかし、視覚的に表現する方法の重要性は広く認められています。視覚的に表現する方法は後ほど詳しく紹介します。

　「学習しているトピックがどのように他のトピックとつながっているのか」をアトミスティック分析だけで理解することはできません。トピックを学習する意味や目的も理解することができない危険性があります。つまり、「木を見て森を見ず」になってしまうのです。

　視点や視野を変えることができる「レンズ」の使い方を教えると、次のような問題を克服することができるようになるでしょう。

• どのような視点が最も役に立つのか分からない。
•「１つの視点だけですべての正解が得られる」という誤解に気づかない。
　１つの視点にこだわると他が見えなくなることに気づかない（１つの観点だけでは見ていることにならない）。

●様々な視点や考え方をバランス良く取り入れなければならないこと
に気づかない。

　ここから先は、グラフィックオーガナイザーについて紹介します。グ
ラフィックオーガナイザーは、知識を視覚的に示す強力な方法です。ほ
ぼすべてのトピックで有効です。グラフィックオーガナイザーを利用す
ると、生徒たちはアトミスティック分析とホリスティック分析の両方を
活用しやすくなります。

知識を視覚的に提示する：
グラフィックオーガナイザー

　フローチャート、アイデアマップ、ベン図など、様々なタイプのグラ
フィックオーガナイザーを次のページから紹介します。情報を整理（オー
ガナイズ）して図式的（グラフィカル）に提示すれば、それがグラフィッ
クオーガナイザーになります。絵や写真１枚では不十分です。グラフィッ
クはあくまでも知識を「整理した図」でなければいけません。

　生徒たちが自分でグラフィックオーガナイザーを作って「チェック・
修正」するとき、グラフィックオーガナイザーの効果が最も発揮されま
す。具体的な方法は本章の後半を参考にしてください。グラフィックオー
ガナイザーを研究しているネスビットとアデソープ（Nesbit and
Adesope, 2006）によるメタ分析では、非常に大きな効果量（effect
size）が示されています。つまり、グラフィックオーガナイザーは私た
ちが知っている授業方法の中でも最強の方法の１つなのです。適合性が
高いため、どのような教科でも使うことができます。

　グラフィックオーガナイザーは、情報をわかりやすく組み立て直して
アイデアの中核をはっきり表現することができるので、要約やメモより
も優れています。文章だけの説明と比べて、概念間の関係が明確にわか
りやすくなります。特に作文などのライティングを計画する時にとても
役立ちます。

CHAPTER 3　分析スタイル・グラフィックオーガナイザー・カード分類ゲーム

オリバー・カヴィグリオリとイアン・ハリス（Oliver Caviglioli and Ian Harris, 2003）は、グラフィックオーガナイザーを３つのカテゴリーに分類しています。３つの中から課題に応じたグラフィックオーガナイザーを使うことが大切です。

- 記述的な図：シンプルなアイデアマップなど
- 何かを比較：重ね合わせたベン図など
- 順序や因果関係を示す図：フローチャートなど

　最初に、３タイプのグラフィックオーガナイザーの利用例をいくつか紹介します。次に、各グラフィックオーガナイザーを利用するタイミングと利用方法を説明します。

記述的なグラフィックオーガナイザー

アイデアマップ

　トピックを小さなトピックに分けるアトミスティックなアイデアマップ（66ページの図３－３）に教師も生徒たちも慣れていると思います。しかし、本章の冒頭で紹介したように、２通りの分析スタイルを活用してください。トピックを全体的に捉えるホリスティックなアイデアマップもあります（66ページの図３－４）。

樹形図

　樹形図はアトミスティックなマアイデアマップによく似ています。組織や概念の階層を示したい時によく使われます（次ページ図３－５）。

ベン図

　ベン図は円で概念の境界線を示す図です。例えば、理科の授業を思い出してください。ヘビとトカゲは爬虫類ですが、カエルとヒキガエルは

65

爬虫類ではありません（両生類です）。爬虫類は鱗があり、外界の温度で体温が変化する変温動物です。爬虫類のベン図では、例をいくつか挙げて、枠で囲っています（図３−６左）。「ウロコがある」「変温である」など、爬虫類の特徴を書きます。爬虫類の画像や爬虫類に関する試験問題など、爬虫類に関するすべてのことを円の中に入れることができます。

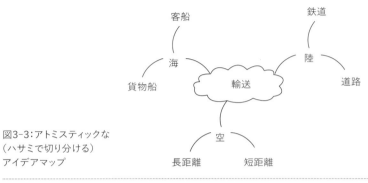

図3-3：アトミスティックな
（ハサミで切り分ける）
アイデアマップ

図3-4：ホリスティックな
（全体を見渡す）アイデアマップ

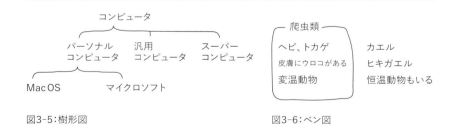

図3-5：樹形図　　　　　　　　　図3-6：ベン図

CHAPTER 3　分析スタイル・グラフィックオーガナイザー・カード分類ゲーム

たくさんの情報を入れたベン図は、図3-6よりも詳細になっているかもしれません。

ベン図が最も役立つ理由は、誤って学習した概念の修正ができるからです。カエルやヒキガエルは爬虫類だと思っている生徒は多いので、爬虫類の円の外にカエルやヒキガエルを記しておきましょう。また、爬虫類の皮膚は湿っていてベタベタしていると思っている生徒も多いです。円の外に「ベタベタした皮膚」を置いて、爬虫類の特徴ではないことを示します。このように、何かを区別する時、特徴に当てはまるものだけではなく、当てはまらないものもベン図で表現することができます。概念を形成するとき、このような区別がとても大切です。

ラベルを付けた図

ラベルを付けると、名称・機能・特徴などを示すことができます。

例：石油が豊かな州・独裁国

図3-7：ラベルをつけた図

記述表

記述表では、トピックのキーポイントを要約します。ノートのメモを整理する時やレポートの準備をする時にも役立ちます。本章の前半で説明した2つの分析スタイル（アトミスティック分析とホリスティック分析）を利用して、トピックを構成するパーツを詳しく書いたり、最初に起きた出来事から順番に書いたりすることも可能です。

例えば、トピックが「小児期の病気」であれば、麻疹、流行性耳下腺

炎、百日咳がパーツです（アトミスティック分析）。記述表では、全体的な（ホリスティックな）視点、例えば予防注射、医師や親の意見など、トピック全体を様々な視点で見ることも可能です（ホリスティック分析）。

小児期の病気	
1.麻疹	・・・
2.おたふく風邪	・・・
3.百日咳	・・・
A.予防注射	・・・
B.医師の意見	・・・
C.親の意見	・・・

図3-8：記述表

記述表の作り方を教える

　グラフィックオーガナイザーを教えるときは以下の２つが大切です。

- 教師が表を実際に作成しているところを見せる。考えていることを言葉で説明しながら、どのように作ると良いのか、作り方のモデルを示す（CHAPTER 7 を参照）。
- 情報を構造化して要約する必要があるため、生徒たちが独自に工夫して表を作った時に最も効果が得られます。

　記述表はノートを作る時にも役立ちます。必要であれば、説明の枠を追加しましょう。ワープロソフトの表のフォーマットを利用すると簡単に作成できます。大きな表を作って教室の壁に掲示しておくと、後の授業で参考資料として利用することができます。

　用紙のサイズはＡ３が良いでしょう。個人でもグループでも作業することができます。左側にキーワード・視点を書いた後、各キーワード・視点の横に要約を箇条書きで記述します。最初は教師がキー

CHAPTER 3　分析スタイル・グラフィックオーガナイザー・カード分類ゲーム　　　　68

ワード・視点を与えても問題ありません。しかし、最終的には生徒たちにキーワード・視点を考えさせて下さい。キーワード・視点を生徒たちが決めたら、教師はどのようなキーワード・視点を選んだのか尋ねて下さい。「あなたはどのような視点を選んだの？」「どうしてそれをキーワードとして選んだの？」「なぜ良い視点だと思ったの？」このような話し合いを通して、生徒たちはアトミスティック分析とホリスティック分析の使い方がわかるようになっていきます。

　例として示した表はとてもシンプルな例です。より詳しい表を作ると、トピックの構造が見えてくるでしょう。わかりやすいメモとして役に立ちます。

　表の上下に枠を足して、序論と結論を書くと、レポートを書く時の原案にすることができます。論理的な順番で説明できるようにするために、１・２・３やA・B・Cの順序を変えても問題ありません。生徒たちは、要約の箇条書きを１つか２つの段落に発展させればよいのです。最終的に、生徒たちは構成が整ったレポートを書けるようになるでしょう。

比較に役立つグラフィックオーガナイザー

同異を示す図表

　図表を使うと、類似性が多い概念（例えば、爬虫類と両生類）の混同を防ぐことができます。70ページの図３-９では、重なっている部分を共通点として示しており、左右の両側を相違点として示しています。70ページの図３-11もワープロソフトで楽に作成することができます。アイデアマップでも共通点と相違点を示すことができます（70ページ図３-10）。

　図表を生徒１人で作るのはとても大変です。比較したい２つの概念を１つずつアイデアマップにするなど、簡単なグラフィックオーガナイザーを最初に描かせることが最も良い方法です。別々に作成した後、２つの

図3-9：同異を示すベン図

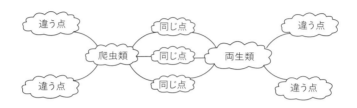

図 3-10：同異を示すアイデアマップ

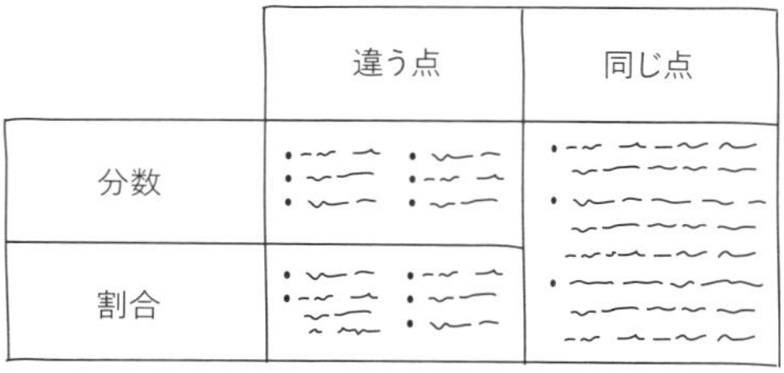

	違う点	同じ点
分数		
割合		

図 3-11：同異を示す表

　概念を比較するグラフィックオーガナイザーを作成させると良いでしょう。具体的な作成方法はCHAPTER 7で説明します。3〜4つのトピックを比較するベン図をインターネットで検索してみましょう。
　CHAPTER10では、「影響の程度」に関するレポート（例：「ヴェルサイユ条約は第二次世界大戦の開戦にどれくらいの影響を与えたか」）を計画する時に利用できるオーガナイザーを紹介します。

比較表

　図3-12の比較表では、比較基準を設けて2つ以上の概念を比べます。通常、公正に比較したいときは基準が必要になるため、評価的思考（evaluative thinking）を利用したい時には比較表が役に立つでしょう。記入欄を横に増やして2つ以上を比較することも可能です（例：5台のプリンターをコスト、印刷の速さ、カラー機能などの基準で比較）。

　比較表は事前と事後の比較だけでなく、以下のような場合でも利用することができます。

- 何かを使用した場合と使用しなかった場合の比較（例：在庫調査でコンピュータを使った時と使わなかった時の比較）。
- 長所と短所の比較（例：3つの医療政策の長所と短所）。

　比較表は「比較・対照」「有・無」「前・後」「長所・短所」などのレポートを書く時に役立ちます。詳細はCHAPTER10で改めて紹介します。

ロシアの共産主義革命による変化		
視点	革命前	革命後
政府		
農民の生活		
産業の発達		

図 3-12：比較表

スペクトラム（連続体）

　72ページの図3-13は飲み物に含まれる糖分の量を比較する時に利用します。木の成長の速度を比較する時や、政党の自由主義の程度を比較する時などにも利用することができます。タイムライン（72ページの図3-16）は時間の経過による変化を表したいときに利用します。

　スペクトラム（連続体）は交差させることができます。図3-14は飲

み物を糖分の量と値段で比較しています。図3-14の右下に入る飲み物は「糖分が多くて値段が安い」飲み物です。スペクトラム（連続体）の交差図は理数系のグラフでよく出てきますが、もっと広い範囲で応用することができます。例えば、自由主義や中絶に対する考え方で政党を比較することも可能です。図3-15の表は少し大雑把な比較にはなりますが、わかりやすくなります。

　生徒たちがスペクトラムや交差図を使って情報を整理できるようなトピックを考えておくとよいでしょう。

糖分が少ない ←——→ 糖分が多い

図 3-13：スペクトラム（連続量）の図

図3-14：交差するスペクトラム（連続体）の図

表 3-15：交差するスペクトラム（連続量）の表　　図 3-16：タイムライン

論理的な思考や推論を示すグラフィックオーガナイザー

フローチャート

　一般的にフローチャートはプロセスを示す時に利用します（例：工場で車を組み立てるプロセス）。原因・結果や推論の順序を示すことも可能です。例えば、図3-18は、教育に投資する公費を正当化する推論（イギリス経済）の順番を示しています。フローチャートのそれぞれのボックスをアイデアマップの中心とみなして注釈を追加することもできます。

図 3-17：フローチャート

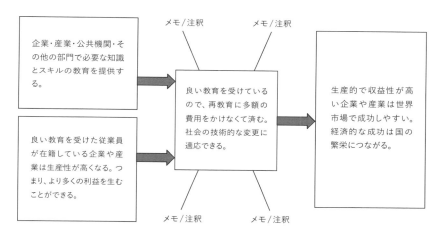

図 3-18：推論を示す注釈付きのフローチャート

視覚的な図

　視覚的な図は、文章の計画を立てる時、小グループで活動報告を書く時、トピックの概要を書く時にも役立つ方法です（CHAPTER10参照）。

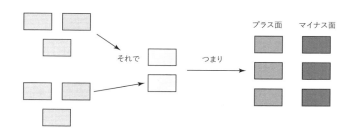

図 3-19：視覚的な文章プラン

教室で試してみましょう

- 質問、宿題、作文の題を生徒に与える。
- 生徒は各自で問題・要点・サブトピックなど「考えたこと」をアイデアとして1つずつ付箋や紙に書く。アイデアはできるだけ広い範囲で包括的に書くようにする。詳細な情報は不要。
- アイデアを書いた付箋を1枚ずつ出して発表する。類似するアイデアは重ねて置く。同意が得られなかったアイデアは除外する。関連するアイデアは近づけて置く。
- 生徒たちはアイデアをグループに分けて構造化する。
- 分類したグループに名前をつける（複数のグループを1つにまとめてもよい）。
- グループ間の関係性を探す(論理的な関係を見出せることが多い)。
- 論理的につながる順番になるようにアイデアのグループを並べ直す。
- 並べ直したアイデアのグループを作文プランとして書く（または撮影しておく）。左から右へアイデアを辿りながら、文章や段落にして膨らませると包括的で構成力の高い文章になる。

　上記のプロセスは、パソコン上でも実施することができます（アイデアを入力したメモをドラッグして移動させます）。因果関係、根拠、時系列を説明する時にとても役立ちます。

　初回は電子黒板にプロセスのモデルを例示しても良いでしょう。モデルを例示する際は、考えていることを声に出しながらモデルを紹介してください。モデリングはCHAPTER 7で詳しく説明します。モデリングは授業の整理にも役立つ方法です。

CHAPTER 3　分析スタイル・グラフィックオーガナイザー・カード分類ゲーム

目的に合わせてグラフィックオーガナイザーを利用する

　使用するオーガナイザーは授業で扱うトピックに合っていなければなりません。グラフィックオーガナイザーの使用例を以下に示してみました。

- **記述する**オーガナイザー（簡単なアイデアマップなど）
  「ウイルス感染の主な特徴は何か？」
  「小さなホテルの経営構造の概要」
- **比較する**オーガナイザー（重複する2つの円を使ったベン図など）
  「女性の権利運動と黒人の権利運動を比較する」
  「移民は国民保険サービスの即時加入と全サービスの利用が認められるべきか」（賛成意見と反対意見を比較する）
  「ホテルの宿泊予約にコンピュータはどのように役立つか」（コンピュータを使った予約とコンピュータを使わない予約を比較する）
  「ペストは農業にどのような影響を与えたか」（ペスト流行の前後で農業を比較する）
  「ニュー・レイバー（新しい労働党）はサッチャー派の政策をどれくらい取り入れたのか」（253ページの「程度を聞く質問」を参照）
- **順番を表す**オーガナイザー（製造プロセス、ストーリー、根拠に基づいた議論などで利用）
  「国会で法案が通過する様子を説明する」
  「ハムレットの第1幕のストーリーを要約する」
  「効果的な教育システムはなぜ経済に役立つのかを説明する」

　複数のオーガナイザーを使用することもあります。例えば、ペスト流行の影響は、原因と結果で表したり、前後で比較したりすることもできます。簡単な記述式のトピックにもなります。カヴィグリオリとハリス（Caviglio and Harris, 2008）は、生徒たちに説明を記述させた後、必要

に応じて比較や順序を考えさせる方法が望ましいと主張しています。例えば、「爬虫類とは何か」「両生類とは何か」をそれぞれ書かせた後で両者を比較させるのです。

なぜグラフィックオーガナイザーは効果的なのか

グラフィックオーガナイザーは、頭の中で知識を組み立てるときに効果を発揮します。生徒たちは持っている知識と新しい知識を結びつけて、「構成」を修正しながら、理解を深めます。既存のオーガナイザーを調べるよりも、自分で作る方が良い学習につながります。ただし、記憶のチェックを目的として使うのであれば既存のオーガナイザーの方が有効です（CHAPTER11参照）。

グラフィックオーガナイザーの使い方

グラフィックオーガナイザーに慣れさせる

グラフィックオーガナイザーの使い方を初めて教える時は、生徒たちの前で実際に作って見せます。考えていることを声に出しながらプロセスを説明してください（CHAPTER 7のモデリングを参照）。テストの前や、トピックを要約したり復習したりする時にグラフィックオーガナイザーを作ると一石二鳥です。

ほとんどの生徒たちはオーガナイザーを作るプロセスを初めて見るので、生徒たちがよく知っているトピックを使ってグラフィックオーガナイザーを作るようにしてください。グラフィックオーガナイザーを作るプロセスを紹介したら、次に、作成を支援しながら、同じ形式のグラフィックオーガナイザーを生徒たちに作ってもらいましょう。ここでも生徒がよく知っているトピックを使ってください。

生徒がグラフィックオーガナイザーの作成に慣れてきたら、記述・比較・順序（推論）のグラフィックオーガナイザーについて説明します。

CHAPTER 3　分析スタイル・グラフィックオーガナイザー・カード分類ゲーム

説明を終えた後、トピックを１つ与えて、トピックに合うオーガナイザーを選択させます。79ページに練習問題があります。

グラフィックオーガナイザーを教室で利用する

　グラフィックオーガナイザーの作成は１人でもグループでも楽しい活動になります。クラスの活動、宿題、授業の課題の他、文章を書く計画を作る時にも役立ちます。ブラックら（Black et al. 2003）は次の方法を提案しています。

1　教師はいつも通りの方法で新しいトピックを生徒たちに教える。
2　トピックの要約や問題の回答に役立つグラフィックオーガナイザーの作成を生徒たちに求める。生徒たちがグラフィックオーガナイザーに慣れている場合は、最も適切なグラフィックオーガナイザーのタイプ（記述・比較・順序）を生徒に選択させる。
3　グラフィックオーガナイザーが完成したら、自分の机の上に置いてもらう。次に、自分自身のグラフィックオーガナイザーを改善する方法を知るために、他の生徒たちのグラフィックオーガナイザーを見て回る。
4　自分の席に戻ってグラフィックオーガナイザーを改善する。
5　グラフィックオーガナイザーのモデル、チェックリスト、評価基準を生徒たちに提示する。生徒たちは評価基準などに基づいて自分のグラフィックオーガナイザーを評価する。または、他の生徒に評価してもらう。

　１〜５の作業はインターネット上でも可能です（78ページの図３-20）。

グラフィックオーガナイザーの様々な使い方

　グラフィックオーガナイザーは次のような場面でも利用可能です。

1 生徒たちにグラフィックオーガナイザーを作るように伝える。		2 生徒たちはグラフィックオーガナイザーを作成して教師に送る。
3 生徒たちにグラフィックオーガナイザーのモデルを送る。		4 モデルを参考にして自分のグラフィックオーガナイザーを評価する。グラフィックオーガナイザーを赤字で修正した後、修正版を教師に送る。
5 改善を確認する。		6 トピックを理解したかどうかクイズで確認する。

図 3-20:グラフィックオーガナイザーのピンポン

- 詳しく教える前に、生徒たちがトピックについて知っていることを整理する。
- これから教えるトピックの概要を提示する。概要を先に提示する方法は「先行オーガナイザー（advance organizer）」と呼ばれている（Ausubel, 1968）。生徒たちが授業中にメモを書き込むことができるように、概要を印刷して配ると良い。
- 大きな紙にグラフィックオーガナイザーを作成して、教室の壁に掲示しておくと、後で参照できる。
- グラフィックオーガナイザーをカード分類ゲームの道具にする（カード分類ゲームの詳細は本章の後半で紹介します）。例えば、爬虫類と両生類の同異を表す比較図に「乾いた皮膚をもっている」、「卵を何百個も産む」などの記述を書き足す。比較図を使う時には電子黒板が最も適している。
- グラフィックオーガナイザーを使って記録する。わかったことを発表する時にグラフィックオーガナイザーを利用する。
- 教師のプレゼンテーションなどに利用する。
- グラフィックオーガナイザーの形式でメモを作る（本の章の要約など）。

グラフィックオーガナイザーを使うことに抵抗を感じる生徒がいるか

もしれません。グラフィックオーガナイザーは、ほぼすべての人に役立つことがわかっています。役立つことを伝えて、グラフィックオーガナイザーの利用を勧めてみましょう。５回から10回程度まで利用すると、グラフィックオーガナイザーの価値を実感できるようになります。生徒たちが納得しない場合は、先に紹介したグラフィックオーガナイザーと同じ構造でキーワードや視点を書かせてみましょう。グラフィックオーガナイザーの最大の利点（グラフィックオーガナイザーが情報の構造化に役立つこと）に気づくかもしれません。

グループで作るグラフィックオーガナイザー

　生徒たちが分担して作成したグラフィックオーガナイザーをボードに貼って組み立てさせることもできます。完成したら、担当したパートや全体について発表させるとよいでしょう。

授業の準備

　次の課題に最も適しているグラフィックオーガナイザーは何でしょうか？

　教師（あなた）が考える問題です。以下の課題で利用するオーガナイザーのタイプを決めてください。以下の課題を修正して利用するオーガナイザーのタイプを生徒たちに問うことも可能です。課題の目的（記述・比較・順序）を考えてからオーガナイザーのタイプを選びましょう。

1　小さなお店で棚卸をする利点について意見を出し合う。
2　ウイルス感染症と細菌感染症を区別する。
3　第２次世界大戦を引き起こした主な出来事を説明する。
4　量的データの主な提示方法を解説した後、提示方法を批判的に比較する。

5　教育に対する投資は学歴にどれくらいの影響を与えるのか説明する。

6　従来の授業方法を教師主導と生徒主導の視点から考える。生徒の学習意欲がどれくらい変わるのかを検証する。

7　経済産業部の設置の正当性を示す根拠を説明する。

8　パソコンに接続するプリンターの主な機種を批評する。

79ページの問題の回答例です。複数のオーガナイザーを使った方が良いケースもあります。私の回答は次の通りです。

1　包括的なアイデアマップ。客、店長、卸売業者などの視点から利点を示す。

2　比較表、ベン図、同異を示す図。

3　フローチャートや時系列を示すオーガナイザー。

4　比較表。

5　（これは難問です！）同異を示す図（70ページの図3-9を参照）。

6　スペクトラムの交差図。例えば、教師主導や生徒主導の程度をx軸として生徒の学習意欲をy軸とする。

7　フローチャート。

8　比較表。

カード分類ゲーム：意思決定

　グラフィックオーガナイザーを様々な学習ゲームとして活用することも可能です。文章、図、公式、コンピュータのコード、写真、絵を載せたカード（絵と文章を組み合わせたカードでも可）をセットにして生徒たちに渡します。

CHAPTER 3　分析スタイル・グラフィックオーガナイザー・カード分類ゲーム

カードを生徒たちに渡した後、カードを分類させます。例えば、カードを並べたり、グループに分けたり、順番や順位でカードを分けるなどです（デジタル版では、ドラッグ＆ドロップでテキストボックスを移動させることができます）。

　ゲームの例を図3-21に示してみました。インターネットで「card-sort activity geography」と検索してみると、100万件以上のヒットがありました。ほとんどのゲームは無料でダウンロードできる上に、自分でアレンジすることできます。また、パソコンで表を作ると、同じサイズのカードを作ることも可能です。

　カード分類ゲームは、とても高い効果を持っているゲームです。後で詳しく説明します。生徒たちに情報を構成させて、「チェック・修正」に導くため、効果が高いのは当然です。つまり、CHAPTER 1で説明した「質が高い学習サイクル」を体験することができるゲームなのです。

カードで1つの概念を構成する

　生徒に1つのベン図を与えて、円の中と外のどちらかにカードを置いてもらいます。例として、帝国主義の概念を形成させる歴史の授業で考えてみましょう。帝国主義の例や特徴などがカードに書かれており、中には帝国主義に該当しないカードもあります。帝国主義に関係するカードは円

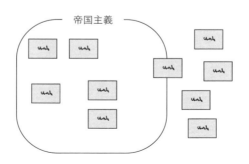

図 3-21：1つのベン図で1つの概念を構成する

の中に置かせて、関係しないカードは外に置くように求めます（81ページの図3-21）。

　具体的には、帝国主義の建築物のイラストや図が描かれたカード、帝国主義に触れていない（ただし、回答に帝国主義が関わるカード）、帝国主義には関係がないにもかかわらず、関係があると誤解されやすいカードも入っています。

　生徒たちがカードの配置を間違えた時は「そのカードをその場所に置いた理由は何ですか？」と尋ねることがベストです。概念を誤解していたから置き間違えたのです。問いかけることで誤解が明らかになるはずです。生徒たちがすべてのカードを置き終えたら、教師は正解の配置を提示します。生徒たちは正解を見ながら自分の配置をチェックします。わからないところはクラス全体で話し合って解決します。

カードをグループに分ける

　カードをグループに分ける方法は「名詞」と「動詞」のように、生徒たちが混同しやすい概念を教える時に役立ちます（図3-22）。例えば、

- 教頭と校長の役割
- 隠喩と直喩
- コロンとセミコロン

　ベン図の一部を重ねて概念の共通点や相違点を示すこともあります（図3-23）。カード分類ゲームで混同しやすい概念の共通点と相違点を引き出すことも可能です。 例えば以下のような概念です。

- 健康とフィットネス
- 殺人と過失致死
- 天然繊維と合成繊維

カード分類ゲームは混同しやすい概念を簡単に理解させる効果を持っています。

カードのマッチング

　用語と意味のカードを組み合わせるゲームです（84ページの図3-24）。問いと正解、心臓の各部位と機能、道具と用途などの組み合わせも可能です。どのようなトピックでも分類、マッチング、ランキングができるため、カード分類ゲームはとても柔軟性が高いゲームです。

　以下の例は、スワンとグリーン（Swan and Green, 2002）が提案した数学のマッチングゲームです（84ページの図3-25）。代数の式が書か

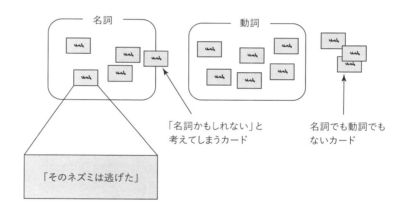

図3-22：カードのグループ分け

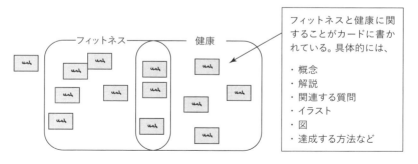

図3-23：共通点と相違点でカードを分ける

れたカードのセットと、式を文章で説明したカードのセットを生徒たちに渡します。式を文章で説明したカードの中には、正しい説明が書かれたカードと正しくない説明が書かれたカード（偽カード）が入っており、一致するカードを探して組み合わせることを生徒たちに求めます。

正しくない説明が書かれたカード（偽カード）と一致する式はありません。しかし、正しいと思ってしまう説明（間違っている説明）が書かれているカードもあるため、生徒たちは式と説明を見比べて、一致するかどうかを注意深く判断しなければなりません。

図3-26のように、式を図で表現することも可能です。生徒は $3n^2$ と

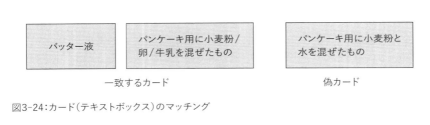

図3-24：カード（テキストボックス）のマッチング

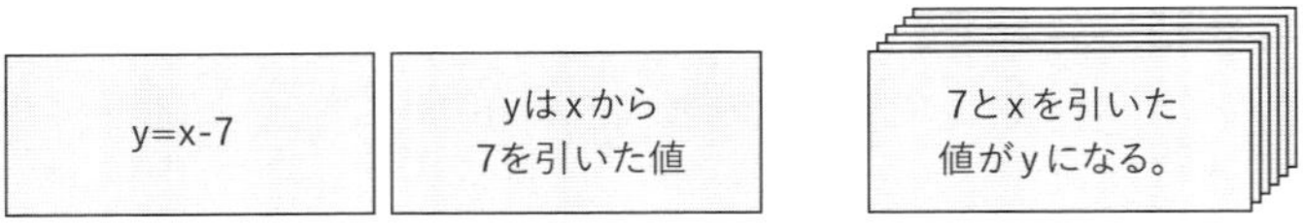

図3-25：カードのマッチングで数学の理解度を測ることもできる

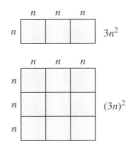

図3-26：視覚的なカードを含めると誤解が解決しやすくなる

CHAPTER 3　分析スタイル・グラフィックオーガナイザー・カード分類ゲーム　　　　84

（ 3 $n)^2$ をよく混同します。図 3-26 は CHAPTER 2 で説明した複数の表現モデルを利用した例です。

カードを順序で並べる

次はカードを順序で並べるゲームの具体的な使用例です。

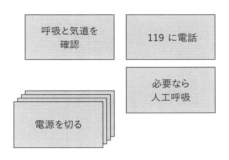

図3-27：カードを順序に沿って並べる

ケーススタディ

順番をカードで考えるゲーム

　以前、「感電したときの対処法」の授業を見学したことがあります。先生は一方的に説明するのではなく、生徒たちを 2 人ひと組にして、カードを 1 組ずつ渡していました。そして「自分だったらしない」と思うカードを外して、残ったカードを正しい順番で並べるように求めました。

　私は 2 人の生徒の様子を見ていました。1 人は主張が強いボスタイプの生徒です。もう 1 人はおとなしい生徒でした。先生が 2 人の生徒の机にカードの束を置くとボスタイプの生徒が 1 枚目をめくりました。「119に電話をする」とカードに書かれていました。おとなしい生徒は反対したにもかかわらず、ボスタイプの生徒は

絶対に「119に電話をする」ことが1番先だと言ってゆずりません。次に、おとなしい生徒がカードをめくると「必要なら人工呼吸」と書いてありました。「あのさ」とその子は言いました。「119番に電話している間に、この人は死んでしまうかもしれないよ」。ボスタイプの子は苛立ちながらも人工呼吸を先にすることに同意しました。しばらくの間、ボスタイプの生徒は不満な表情をしていました。ボスタイプの生徒が次のカードをめくると「電源を切る」と書かれていました。「おい！　おまえが人工呼吸している間も、この人はまだ電気につながっているぞ（感電している）！」

「偽のカード」もカードの中に含まれています。「ゴム手袋と長靴を身に着ける」と書いてあるカードを2人は手順の中に入れていましたが、「電源を切る」のカードが出たところで、「ゴム手袋と長靴」のカードはいらないことを2人で話し合って決めていました。教師は正しい順序を生徒たちに示して、難しかったところをクラス全体で話し合いました。

生徒2人は教師の支援を受けながらも、学ぶべきことを自分たちで「発見する」力を発揮していました。また、生徒たちで話し合いながら学習を「チェック・修正」する効果の高さも伺えました。

このような方法は以下のような場合でも役立ちます。「偽物のカード」を交ぜておくと生徒たちの概念がより良く形成されます。

- **英文学の授業**：小説と戯曲のカードを年代順に並べる。
- **ビジネスの授業**：新商品の発売準備に必要な作業のカードを順番に並べる。
- **薬物教育のセミナー**：健康被害と中毒性の高さで薬物カードを順番に並べる。
- **学習障害がある生徒対象の授業**：お茶を淹れるプロセスを撮影した写真を並べて、順序を言葉で説明する。

CHAPTER 3　分析スタイル・グラフィックオーガナイザー・カード分類ゲーム　　86

- **配管を学ぶ生徒対象の授業**：セントラルヒーティングを設置するプロセスをカードで順番に示す。

文章のカードを意味が通るように並べる

　配布した資料の中から1枚のプリントを選びます。次に、選んだプリントを6分割（それ以上でも可）してカードにすると、簡単に並べ替えるゲームを作ることができます。1つのカードに2〜3つの節や段落が入るようにしてください。そして、各カードに書かれている文章を読んで、論理的に正しく理解できるようにカードを並べることを生徒たちに求めます。パソコン上で実施している場合は、配置した結果を印刷させてください。文章を並び替える方法は驚くほど効果的です。少なくとも生徒たちがプリントの内容を理解しているか確認することができるでしょう。

カードにランクを付ける

　重要性、効果、費用、所要時間を考慮してランクを付けるゲームです。例えば、戦争の原因が書かれたカードを、重要度が高い順番で並べます。原因ではないと思うカードは除外します。経営を勉強している場合、マーケティングの方針が書かれたカード（3種類）を与えて、効果の高さで順番を付けてもらいます。その後、費用を基準にして方針に順位を付け

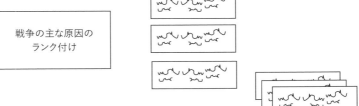

図3-28：カードを用いたランク付け

ても良いでしょう。

効果、重要度、コスト、実現可能性なども基準にできるので、職業教育など幅広く応用することができるゲームです。

グラフィックオーガナイザーを使ったゲーム

本章で紹介したグラフィックオーガナイザーもカード分類ゲームに応用することができます。

例えば、完成しているアイデアマップを生徒たちに見せて終わるだけでなく、構成要素をカードに分割して、一貫性があるマップの作成を生徒たちに求めます。生徒たちのアイデアマップの構成はそれぞれ微妙に異なるかもしれませんが、それでも問題ありません。むしろ、様々なことが明らかになるはずです。

プロセスを説明したテキストボックスを与えてフローチャートを作成させたり、樹形図の下に置く説明文を選ばせたりする方法も良いでしょう。

カード分類ゲームは、カードを実際に作ることもできるし、パソコン上でドラッグ&ドロップを使ってテキストボックスを適切な位置に移動させることもできるゲームです。カード分類ゲームは電子黒板を最も活用できるゲームかもしれません。生徒に前に出てきてもらって、テキストボックスを自分が正しいと思う場所に移動してもらいます。移動させた後、教師は「Wさんはテキストボックスを正しい場所に置いていたかな？」とクラス全体に問いかけて、生徒たちの理解度をテストすることができます。CHAPTER 5のアサーティブな質問の方法を使うと、理解はさらに深まります。また、生徒の理解度が教師にフィードバックされることになります。このように進めると、とても楽しい活動になります。

エビデンス

CHAPTER 3　グラフィックオーガナイザーと
　　　　　　カード分類ゲームのエビデンス

　最も信頼できる情報源はエビデンスの集約から得られます（CHAPTER14で説明します）。したがって、次の３つのエビデンスをトライアンギュレーションする（様々な視点から捉える）ことが大切です。

質的研究の要約

　ウィリングハム（Willingham, 2009）は「レンズ」の方法を批判していますが、「様々な場面で学習を視覚化することは転移を促す」ことを示した研究は複数あります。このようなエビデンスはCHAPTER 2 の58〜59ページの　エビデンス　と同じです。

量的研究の要約

　概念のマッピングは、情報を言語的・視覚的にも示します。概念マッピングは新しいことを学ぶ時にとても効果的な方法であることがわかっています。例えば、数学の考え方を具体的な形で表現する時に利用するキズネール棒などのブロック（生徒たちが実際に操作する教材）も有効性が高く評価されています（Marzano, 1998）。

授業が上手な教師に関する研究

　グラフィックオーガナイザーとカード分類ゲームを授業で試す価値があることを示したエビデンスは２つあります。

参考文献　CHAPTER15の文献も参考にしてください。

無料で閲覧できるサイト
「グラフィックオーガナイザー（graphic organisers）」で検索すると多数のサイトがヒットします。教科やトピックの名称を入力した後、「card-sorting games（カード分類ゲーム）」、

「manipulatives（具体物操作教材）」と入れて検索してください。
数学や算数で使うカードは、「loop card」で検索してください。

書籍と論文
J.B. Biggs and K.F. Collis, *Evaluating the Quality of Learning: The SOLO Taxonomy (Structure of the Observed Learning Outcome)* （New York: Academic Press, 1982）.

J. Biggs and C. Tang, *Teaching for Quality Learning at University* （4th Edition） （Maidenhead: McGraw-Hill, 2011）.

O. Caviglioli and I. Harris, "Wiseguide to Model Mapping", "Wise guide to Visual Tools"（2008）.
いずれもオンラインで閲覧可。

R. Marzano, D. Pickering and J. Pollock, *Classroom Instruction that Works* （Alexandria: ASCD, 2001）.
生徒自身がグラフィックオーガナイザーを作成する効果の高さを示しています。

J.C. Nesbit and O. Adesope, "Learning with Concept and Knowledge Maps: A Meta-Analysis" （*Review of Educational Research* 76(3):413–448, 2006）.

G. Petty, *Teaching Today: A Practical Guide* （5th Edition） （Oxford: Oxford University Press, 2014）.
M. Swann and M. Green, *Learning Mathematics Through Discussion and Reflection* （CD-ROM, ビデオ、プリント）（London: SD, 2002）.

CHAPTER 3　分析スタイル・グラフィックオーガナイザー・カード分類ゲーム

PART 2

トピックの教え方

CHAPTER 4

RAR モデル：
トピックの教え方を構造化する

　教室でトピックを教えている場面を想像してみてください。トピックのすべてを教えるために必要な授業時間は90分程度で、1回の授業では足りません。CHAPTER 1で紹介したように、生徒たちに1つ以上の概念を作ってもらい、さらに、学習した概念とつなぐ必要があります。

　教師に与えられた課題は、新しい知識と生徒たちがもっている知識をつなげて上手に「構成」させることです。このような授業を作ることは簡単ではありません。授業を成功させるためには、協働的構成主義に基づいて授業を組み立てる必要があります。

　本章で紹介する方法は学校の授業を想定しているのですが、研修会、実習、職場ベースの学習（Work-Based Learning）、リソースベースの学習（resource-based learning）、フィールドワークなど、あらゆる学習状況で利用できる方法です。

RARとは何か ？

　学習を成功させるためには、生徒たちが新しい知識を**受け取って**（**Receive**）、新しい知識をいくつかの課題で**適用**（**Apply**）しなければなりません。さらに、長期記憶に定着させるために時間をかけて何回も学習したことを様々な機会で**再使用**（**Reuse**）する必要があります。このようなプロセスがRARの基本的な考え方です。102ページの図で示しているように、学習の「チェック・修正」は全体を通して続けることが必要です。CHAPTER 1で説明したように、浅い学習から深い学習へ導きながら、さらに、学習したことが他の場面でも利用できるような方法でトピックを教えることが授業の主な目的です。

102ページの図4－2を見てみましょう。RARは1回の授業で完成できる構造ではありません。102ページの図は「生徒がトピックをどのように学習するのか」を説明しています。新しい知識を受け取る段階（Recieve）と適用する段階（Apply）では2回以上の授業が必要かもしれません。再使用の段階（Reuse）の授業回数はもっと必要になるでしょう。学習の反復はとても重要です。1回だけの授業で何とかしようと思ってはいけません。

深い学習をさせて学んだことを長期記憶に定着させるためには、知識を何回も再使用させる必要があります。再使用させるためには、トピックを教える計画を授業計画より先に考える必要があります（Hattie and Donoghue, 2016、Bransford, 2000）。

新しい知識は、教師の説明やインターネットから受け取る（**Receive**）ことになるでしょう。

受け取る段階では、新しいトピックの理解に備えるオリエンテーションも含めておく必要があります。受け取る段階は、生徒たちにトピックの概要をつかんでもらうことを目的としています（CHAPTER 1で説明した「浅い学習」です）。次に、浅い学習を定着させて、学習を深めるために、新しく学習したことを何かの場面で**適用**（**Apply**）させる必要があります（CHAPTER 1参照）。そして、学んだことを忘れないように、何回も**再使用**（**Reuse**）させて、学習をさらに深めることが必要です。受け取る段階でも、すべてのプロセスで「チェック・修正」は必要です。CHAPTER 1で説明した通り、適用の段階と再使用の段階では、学習したことがトピックの範囲を越えて転移できるように授業を計画しなければなりません。

RARの3つの要素を1周するだけで終わることはありません。実際は、各段階を何回も往復することがあります。少し情報を受け取って、少し適用して、さらにもう少しだけ情報を受け取って、適用して、それから再使用するなどです。どのような順番であってもRARモデルの3つの要素を経験させることなく上手に教えることは難しいはずです。良い授

業とは3本脚の椅子に似ています（図4-1）。脚が1本でもなくなったら椅子は倒れてしまうのです。

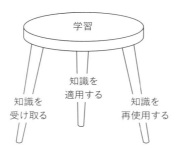

図4-1：3本の椅子（3つの要素で学習を構成する）

RARの構造は協働的構成主義を実現させる

RARの構造を利用すると、CHAPTER 1で紹介した「質が高い学習サイクル」が確実に機能します。RARでは次のことが求められます。

- 授業を受ける前に生徒たちの知識を「チェック・修正」する。「チェック・修正」によって頑丈な土台の上に新しい知識を得ることができる。「チェック・修正」は時間が少しかかる。しかし、学習効果は大幅に改善される。
- 生徒1人ひとりにトピックの理解を深めることを求める。つまり、生徒たちにトピックに関する概念を形成させる。形成したいと思わせるのではなく、形成することを求める。
- 関連する学習内容と結びつけて、新しい学習を深く正確に学習できるようにする。
- 学習の間違いや抜け落ちている箇所を修正するために、学習した概念の「チェック・修正」を生徒たちに求める。
- 教師は自分で授業方法の「チェック・修正」ができるので、生徒たちの学習状況に応じた授業作りが可能になる。

- 数日後、数週後、数ヵ月後、学んだことを定期的に再使用させる。生徒たちが学習内容を忘れない頻度で再使用させる必要がある。

94ページと上記のような学習を生徒たちに提供するためには、クラス全体に向けた授業だけでなく、個々の生徒に合わせた様々な方法も必要です。

効果が高い授業方法の特徴

RARの各構成要素で共通するストラテジーをいくつか見てみましょう。生徒たちがよく学習できるように、下記のような特徴を授業のストラテジーとして含めておくべきです。

高い参加率：すべての生徒が（できるだけ多くの生徒が）与えられた時間の中で熱心に取り組む必要があります。高い参加率を達成するためには、生徒たちが「自分の学習は自分で責任を持たなければならない」と思うことが必要です。

授業中と授業後の「チェック・修正」：どれくらい理解できているのか、生徒たちの理解の程度を把握できるフィードバックは重要です。フィードバックがあれば、生徒たちの誤解や抜け落ちている知識を（直ちに、または定期的に）修正することができます。

学習したことを生徒同士で「チェック・修正」する：学んだ内容について話し合う時、他の生徒と違う考え方を主張する生徒は少なくありません。意見の対立によって関心度が高まり、自分と違う意見を主張する生徒を説得したり、自分の考えを改善したりして、対立を解消させたいという気持ちが持てるように促します。（意見が対立する授業の効果を比較すると、クラス全体のディスカッションが特に優れているようです。詳細はCHAPTER14を参照して下さい）。

ケーススタディ 1

RAR でアポストロフィの使い方を教える

　「受け取る」段階と「適用する」段階は授業回数が多くなるかもしれません。「再使用」の段階では、何週間にもわたって短い練習（アポストロフィを使う練習）続きます。

受け取る（Receive）

　オリエンテーション：オリエンテーションの目的は生徒たちに学習の準備をさせることです。新しい学習と関連する知識を確認した後、「これから何を学ぶのか」、「何をするのか」、「最終的にどのようなれば学習ができたと見なされるのか」を明確に示します。

　先行オーガナイザー：アポストロフィには２つのルールがあることを伝えます。

　関連性：アポストロフィが誤って使われている面白い例文をいくつか紹介します。アポストロフィを正しく使う重要性について話し合った後、授業の目的と内容を生徒たちに示します。

　ゴールの設定：生徒たちにいくつかの文章を見せます。後の「適用する」の段階で、生徒たちはこれらの文章のアポストロフィの間違いを探して、訂正しなければなりません。なかなか難しい問題です。問題が解けたら生徒同士でチェックし合うことを伝えて、説明できなければならないことを感じてもらいます。そして、学習の到達基準を説明します（学習の到達基準：アポストロフィを正しい位置に置き直して、なぜそこに置くのか説明できる）。

　事前学習：生徒たちが複数形と所有格に関する重要事項を覚えているかどうかをチェックします。

　新しい教材を配る：アポストロフィのルールを説明した後、ルールをまとめたプリントを渡します。

　モデリング：黒板に練習問題を書いて、考えていることを説明しなが

CHAPTER 4　RAR モデル：トピックの教え方を構造化する　　　96

らアポストロフィを正しい位置に置き直します。次の問題では教師が生徒たちの意見に従って解きながら、クラス全体のディスカッションを導いていきます。「アポストロフィは要らないというガイさんの意見に賛成する人はいますか？　サーファさん、どうして要らないと考えたのですか？」ここではアサーティブな質問を利用します（しばらく回答を保留にして、話し合いを続けさせます。CHAPTER5を参照）。

練習をモニタリングする：2人1組になって練習問題に取り組みます。教師が見せた解き方の例（問題の回答例と短い解説）を参考にしながら、アポストロフィを正しい位置に修正します。教師は、生徒たちが難しいと感じている箇所を見つけて、なぜ間違っているのかを丁寧に説明します。クラスの生徒全員が理解したと判断したら、「適用（Apply）」の段階に進みます。

適用する（Apply）

　以前よりも難しい問題をいくつか与えます。生徒は各自でアポストロフィを置き直した後、4人ひと組のグループになり、回答を見せ合って、回答が違う部分について話し合います。グループ内で話し合った後、特に難しかった問題について、アサーティブな質問を使ってクラス全体で話し合います（CHAPTER 5 を参照）。難しい問題は、何人かの生徒に考えたことを説明してもらうなど、クラス全体で考えます。その後、再びクラス全体で難しかった問題について話し合います。そして、生徒たちは必要な箇所にアポストロフィや句読点を改めて入れます。句読点は以前の授業で学習しており、学んだことを再使用していることになります。

再使用する（Reuse）

　自分の言葉でアポストロフィの規則を書き出してもらった後、興味があることを題材にした例文をいくつか書くことを求めます。その後、3人ひと組になって各々の文章をチェックします。チェックが終わったら、教師はモデル文を示します。生徒たちは自分の文章をモデル文と照らし合わせて、要点がすべて満たされているかどうかチェックし

97

ます。モデル文は（約2週間分後の宿題）の一例です。そして、アポストロフィの規則のポスターを提示して、時々、アポストロフィの規則をペアになって説明することを求めます。

その後の課題でもアポストロフィを正しく使うことが多く求められます。

学期の半分が終わる頃、アポストロフィの内容を含む形式的な問題に取り組んでもらった後、生徒たちにテストを受けてもらいます。テストでアポストロフィの問題ができなかった生徒はアシスタントになってくれる生徒に教えてもらいながら補習用の課題に取り組ませます。学習し直した後、もう1回、同様のテストに挑戦してもらいます。

以上のプロセスはCHAPTER 1で紹介した質が高い学習を促すクオリティラーニングブースター（ペアチェック、自己評価、アサーティブな質問、教師のチェック、テスト、モデルなど）が多く利用されていることに注目してください。これらのブースターによって生徒1人ひとりの学習の「チェック・修正」がしやすくなり、各生徒にそれぞれ必要な支援を提供することが可能になります。しかし、ここまで実施されているケースは多くありません。「チェック・修正」が継続的に実施されていない授業は多く、間違った概念や不十分な知識の状態で授業が進んでいることもあります。

「……学習が難しい状況で最もパワフルな人は自分の授業に関するフィードバックを広く受け入れている教師です」
ジョン・ハッティ（John Hattie）, The Role of Learning Strategies in Today's Classrooms (The 34th Vernon-Wall Lecture, 2014)

CHAPTER 4　RARモデル：トピックの教え方を構造化する

ケーススタディ2

RARを利用してリソースをデザインする

　新任のICT（情報通信技術）の教師が職員室で課題を作ろうとしています。前任から引き継いだ「コンピュータ作業が多い労働者の健康と安全」という課題が保存されており、生徒たちの成績は良くなかったようです。前任の教師の教え方は「健康」と「安全」でインターネット検索させるなど、ウェブサイトで調べながらプリントの空欄を埋める方法でした。新任の教師はRARを使って課題を作り直すことにしました。生徒たちはバーチャル学習環境（virtual learning environment）やインターネットに接続して課題に取り組み、回答をパソコンに保存して、相互評価をすることになりました。

　最終的に、授業は予定していた期間よりも長く設定して、約2週間にわたる宿題も用意することにしました。

「受け取る」段階：オリエンテーション

　先行オーガナイザー：「コンピュータ作業が多い労働者の健康と安全」などの見出しとサブトピックで構成されたアイデアマップを生徒たちに提供する。アイデアマップに詳細な情報は書かれていない。

　関連情報：反復性運動過多損傷の発症によって痛みや様々な問題が生じた結果、コンピュータの仕事を続けることが困難になった人たちの話をいくつか紹介する。

　ゴール：コンピュータの仕事を続けることが困難になった人たちに関するトピックをまとめたウェブページを作成する（ウェブページの作り方は昨年に学習している）。優秀作品は地元の企業で使ってもらう。保護者や関係者に見てもらうためにそれぞれの作品を公開する。

　以前の学習の確認：以前に学習した重要事項のテストを実施する。自分で採点して修正した後、間違えた箇所を教師に伝えて、必要

に応じて考え方や回答例を教えてもらう。

新しい教材を「受け取る」（１つ目のサブトピック）： サブトピックに関する情報が詳しく掲載されているウェブサイト、PDF 形式の資料、ファイルのリンク先、動画などを与える。教材が生徒たちの読解力に合っているかどうかを事前に確認しておく。希望があれば他の情報源を使って調べさせても良い。各サブトピックを学習させるために、PDF 形式の資料やファイルを印刷して重要箇所に下線を引かせたり、要約させたりする。そして、グループで要約した内容について協議させた後、サブトピックの要約を改善させる。

　１年前に作成したウェブサイトをいくつか採点させた後、採点結果をグループで見せ合って協議させる。次に、教師が採点結果と採点理由を示す。このような方法でウェブサイト作成の知識を再使用させて、過去の知識をチェックする。

適用： 生徒は１つ目のサブトピックを解説するウェブページを作る。作成したページを公開して、他の生徒たちに評価してもらう。教師はフィードバックを与える。その後、生徒にウェブページを改善させる。

　２つ目のサブトピックでも同じように上記のプロセスを繰り返す。つまり、以下のようなプロセスで学習する：生徒が新しいことを調べる→調べたことを要約する→要約を他の生徒にチェックしてもらう→改善する→ウェブページを作成する→ウェブページをアップロードして他の生徒にチェックしてもらう→改善する→教師からのフィードバックを受ける→改善する。

　重要なポイントや理解度を問う診断的なクイズを設けて、クイズの成績を教師が確認します。

再使用： 別のトピックを学習する時、「コンピュータ作業従事者の健康と安全」に関する問題（６問〜７問程度）に取り組ませる。出題は２つの学期にわたって続く。

　「生徒が１人でウェブサイトを見ながらプリントの空欄を埋める

だけの課題」と「先に紹介したRARのプロセスで進む課題」を比べてみてください。プリントの空欄を埋める課題では理解につながらない理由がいくつもあります。途中でわからなくなってもサポートは得られません。次の新しい学習に必要な知識の確認もなく、理解がどれくらい進んだのかもチェックされないままでした。課題は小さく分割されておらず、RARのデザインに組み込まれている継続的な「チェック・修正」もありません。

RARのデザインを用いたケースでは、生徒たちの間違った理解や概念が次々に見つかり、修正されていました。ブレンド型学習（対面学習とe-ラーニング学習を組み合わせた学習形態）・e-ラーニング・個別学習・反転学習（「教室外」で知識を学習した後、「教室内」で演習を通して学習する授業形態）で「チェック・修正」を十分に含めた課題が用意されていることは滅多にありません。学習内容や課題の順序もあまり考慮されていません。RARは、すべての生徒たちに必要な支援が得られやすい構造になっています。

RARの構造だけでなく、ペアチェック、自己評価、相互評価、教師のチェック、形式的な小テスト、モデルの使用などのクオリティラーニングブースターも課題に多く含まれていました。クオリティラーニングブースターを用意しておくと、教師の負担は少なくなり、各生徒は必要な支援を得やすくなります。

私がショックを受けたことは、有料のオンライン学習コースを提供している企業も形式的な学習評価だけで終えていたことです。情報や知識を与えるだけで、学習に役立つ活動は含まれておらず、形成した概念の「チェック・修正」もありませんでした。

RARの各段階に合った授業方法はどのように選択すると良いでしょうか？　厳密な方法で検証した結果、RARの構造がなくても理解度の向上が確認された授業方法はたくさんあります。もちろん、RARの構

造の中で用いると効果はさらに発揮されるでしょう。詳細は次章以降で紹介します。

なぜRARは大切なのか？

１回の授業の中でRARを考えるのではなく、トピック全体で考える

　多くの教師たちは「授業」の観点から考える傾向があります。しかし、トピックの学習には、表面的な学習から深い学習につながる「構造」や学習が転移する「構造」の観点が必要です。さらに、生徒たちが学習したことを再利用して長期記憶に定着させる必要があります。私たちは１回分の授業計画だけでなく、トピック全体で計画を立てなければなりません（Hattie and Donoghue, 2016、Bransford, 2000）。

学習の構造化にとても高い効果がある

　RARは明示的な授業方法の１つであり、ダイレクトインストラクション（Direct instruction）やホールクラスインタラクティブティーチング（Whole interactive teaching）など、よく研究された方法のアップデート版です（CHAPTER 3 参照）。インストラクションやティーチングという言葉が付いていますが、これらの授業方法は生徒たちの活動が多く含まれています。効果はトピックの教え方の構造化で決まります。つまり、授業が構造化されていると、生徒たちは学習に必要なことを効率よく得ることができるのです。また、RARは目標設定などや効果が高い方略も取り入れています（Petty, 2009）。

　RARは人間の認知に基づいて設計されているので、インターネットで学習するe-ラーニングやブレンド型学習などの様々な教育環境に適用することができます。教育と学習が適切にデザインされていれば（構造化されていれば）、どのような生徒たちでも学習に必要なことを十分に得ることができるので、到達度はとても高くなります。効果的な学習をデザインすることがRARの狙いです。

CHAPTER 4　RARモデル：トピックの教え方を構造化する

１つのトピックを教える時のRAR（複数回の授業が必要）

「受け取る」段階：浅い学習	「適用」段階：深い学習	「再使用」段階
全体の授業時間の約35%	全体の授業時間の約65%	全体の授業時間の約5%

オリエンテーション：学習を準備する

- 持っている知識（授業と関連する知識）を思い出してもらう
- 今回の学習と以前の学習の関連性、重要性、価値を説明する
- 先行オーガナイザーで新しい学習内容を説明する
- 挑戦的な目標をいくつか設定する（生徒と話し合って決定する）
- 課題の到達基準を説明する

新しい教材の提示：知識、推論、理論等を説明する。抽象的な知識・概念は具体的な例で説明する。

モデリング：スキルや方法の使い方を実際に見せる（道具、公式の使い方、句読点の使い方等）。黒板に方法を掲示して、生徒たちにモデルの優れている箇所を学習してもらう。完成した回答・作品だけでなく、プロセスも紹介する。キーポイントは強調して紹介する。

学習方法：
- 教師の話を聴く
- 動画を見る
- デモンストレーションを見る
- 模範回答例から学習する（スプーフィング回答・作品の評価等）
- 「（すぐ解説するのではなく）質問してから教える」
- 「解説せずに教える（ILTや他の資料で学習する）」

チェック・修正：学習していることを以下の方法で「チェック・修正」する
- 仲間同士で問題を出し合う
- 生徒同士でお互いに説明する
- 学習したことを発表する
- 黒板で生徒たちが解き方などを説明した後、クラスでディスカッションする等

設定したゴールに向かって課題に取り組む。課題の階段（思い出す課題→推論する課題→転移する課題）を利用して、学習した知識、理論、スキルを適用する。思い出すだけでなく、推論させることが大切。例えば、問題を解く、意思決定する、アイデアマップを作成する等。

学習方法：実践的な課題でスキルを利用する

認知スキルや知識を学習する時：
- グループ内でケーススタディに関する質問に答える
- 練習問題、質問、プリント、エッセイ等
- クラス全体のディスカッション（理解を確認する・質問の回答を作る）
- カード分類ゲーム
- 生徒たちのプレゼンテーション
- 模範回答例を批判・評価する（「この文章の句読点の位置は正しいですか？」）

チェック・修正：「チェック・修正」は他の活動に組み込む必要があります。教師よりも生徒が「チェック・修正」することが多くなるかもしれません。「チェック・修正」の目的は以下の通りです：
- 何が良いのか（良くないのか）を伝えるため（参照：メダルとミッション）
- 生徒たちをサポートするため
- 課題に向かう集中度、回答・作品の質、行動等をチェックするため
一般的な方法：自己評価、生徒同士の評価、クラス全体のディスカッション、教師のコメント等

すべての生徒たちがトピックを確実に理解できるように、学習したことを再使用する。また、復習を繰り返す（分散学習）。キーポイントや知識を構造化する。学習したことを要約する。

学習方法：
- 要約を作る
- 要約を作るためにアイデアマップを作る
- 学習したことを別の視点で考えるために図を作る
- クラス全体のディスカッション
- グラフィックオーガナイザーを作り直す（詳細の情報を追加する）
- 授業の最初に短い課題で復習する
- キーポイントを生徒同士でお互いに説明する（そして、教師が最後にチェックする）
- クイズ、テストなど
- 改善するために新しいゴールを設定する。ゴールを設定した後で次の課題に取り組む。

チェック・修正：学習したことを以下の方法で「チェック・修正」する
- 仲間同士で学習したことをお互いに説明する
- 学習が不十分な箇所を発見して修正する
- 自己評価、仲間同士の評価
- マスタリーテスト（学習が不十分な箇所を発見して修正する）

図4-2：RAR構造

103

`エビデンス`

CHAPTER 4　RARのエビデンス（トピックの教え方の構造化

　最も信頼できる情報源はエビデンスの集約から得られます（CHAPTER14で説明します）。したがって、次の３つのエビデンスをトライアンギュレーションする（様々な視点から捉える）ことが大切です。

質的研究の要約

　RARはダイレクトインストラクション（Direct instruction）やホールクラスインタラクティブティーチング（Wholeclass interactive teaching）のアップデート版です。いずれも効果的な方法として広く認められています。また、RARは認知心理学で高く評価されている社会的構成主義とヴィゴツキーの最近接発達領域を活用しています。

　持っている知識の上に新しい学習を積み上げる、ゴールを設定する、授業を十分に構造化する、新しく学んだことを積極的に利用する、学習したことを何回も再使用する、概念の修正と学習を確認する効果的なフィードバックが必要、という考え方に対して異論は出ていません。教育システムの国際比較調査で優れた結果を出している国々はRARに類似する方法で構造化された授業を実施していることがわかっています。

量的研究の要約

　RARはダイレクトインストラクションをモデルにしています。ダイレクトインストラクションは厳密な研究によって高い効果が示されている方法です（353ページ参照）。RARの要素（関連する知識、概念を思い出させる質問、先行オーガナイザー、難易度が高い課題、チェック、修正など）はすべて高い効果があります。

授業が上手な教師に関する研究

エアーズ（Ayers）の研究によると、授業が上手な教師たちはRARに似た方法を用いています。ハッティはRARに類似するダイレクトインストラクションに大きな効果を認めています。

以上の３つの情報源から、RARを授業で試してみる価値はあります。

参考文献　CHAPTER15の文献も参考にしてください。

無料で閲覧できるサイト
「Direct instruction」、「Whole interactive teaching」で検索してみましょう。

国立ダイレクトインストラクション（アメリカ）のサイト：https://www.nifdi.org/.

J.A.C. Hattie and G.M. Donoghue, "Learning strategies: a synthesis and conceptual model" (*NPJ Science of Learning*: 1, 2016).

書籍と論文
S. Allison and A. Tharby, *Making Every Lesson Count* (Carmarthen; Crown House Publishing, 2015).
教え方の詳細が多く掲載されている名著。

D. Muijs and D. Reynolds, *Effective Teaching: Evidence and Practice* (London: Paul Chapman Publishing, 2017).
エビデンスに基づいた教育の視点で書かれた良書。ダイレクトインストラクションをわかりやすく解説しています。

G. Petty, *Teaching Today: A Practical Guide* (5th Edition) (Oxford: Oxford University Press, 2014). www.geoffpetty.com も参照。

CHAPTER 5 クラス全体に質問する方法とディスカッションの方法：自分で修正する授業

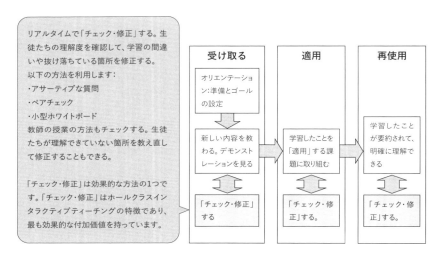

図5-1：RARモデル（受け取る/適用/再使用）では「持っている知識」と「新しい学習」がお互いに関係する

　図5-1は現在の位置を確認するRARの図であり、本章の先行オーガナイザーを示しています。オリエンテーションを含むRARの各段階のプロセスの中心は「良い対話」です。

　授業に「良い対話」を取り入れて発展させることができれば大きな成果が得られるでしょう。しかし、時間と手間が必要です。1つのトピックを教えている中で、質問とディスカッションを使い続ける必要があります。その目的は次の3つです。

- 生徒に概念を「構成」させて、深く理解させるため。

- 新しい知識と持っている知識をつなげて深く理解するため。

- 生徒たちの理解の程度を把握するため。理解度に基づいて生徒たちの学習のギャップを埋めたり、誤った概念に対応したりすることができる。しかし、生徒たちの理解度に関する情報を把握していない教師は、一方的に教える等、学習の理解度を楽観視する傾向がある。

以上の３つの中でも、最後の項目特には軽視されていることが多いです。

　「良い対話」（質問とディスカッション）は生徒たちの学習を促すので、優秀な教師たちが質問とディスカッションを多用しているのは当然と言えるでしょう（詳細はLemov, 2010、Ayres, 2004を参照して下さい）。上手に利用することができれば、質問やクラス全体のディスカッションを最も効果的な授業方法の１つに含めることができます（CHAPTER 4のハッティの研究レビューを参照して下さい）。

　「質問」は多くの授業で利用されていますが、適切に利用されているケースは多くありません。「よく見かける実践」と「優れた実践」を比較してみると理由がわかります。２つ実践を評価するために、質が高い授業を「優れた実践」のモデルにして考えてみましょう。どちらの場合も、事実を思い出させる質問ではなく、考えさせる質問を利用します。

よく見かける実践：生徒たちに
質問する・回答したい生徒が回答する

　回答したい生徒が、教師の質問に対して、手を挙げて回答します。一斉に回答を言ってもらう場合もあるかもしれません。複数の生徒たちが手を挙げた場合、教師が回答者を決定します。

　どのような授業方法も以下の４つのチェックリストで評価することができます。１生徒の参加率は高いか？　２生徒たちが作業する時間や考える時間はあるか？　３生徒たちは学習の「チェック・修正」をしてい

るか？　4 教師も自分の授業方法を「チェック・修正」する（生徒の理解度に応じて授業を調整する）機会はあるか？

「回答したい生徒が教師の質問に回答する方法」を上記の 4 つのチェックリストで評価してみましょう。

1　生徒の参加率は高いか？

いいえ。手を挙げる生徒は 2 〜 3 人で、自信がある生徒だけです。質問は無視して良いと考えている生徒もいます。「あの子たちだけで回答していればいいんだ」、「他の子たちが回答してくれる」と考えて、自分は手を挙げることなく、窓の外を眺めています。

2　生徒たちが作業する時間や考える時間はあるか？

教師が質問した後、回答が返ってくるまでの時間は通常約 2 秒程度です。すぐに回答する生徒がいると、他の生徒たちは考える時間がなくなってしまうため、すぐに回答できない生徒たち（支援が必要な生徒たち）はやる気を失ってしまいます。

一斉に回答を言わせる時、すぐに回答できない生徒たちは、みんなが回答を言っている間も、何と回答したら良いのかわからず、考え続けています。教師は大勢の声に対して、「はい、正解です」としか言わない場合、すぐに回答できない生徒たちは正解の理由も理解できていません。

3 ＆ 4　教師と生徒が「チェック・修正」する機会はあるか？

機会が十分にあるとは言えません。クラスの中で優秀な生徒たちの学力を把握することは可能です。しかし、生徒たち自身で学習を「チェック・修正」することはありません。

このような状況を改善するために、手を挙げて回答させる方法ではなく、生徒を指名して回答させる方法を選択する教師もいます。確かに良い方法です。しかし、学習意欲がない生徒たちは「当てられたから、しばらく当たらないだろう。少し寝てもいいだろう」と思うかもしれません。生徒を指名して回答させる方法も、学んだことを「チェック・修正」す

る機会はありません。授業中、教師が理解度を把握できる人数は限られるので、クラス全体の理解度を把握することはできません。

次に、「優れた実践」として「アサーティブな質問」を見ていきましょう。アサーティブな質問を数学などの授業用に少し変化させた方法は「生徒のデモンストレーション」と呼ばれています。

アサーティブな(お互いの意見を尊重する)質問

1 よく考えなければ回答できない質問を提示する。生徒たちは小さなグループを作って回答を考える。教師は事前に「後でグループの代表に回答してもらいます。代表は先生が選びます。選ばれる人はあなたかもしれないよ」と伝える。

2 教師の質問:「回答が出ていないグループはありますか?　回答が出ていないグループにヒントをあげます」「時間がもう少し必要なグループはありますか?」ヒントを求めないグループは次の段階で苦戦することを伝えておく。グループを支援する時は教師が誤って正解を言わないように気をつける。

3 グループの代表者を**教師が選ぶ**。さらに、同じグループからもう1人の代表者を選んで、最初の代表者の回答の正当性を説明させる。「あなたのグループではどのように考えましたか?　……どうしてそのように考えたのですか?」。そして、回答した生徒にお礼を伝える。大切なことは、すぐに**回答を評価しないこと**です。同様に、他のグループ(または、すべてのグループ)に質問します。人数が多いクラスは次のように進めると良いでしょう。最初のグループが回答した後、「賛成するグループはいますか?」と尋ねる。賛成の場合は、グループの代表者を教師が**選んで**、賛成の理由を尋ねる。次に、**賛成しない**グループを探す。同じように、グループの代表者を**教師が**選んで、「反対ですね。あなたのグループはどのような意見ですか?」と尋ます。そして、同じグループ内の

109

別の生徒に「どうしてそのように考えたのですか？」と尋ねます。さらに、他のグループにも賛成かどうかを尋ねます。このような方法で進めていくと、グループ間の違いが明確になります。正解はまだ与えません。

4 教師は各グループから出た意見を要約して、矛盾点を指摘します。すべてのグループが賛成した場合は、上記の質問をもう少し難しくしても良いかもしれません。練習として初回は簡単な質問の方が効果的です。

5 ここで目指していることは、クラス全体が「クラスの回答」に賛成することです。教師はクラス全体で各グループの回答について話し合い、評価することを促します。そして、「クラスの回答」に賛成できるように、妥当な理由を考えるように促します。少数派の意見も認めながら、最終的に全員から合意を得ることが理想です。

6 クラスの回答に全員が賛成したら、教師は保留していた正解を生徒たちに教えます。そして、各グループの回答を評価した後、コメントを与えます。

このような方法は、質問に正解がある場合だけでなく、正解がない場合でも役立ちます。例えば、絵画や詩の批判的評価など、様々な解釈や回答がある場合でも効果的です。様々な解釈や考え方をノートに書く時間は必要ですが、レポートや作文の準備として優れた方法です。

（図5-2とPetty（2014）のCHAPTER 5：ホールクラスインタラクティブライティーチングを参照して下さい）。

「アサーティブな質問」の評価

「アサーティブな質問」を上記のチェックリストで評価してみましょう。他の授業方法を評価する練習にもなります。授業方法の評価は教師に必

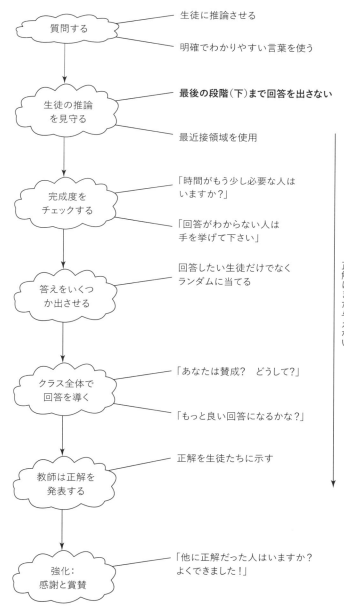

図5-2：アサーティブな質問

要不可欠なスキルであり、とても難しいスキルです。

生徒の参加率は高いか？

「アサーティブな質問」では、すべてのグループが話し合って回答を出します。そして、回答の理由を発表しなければなりません。「先生は私をグループの代表に選ぶかもしれない」ので、生徒たちは自分で説明できるように準備しておく必要があります。このような方法はとても高い参加率につながります。話し合いに参加していない生徒は上手に回答することができないので、教師にとって、生徒が参加していたかどうかを知る機会になります。

生徒たちが作業する時間や考える時間はあるか？

考えたり話し合ったりする時間や機会が十分にあります。

教師と生徒が「チェック・修正」する機会はあるか？

生徒たちが話し合う時、お互いの意見や回答を「チェック・修正」します。例えば、カード分類ゲーム（CHAPTER 3）では次のような場面がありました。

ジェリー：クジラは変温動物だよね。

アリシア：違うよ。クジラは恒温動物だよ。哺乳類だから……。

イクバル：……そうだね。だから脂肪があるんだよね。体を温めるために。

ジェリー：ああ、そうか。

「グループの回答が正しいと思う理由を発表してもらいます」と予告すると、生徒たちは、説明できるように、回答の理由をよく理解しておきたいと考えます。そして、明確に理解するために仲間に質問するようになります。（例：脂肪って、どういうこと？）。また、グループの発表として失敗したくないと考えるので、メンバー全員が正しく回答できるように、理解できた生徒は、まだ理解できていない生徒に教えるようになります。

「アサーティブな質問」は生徒たちに説明の責任を持たせるため、生徒たちは内容を理解したいと考えたり、理解できていない生徒を助けようとします。
　教師は生徒たちが何を学び、何を理解したのか、全体的に把握することができます。さらに、間違えたグループを把握することもできます。
　「アサーティブな質問」は簡単に利用できる方法ではありません。特に、挙手や指名で回答させるスタイルを続けてきた教師は、慣れるまで多くの練習が必要になるでしょう。私の場合、1学期分（約4か月）の時間が必要でした。時間はかかりましたが、「アサーティブな質問」は私の授業に大きな変化をもたらしました。多くの効果的な授業方法と同様に、生徒たちはクラス全体の話し合いや活発な議論を楽しむようになっていきました。
　「アサーティブな質問」は各教科の考え方のモデルになります。「質問の作り方、アイデアを検証する方法、間違っていることを証明する方法・正しいことを証明する方法」を「アサーティブな質問」で生徒たちに教えることになるのです。このような考え方は教科の認識論と呼ばれています。何が真実なのかを発見する方法や何が真実ではないのかを見分ける方法など、各教科の特有な知識や考え方は生徒に伝えるべき大切な遺産です。「アサーティブな質問」は「理解を促した上で理解したことを検証させるプロセス」をモデル化した方法です。言い換えると、概念の形成・修正する時に生徒自身で利用してほしい思考モデルです。
　CHAPTER15で紹介しているように、クラスディスカッションは極めて高い効果があります。

 リフレクション
　「アサーティブな質問」の評価基準は、協働的構成主義の観点で授業方法を評価したい時にも役立ちます。
● 生徒たちの参加率は高いか？

- 作業する時間や考える時間はあるか？
- 生徒が「チェック・修正」する機会はあるか？
- 教師が「チェック・修正」する機会はあるか？

お互いを非難しない授業

　質疑応答やディスカッションをするとき、お互いを非難しない雰囲気を作ることはとても重要です。生徒たちといくつかのグラウンドルール（基本原則）を最初に決めておきましょう。例えば……

- 全員が「お互いを非難しない」教室を目指したときに、最高の学習ができます。
- 学んでいることは完全に理解できなくても大丈夫です。学習に時間は必要です。
- 大切なことは最終的に理解して回答できたかどうかです。1回目ですぐに正解することができたかどうかではありません。
- 先生は難しい問題を出しているので、回答を間違えても恥ずかしいことではありません。学んでいる時は誰でも必ず間違えます。間違うことがない問題は簡単過ぎるので、学ぶ力が最大限に発揮されることはありません。
- 間違いは、どこを改善すれば良いか教えてくれるので、とても役に立ちます。
- あなたが間違えたのであれば、他の生徒もきっと間違えているはず。
- 「わからない」と言って説明を求めることは、自分にとっても他の生徒にとっても良い学習につながります。
- 間違えた生徒を笑ったり、からかったりしては絶対にいけません。間違いを笑われると誰でも嫌な気持ちになります。学習を止めてしまうかもしれません。

CHAPTER 5　クラス全体に質問する方法とディスカッションの方法：自分で修正する授業　　　114

- 前向きで好意的なフィードバック「メダルとミッション（CHAPTER11参照）」を仲間に送りましょう。
- 同じ間違いをしない方法を見つけることができれば、あなたは失敗から学んだことになります。
- お互いに助け合いましょう！　助け合うと、助ける人も同じくらい学ぶことができます。

　グラウンドルールは早い段階で確立して共有する方が良いです。そして、生徒たちにグラウンドルールについてアイデアを求めることにより、ソクラテス的にルールを発展させることができます。「授業は楽しく過ごしたいし、よく学びたいですよね。では、みなさんのグラウンドルールにどのようなことを追加すると良いでしょうか？」。「グラウンドルールは教師のルールではなく「みなさんのルール」であることに注意して下さい。グラウンドルールは必ず守る必要があります。誰かの回答が変だと思っても笑ってはいけません」。

　グラウンドルールを設定した後、最初の数回の授業はグラウンドルールを厳しく徹底する必要があります。例えば、違反した生徒がいたら、「ルールが１つ破られました」と指摘します。グラウンドルールが役に立つ理由を伝え続けていると、お互いを非難しない文化がとても早く成立します。生徒たちは、グラウンドルールの良さがわかるようになり、非難しないルールの良さを感じることができるようになります。「忘れ物をしない」や「遅刻をしない」などもグラウンドルールにすると良いしょう。

　教師自身もグラウンドルールを守る必要があります。生徒たちの回答を決して笑わないでください。「面白い視点だね」「良い考えだね」「ありがとう、アンソニーさん」など、回答してくれた生徒に必ず感謝を伝えて下さい。同じ表現を使っていると、褒め言葉の価値が下がるので気をつけましょう。

　次に、クラスディスカッションを発展させる質問の方法をいくつか紹

介します。上手に使うことができれば、生徒たち参加率が高くなり、学習の「チェック・修正」がしやすくなります。以下に紹介する方法の中から試してみたい方法に印をつけてみましょう。ただし、自信をもって使いこなせるまで練習が必要なことは忘れないで下さい。

質問の梯子（はしご）

CHAPTER 1で「課題の梯子」が必要であることを紹介しました。基本的な事実を思い出す課題（浅い学習）から、より高度な課題まで上る梯子です。高度な課題は、「なぜ」「どのように」など、生徒に推論を求める課題です。推論課題はCHAPTER 9で詳しく紹介します。梯子の上段に位置する課題は、「アサーティブな質問」が最も適しています。CHAPTER 1やマルツァノとシムズの研究（Marzano and Simms, 2014）でも示されているように、推論課題は必須です。

生徒のデモンストレーション

「生徒のデモンストレーション」は、数学の問題解決、句読点の打ち方、科学的推論、詩の中の比喩や修辞表現を見つけるなどのスキルの理解度を把握したい時や理解を促したい時に利用できる優れた方法です。「アサーティブな質問」によく似ており、国際学力調査で常に上位に挙がっている国々で広く活用されている方法です。東ヨーロッパや環太平洋地域（台湾、シンガポールなど）でもよく利用されています。

一般的に、教師がデモンストレーション（実践的なスキルや知識的なスキルを使う場面）を見せた後に「生徒のデモンストレーション」を実施します。すべての生徒たちが理解を「チェック・修正」できるようにすることが目的です。デモンストレーションをすることに生徒たちは少し戸惑いますが、慣れてくると、とても楽しむようになります。

最初に、生徒同士でお互いに説明してもらいます（164ページ参照）。

生徒同士で説明する方法はデモンストレーションを成功させる準備として とても効果的です。生徒同士で説明ができるようになってきたら、新 しい課題を与えます。そして、生徒1人にデモンストレーションしても らいます。デモンストレーションをしてみたい生徒を募るとよいでしょ う。再び2人ひと組で課題に取り組んでもらった後、教師が指名した生 徒にデモンストレーションしてもらいます。

基本的な手順は以下の通りです。

1 課題を与える

例えば

- 「2人1組になって、$6x^2 - 6x - 8$を因数分解して下さい」
- 「2人1組になって、パラグラフに句読点を打って下さい」
- 「詩の3行目と4行目に擬人法や比喩があるかどうか1人で考 えてみましょう」

2 課題に取り組ませる

最初は2人1組で取り組ませる。慣れてきたら1人で課題に取り 組ませる。回答はペアの2人の間で確認させる。

3 生徒たちの作業をモニターする

生徒たちが課題に集中しているかどうか、時々で質問する。

- 「この問題を解くことはできますか?」
- 「回答の理由を説明することはできますか?」

回答できない生徒が「わからないので教えてほしい」と教師や仲 間に言えるようにしておきましょう。理解できていなければ次の 段階がフェアな状況ではなくなります。

4 生徒1人を指名して全員の前でデモンストレーションしてもらう

2人1組になっている場合は、どちらかの生徒をランダムに選び ます。選ばれた生徒は問題を解く過程を板書した後、回答の理由 も説明します。そして、教師は生徒の説明を明確にするためにい くつか質問します。ただし、生徒の回答はまだ評価しません。

- 「6の因数を6と1にしなかったのはなぜですか?」

117

- 「なぜコンマではなくて、ピリオドにしたのですか？」
- 「擬人化と比喩のどちらを選びましたか？」

5 **「クラス全体の回答」を求める**

「代表の生徒が示した回答と理由に賛成するかどうか」や「改良した方がよい点があるかどうか」をクラス全体に尋ねます。目的は回答の批評ではなく、回答に対してクラス全員の同意を得ることです。デモンストレーションを担当した生徒が書記になり、クラス全員の同意が得られた箇所を修正します。教師はここでも評価をすることなく、生徒たちの話し合いを補助します。

- 「ここにコンマが必要と思う人は何人いますか？　どうしてそのように考えたのですか？」
- 「なぜ比喩ではないと思ったのですか？」

6 **「クラス全体の回答」に教師がコメントする**

良いところは必ず褒めてください。正しく推論できた箇所を確認した後、弱い推論の箇所を修正します。

7 **（他の課題で）以上のプロセスを繰り返す**

十分に練習を重ねたら、2の段階は生徒1人で行います。

　慣れるまでの間、生徒たちはデモンストレーションに戸惑います。最初は希望者にデモンストレーションをさせても良いのですが、できるだけ早い段階で指名する方法に切り替えるようにしましょう。1人よりも2人で考える方が生徒たちは回答に自信が持てるようです。発表者の指名は2人1組の作業が終わった後にしましょう。

　「アサーティブな質問」のすべての利点がデモンストレーションに当てはまります。113ページの「リフレクション」で紹介した基準を使ってデモンストレーションを使用する方法と他の方法を比較してみると良いでしょう。

　前に出て回答を発表する自信がない生徒もいます。例えば、生徒の名前をスベトラーナさんとしましょう。スベトラーナさんが選ばれた後、

CHAPTER 5　クラス全体に質問する方法とディスカッションの方法：自分で修正する授業

スベトラーナさんは何を書くべきなのか、他の生徒たちに指示を1行ずつ出してもらうようにします。書き始める前に、クラス全体が同じ意見であることを確認してください。クラス全体でスベトラーナさんを支えることにより、回答の責任はスベトラーナさんではなく、クラス全員がもつことになります。このような方法を何回も繰り返すと、スベトラーナさんは自信をもって黒板に自分の回答を書けるようになり、みんなに見てもらうことにも躊躇しなくなるでしょう。

小型ホワイトボードの使用

　小型ホワイトボードを使う方法は、生徒が回答しやすい上に、学習と授業の両方を「チェック・修正」することができます。Ａ3・Ａ4・Ａ5サイズのホワイトボードは安価なので、クラスの人数分の用意ができると思います。専用のマーカーとイレイサー（ホワイトボード消し）が付いているホワイトボードを探してください。カードをラミネートして手作りのホワイトボードを用意することもできます。

　以下のアイデアは小学校で考案されたのですが、今では大学などでも利用されており、「クリッカー」と呼ばれるハイテク版も利用されています。

小型ホワイトボードの使い方

最初は「生徒のデモンストレーション」と似ています。

1　**課題を提示する**
　最初は2人1組で課題に取り組ませて、慣れてきたら1人で課題に取り組むようにすると良いでしょう。2人1組で始める場合、最終的に2人から1人になることを最初に伝えておきましょう。生徒たちは1人になることを意識して2人組の作業に取り組むことができます。

119

- 「2人1組になって$6x^2 - 6x - 8$を因数分解して下さい」
- 「今度は1人で次の文章に句読点を打ってみましょう」
- 「今度は1人でします。詩の3節と4節で擬人化されている箇所を書き出して下さい」

2 ホワイトボードに回答を書いてもらう

生徒全員が課題に取り組みます。回答を自分のホワイトボードに書きます。

3 ホワイトボードに書かれた回答をチェックする

生徒たちの回答が見えるように、一斉にホワイトボードを掲げてもらいます（生徒たちは他の生徒たちの回答を見ようとするかもしれません）。

4 生徒の回答について質問をする

生徒たちは自分の回答が正しいかどうかだけではなく、回答に至った推論も正しいかどうか知る必要があります。教師は「なぜ」その回答にしたのか理由を尋ねます。例えば、「フィルさん、どうしてそこにコンマを置こうと決めたのですか？」と質問してみましょう。可能であれば、正解をすぐに出さず、「peopleの後にコンマを置いた人と置かなかった人がいますね。みなさんはどのように考えましたか？」と言って、クラス全体のディスカッションから始めることもできます。

参考情報

質問の方法に関する研修教材は著者のホームページにも掲載しています。

http://geoffpetty.com/training-materials/questioning/

優秀な教師のストラテジー

　優秀な教師たち（約100人）のほとんどが使っていた方法（Lenov, 2015）を２つ紹介します。レモフの研究の詳細はCHAPTER15を参照してください。

正解に到達するまで訂正する

　ここで紹介する方法は単独で利用できるだけでなく、「落ちこぼれを出さない」方法（118ページ参照）と合わせて使うこともできます。
　生徒たちの回答が学問的に正しい表現（専門用語）になるまで教師が質問を続けます。出てきた回答を踏み台として使いながら、徐々に回答の完成度を上げていきます。以下は、レモフの著書から引用した例です（動画も提供しています）。数学の授業でテクニックが実際に利用されている場面を紹介します。

アームストロング先生：今日は体積の説明をするよ。その後、体積と面積の計算練習をします。では、最初に、体積の定義を言える人はいるかな？

マーク：体積とは、「縦×横×高さ」です。

アームストロング先生：体積を計算する方法を紹介してくれましたね。「縦×横×高さ」は体積の計算方法です。先生が知りたいことは、おそらくマークさんも知っているはずだけど、「体積とは何か」です。体積とは何の量かな？　ヤリツァさんはどうかな？

ヤリツァ：体積とは、空間を構成している立方体の量です。

アームストロング先生：そうだね。少しだけ言い方を修正したいな。「立方体の量」とは何でしょうか。専門的な用語で言うと何かな？ウェスさん、今、何か言いかけた？

ウェス：立方体や直方体のような三次元で表現される図形の立方インチの量です（多くの教師たちはウェスやヤリツァの回答を正解として受け入れてしまいます）。

アームストロング先生：その通りです。すべて三次元の図形ですね。でも、立方インチだけではないですよね。必ず単位がインチとは限らないからね。フィートかもしれないし、センチメートルかもしれない。ヤードかもしれない。

ウェス：立方体の単位ですね。

アームストロング先生：（板書しながら）つまり、ある物体が囲っている空間の大きさですね。ドンテさん、あなたなら別の言い方を知っていますよね。

ドンテ：空間を占める。

アームストロング先生：そう。占める。体積とは、物体が占めている三次元の空間の大きさを立方体の単位で示した量です。

ダグ・レモフ, Teach like a champion2.0 (Jossey-Bass, 2010) より

上記の例では、教師は完璧な正解が出るまで生徒たちの回答を継続的に「チェック・修正」しています。多くの教師たちは、まとまった回答や正解に近い回答が出ると喜び、満足して途中で止めてしまいます。し

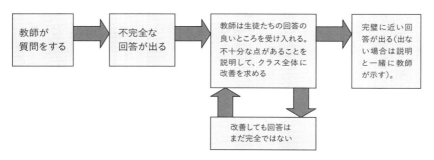

図5-3:「正解に到達するまで訂正する」方法の図式

かし、それでは優秀な生徒たちの進歩を妨げることになります。

　「正解に到達するまで訂正する」の方法を用いた授業では、完全な正解にたどり着くまで、不十分な回答に足をかけて上に登り続けることを生徒たちに求めます。上記のような会話では、学力が低い生徒たちは1段か2段しか上れないかもしれません。しかし、授業の後半で同じ質問やディスカッションが繰り返されるなら、学力が低い生徒たちはさらに1〜2段くらい上れるようになります。たくさんディスカッションすることができれば、ほとんどの生徒たちは優れた回答に到達することができます。

落ちこぼれを出さない

　優秀な教師に共通する2つ目のストラテジー（Lemov, 2015）は、口頭の質問に回答しない生徒たちや間違った生徒たちの対応方法です。レモフの調査では、優れた教師たちは生徒たちに完璧な回答が出るまで同じ質問を続けていました。

　そして、授業についていけなくなった生徒や回答を間違えた生徒に戻り、同じ質問をしていました。途中でわからなくなった生徒や間違えたことに気づいた生徒は再び質問されることを予想するようになるので、クラス全体のディスカッションによく耳を傾けるようになります。2回目の質問では、必ずと言っていいほど正解します。優れた教師たちがこのような方法を取り入れる主な理由は、生徒たちが最終的に正しく回答できるようにするためであり、自信を失わせないようにするためです。「学習とは、間違えることであり、間違えたら、正解を見つけよう」という大切なメッセージが背景にあります。

　「正解に到達するまで訂正する」方法と「落ちこぼれを出さない」方法では、生徒たちがどのように概念を形成しているのか、また、形成した概念を「チェック・修正」しているか、にも注目しておきましょう。回答したい生徒が手を挙げる方法ではなく、教師が指名する方法にする

123

と、生徒たちの参加率はとても高くなります。

解答に正・誤がある数学（やその他）の授業の対話

数学の教師用に考案された対話がいくつかあります。解答に正・誤がある問題であれば他の教科でも役に立ちます。

雪だるま式チェックで難易度の高い数学の問題を解く

雪だるま式チェックはリアルな対話・参加・理解に役立ちます。ただし、間違えた人を非難せず、間違いを受け入れて、間違えたことを学びの機会にするという協力的なルールが必要です。学力が低い学校の生徒たちを対象にした研究では、雪だるま式チェックによって数学に対する興味関心や楽しさが大きく向上していました。さらに、全国の数学のテストの平均点は45％から79％まで上昇しました。大きな変化を得るまで約６年の時間が必要でした。しかし、改善の期待は早い段階で得られていました。

お互いを非難しないグラウンドルールを最初に説明します。次に、難易度が高い問題を出します。生徒たちが「これなら解けそうだ」「挑戦

図5-4：雪だるま式チェック

してみよう」と思いやすい問題（実際はすぐに解けない問題）を選んで
下さい。

1　生徒1人で考える。回答や考えたプロセスを書く。
2　3人〜4人のグループになって回答を見せ合う。回答を出すまで
　　のプロセスや正しいと思う理由をグループ内のメンバーに説明する。
　　説明を聞いた後、他のメンバーはその解き方の良い点と悪い点に
　　ついて建設的に批評する。
3　グループで最も良いと思う解き方を選んで、選んだ解き方と理由
　　をクラス全体に発表する。
4　クラス全体で最も良い解き方を決める。最も良いと思う理由もク
　　ラス全体で話し合う。前述した「アサーティブな質問」や「生徒
　　のデモンストレーション」の形式を利用することもできる。

「雪だるま式チェック」の一般的な利用方法
1　生徒1人で考える。回答や考えたプロセスを書く。
2　2人1組になって自分が書いた回答を見せ合う。お互いの回答を建
　　設的に批評した後、最も良い解き方を決める。
3　4人1組のグループになって、2で決めた解き方を見せ合う。良い
　　点と悪い点を再び話し合い、最も良いと思う解き方を4人で決める。
　　話し合う時間は十分に確保する。
4　教師は各グループから代表者を選ぶ。代表者はグループ内で選ん
　　だ解き方と選んだ理由をクラス全体に説明する。
5　すべてのグループの発表が終わったら、最も良い解き方をクラス
　　全体で決める。また、判断した理由も話し合う。教師は「アサー
　　ティブな質問」や「生徒のデモンストレーション」の方法を使って、
　　生徒たちの回答についてさらに詳しく質問する。

CHAPTER5 クラス全体に質問する方法と
　　　　　　ディスカッションの方法のエビデンス

　最も信頼できる情報源はエビデンスの集約から得られます（CHAPTER14で説明します）。したがって、次の３つのエビデンスをトライアンギュレーションする（様々な視点から捉える）ことが大切です。

質的研究の要約

　25ページの図１－３「質が高い学習サイクル」を見てください。認知心理学に基づいた重要な情報が示されています。「クラス全体に質問する方法」と特に「ディスカッションの方法」は概念の「構成」を改善する機会を生徒たちに確実に与えます。また、教師は生徒たちの「構成」の欠点が良くわかるようになります。授業中に欠点がわかるので、誤った概念や弱い部分が定着する前に修正することが可能です。

量的研究の要約

　ジョン・ハッティ（John Hattie）の統合的研究によると、「クラス全体に質問」は到達度の向上に中程度の効果が期待できます。「クラス全体に質問」に続いて「クラス全体のディスカッション」があると、効果はほぼ２倍になり、広く知られている授業方法の中でも最も効果が高い方法になるという結論が出ています。イギリスの教育基金財団（The Education Endowment Foundation: EEF）は、生徒たちの学習の進歩に最大の影響を与える方法はフィードバックであり、「クラス全体の質問」と「クラス全体のディスカッション」は生徒たちの理解にリアルタイムでフィードバックを与えることができるという点で高く評価しています。

授業が上手な教師に関する研究

　ポール・エアーズ（Paul Ayers）とダグ・レモフ（Doug

Lemov）の研究によると、授業が上手な教師たちは生徒たちの理解度を調べて、理解度を向上させるために質問とディスカッションを集中的に使っています。120〜121ページで紹介したレモフの「正解に到達するまで訂正する」を読み返してください。また、エアーズの研究によると、優秀な教師たちはディスカッションを活性化するために、生徒たちの回答をすぐには評価せず先延ばしにしています。

　以上の３つの情報源のエビデンスから、「クラス全体の質問」と「クラス全体のディスカッション」は極めて効果的な方法であり、授業で試してみる価値はあります。

参考文献　CHAPTER15の文献も参考にしてください。

無料で閲覧できるサイト
「Questioning」「class discussion」「dialogic teaching」で検索してみましょう。

B. Yeung, 'Kids Master Mathematics When They're Challenged But Supported'
(Edutopia, 2009).

Geoff Petty "training materials on questioning"
「質問する方法」に関する研修用の資料

書籍と論文
R.J. Alexander, *Towards Dialogic Teaching: Rethinking Classroom Talk* (4th Edition) (York: Dialogos, 2008).

P. Ayres et al., "Effective teaching in the context of a Grade 12 high-stakes external examination in New South Wales, Australia" (*British Educational Research Journal*, Vol. 30, No.1 February 2004).
優れた教師たちは「クラスディスカッション」と「正解の保留」を利用していることを明らかにしています。

B.M. Gayle et.al, "How effective are teacher-initiated classroom questions in enhancing student learning?" from B.M. Gayle et al. (Eds) *Classroom Communication and Instructional Processes: Advances Through Meta-analysis* (Mahwah NJ: Erlbaum, 2006, pages 279-293).
高いレベルの質問が生徒たちの到達度に最も効果的であり、質問の梯子（CHAPTER 9 参照）は必要不可欠であることを示しています。

D. Lemov, *Teach Like a Champion 2.0* (San Francisco: Jossey-Bass, 2015).
優れた教師たちの戦略を詳しく説明している重要な本です。

R.J. Marzano and J.A. Simms, *Questioning Sequences in the Classroom*
(Bloomington: Marzano Research, 2014).
定量的分析を含めて説明している優れた資料です。

G. Petty, *Teaching Today* (5th Edition) (Oxford: Oxford University Press,
2014).
クラス全体の対話型授業は24章に記載されています。

CHAPTER 6 オリエンテーションの授業方法

　本書で紹介する授業方法はRARモデルに組み込まれており（図6－1参照）、CHAPTER 4でも紹介しています。RARモデルは授業の進め方というよりも、トピックの教え方に焦点を当てています。本章では「受け取る」段階に適した方法を紹介します。「受け取る」段階は「オリエンテーション」と「新しいことを教える」の2つがメインになります。「受け取る」段階から新しいトピックの学習がスタートするのですが、RARモデルに合わせてトピックを3段に区切って教える必要はありません（各学習は段階間でつながっています）。

オリエンテーション：学習の準備

　オリエンテーションの目的は多層的です。
- オリエンテーションでは、過去に学習した内容（新しい理解を促す過去の経験も含む）を生徒たちが思い出せるようにしましょう。思

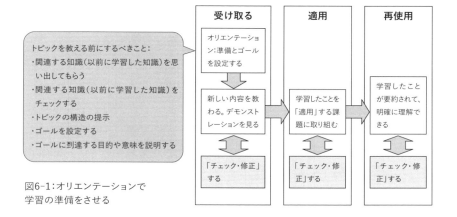

図6-1：オリエンテーションで学習の準備をさせる

い出してもらうことにより、以前に学んだことが生徒たちの短期記憶に置かれるため、すぐに利用できる状態になります。教師は思い出してもらう過程で生徒たちの知識を「チェック・修正」することができます。過去の学習の「チェック・修正」は分散させると効果的です。

- オリエンテーションでは、知っていることを土台にするなど、新しい学習に必要な構造を提供しましょう。重要な内容に優先順位をつけたり、大切な原理や概念を強調して説明しましょう。さらに、原理や概念の関係性（例えば、因果関係）も説明しましょう。
- ゴールをオリエンテーションで設定しましょう。挑戦的なゴールを設定するために、ゴールは課題を出題する時に（生徒たちの理解度に合わせて）提示しましょう。
- 課題の到達基準やトピックの学習に関する到達基準を説明しましょう。
- 生徒たちのモチベーションを高めましょう。例えば、学習の目的や価値を説明して課題に挑戦する自信を与えると、生徒たちの意欲は高まります。
- 各トピックを学ぶ目的を一覧にして示しても良いでしょう。特別な効果はありませんが、用意に必要な時間はわずかです。

　新しいトピックを教える時、多くの教師たちは行動的な目標を伝えるだけです。例えば、「この授業が終わる頃には、分数の掛け算ができるようになります」と伝えて、すぐに授業を始めています。このような目標では生徒たちが知識や概念を「構成」する機会を失ってしまいます。

　例えば、勉強が苦手な生徒を想像してみましょう。勉強が苦手な生徒は、関係ない箇所に注意を向けてしまって、大切な要点や原則を見逃しているかもしれません。新しい概念の組み立てや整理が難しく、以前の学習内容の上に新しい情報を積み上げることもできないでしょう。知識や概念の「構成」はとても大切です。知識や概念の「構成」は、意味の

CHAPTER 6　オリエンテーションの授業方法

把握と理解につながるため、情報の中から特に重要な情報を見分けることができるようになります。さらに、トピックを学ぶ意味と目的を全体的に把握できるようになります。

オリエンテーションの方法

いくつかの方法をがあります。1つの方法にこだわらず、いろいろな方法を使ってみましょう。ただし、難しいトピックを扱う時は、最も効果が高い方法を使うことを検討してみましょう。

以前に学習したことを思い出させてチェックする方法

以前に学習したことをチェックする質問

シンプルで効果的な方法は、新しい情報を生徒たちに渡す前に、土台を整備することです。つまり、新しいトピックを教える前に、学習したことが思い出せる質問を出すのです。前回の授業を思い出させる教師は多いです。しかし、ここではもっと深く、新しい学習に役立つ知識や経験も思い出せるようにすると良いでしょう。

「これから、ヘンリー8世と当時の教会の対立を見てみましょう。王室と教会が何回も対立したことは前回の授業で学びましたね……いくつか例を挙げられるかな？　……対立に共通する原因を思い出せるかな？」

「比を使って三角形の問題を解くよ。比はどこで出てきたかな？」

このような導入は単なる準備ではありません。このような準備によって、生徒たちは各教科を「つながっていない知識の羅列」ではなく、「つながっている知識のセット」として見るようになります。

新しい学習を促す経験や知識が少ない場合は、教えたい内容に類似する具体例を使ってみましょう。例えば、人間関係を教えようとしているなら、次のような質問が良いでしょう。「もし、近所の人があなたの家に入ってきて、家のことを仕切り始めたら、あなたはどう思うかな？」。

131

このような場合は、「アサーティブな質問」も最も効果的です（CHAPTER 5参照）。

知っていることをすべて紙に書く

これから学ぶトピックについて知っていることをすべて紙に書いてもらいましょう。文章に書かせるだけでなく、要点をポスターやアイデアマップで整理させても良いでしょう。作成した後、クラスの生徒たちに見せることができます。

ブラックらの研究（Black et al. 2003）によると、要点をまとめる方法を試した教師たちは、生徒たちが関連する知識や概念を予想以上によく知っていたことに驚いていました。つまり、授業時間を節約することができたのです。新しいトピックを教える1つ前の授業の最後に、知っていることを書かせると、生徒たちが何をどれだけ知っているかを事前に把握することができます（1つのトピックを教えるRARモデルを思い出してください。1回の授業でRARのプロセスをすべて終える必要はありません）。

オリエンテーションで「チェック・修正」する方法

「チェック・修正」は生徒たちの理解度をフィードバックする方法です。理解度とは、CHAPTER 1で紹介した知識や概念の「構成」を指しています。関連する知識や概念をどれくらい知っているのかチェックする時は、「アサーティブな質問」やCHAPTER 5で紹介した方法を利用すると良いでしょう。また、「チェック・修正」として、診断的質問やCHAPTER11で紹介する方法も利用すると良いでしょう。

次のことが揃っていれば準備は完了です。

1 　生徒たちが「これから何を勉強するのか」「これから学ぶトピックはなぜ大切なのか」を理解している。
2 　生徒たちが達成したいと思うゴールがあり、ゴールに向かう過程

CHAPTER 6　オリエンテーションの授業方法　　　　　　　　　　132

で自分の学習がチェックされることを知っている。

3 過去に学習したこともチェックされており、知識や概念の「構成」
を修正する土台が整っている。

RARモデルの観点から見ると、以上の3つが整っていれば、教師の
解説、本や文献、インターネットなどから新しい知識を受け取る準備が
できていることになります。

学習するトピックの構造を伝える方法：
先行オーガナイザー

これから始める授業に関連する知識を思い出してもらった後、授業で
学習することを構造的に説明します。先行して学習内容の構造を示すの
で「先行オーガナイザー」と呼ばれています。図6−2の下図を見てく
ださい。言葉で伝えるよりも、図式化して伝える方が効果的です。
CHAPTER 3でグラフィックオーガナイザーをたくさん紹介しているの
で、トピックに合ったグラフィックオーガナイザーは少なくとも1つ以
上あるはずです。

先行オーガナイザーは図や口頭で次のように説明します。

1 トピックの概観や大切な部分の概要を伝えます。各内容の見出し
を示して、それぞれがどのようにつながっているのかを説明する
こともできます。

2 トピックに当てはまる一般的な原則を強調することができます。例：
「サインとコサインも比である」

3 扱っているトピックと他のトピックの関連を説明すると、全体的
な関係性を伝えることができます。例えば、「私たちが学習する
サイン・コサイン・タンジェントは主要な三角関数です。三角関
数を利用すると、未知の長さと角度を求めることができます。」

133

4 これから学習する内容の重要性、目的、価値、関連する知識や概念を強調することが可能です。これらは生徒の意欲にも影響します。例えば、「三角形の問題で角度や辺を求めたい時、サイン関数が役に立ちます」と伝えるなど、学習のモチベーションを高めることができます。

トピックの概要を伝えるだけでも効果はありますが、上記の**2〜3**まで進むことも検討してみて下さい。例えば、私だったら次のように進めます。先行オーガナイザーを最初に示して、これから教える内容の重要なポイントを1分間ほど話します。そして、先行オーガナイザーから離れて、サブトピックを教えます。再び先行オーガナイザーに戻り、次のサブトピックを紹介します。トピックをすべて教えた後、再び先行オーガナイザーを利用して、学習したトピック全体を要約します。さらに、次の授業の冒頭で再び先行オーガナイザーを利用して復習します。

先行オーガナイザーと行動目標を混同しないように気をつけて下さい。先行オーガナイザーは行動目標よりもはるかに多くの情報を生徒たちに与えます。次のような方法も先行オーガナイザーとして利用することができます。

寓話から始める

寓話から始める方法では、これから学ぶことが生徒たちの生活とつながる話題から始めます。あらゆる宗教の本には寓話があり、礼拝の神父の説教でも寓話がよく使われます。話し手は最初にある物語を紹介した後、物語の中から大事な原則を引き出して伝えます(大事な原則を引き出すことは聴き手に委ねられることもあります)。例えば、社会の授業で偏見や先入観について教える時、教師たちは偏見や先入観に関する自分や家族の話をした後、似たようなエピソードを知っているかどうか生徒たちに尋ねます。

協働的構成主義の視点で言うと、寓話から始める方法の目的は、関連

CHAPTER 6 オリエンテーションの授業方法

する経験を思い出させることです。思い出したことが新しい学習や考え方の土台になります。寓話から始める方法は「ナラティブ(物語式)先行オーガナイザー」と呼ばれることもあります。

スキムリーディング

スキムリーディングとは、教科書を使って学習する時に、最初の課題としてテキスト全体に目を通してもらう方法です。テキスト全体に目を通すことが先行オーガナイザーになります。見出しや各段落の最初と最

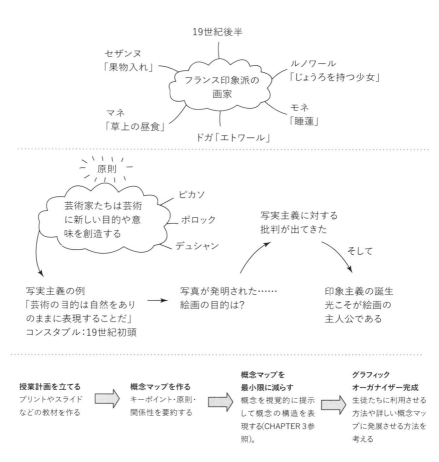

図6-2：先行オーガナイザーとして利用するグラフィックオーガナイザー

後に注目しながら、数ページを読んで主張や概要を把握します。文章の大意を掴んだ後、最初のページに戻って丁寧に読み直します。

グラフィックオーガナイザーに書き込む

グラフィックオーガナイザーは先行オーガナイザーのビジュアル版です。前章でも紹介した通り、生徒自身がグラフィックオーガナイザーに情報を書き足して発展させる方法はとても効果的です。

グラフィックオーガナイザーの例を2つ紹介します。トピックは「印象派の画家」です。図6-2の上図は抽象性が高いオーガナイザーであり、図6-2の中央の図は授業の内容を単純に要約したオーガナイザーです。2つのオーガナイザーの効果を比較した結果、どちらが優れているのか明確にわかりませんでした。しかし、どちらのオーガナイザーも授業の理解にとても役立ちます。

オーガナイザーを実際に利用する

本章の最後で紹介しているマルツァノの書籍によると、難しい学習をする時にオーガナイザーはさらに役立ちます。学習や経験が知識や概念の「構成」につながりにくい時（例えば、インターネット検索、校外学習、展覧会の見学など）、特に効果を発揮します。オーガナイザーは授業中に見ることができるので、学習しているトピックの現在地を確認できるようになります。

先行オーガナイザーは以下のような場所にあると良いでしょう。

- 配布資料やワークブック。
- 黒板や電子黒板を使っている時。
- フリップチャート（上部で綴じた複数枚の紙をイーゼルのような台に固定したもの。ボードのように書き込むことができ、1枚ずつはがせる）。授業中や次の授業の冒頭に提示する。

CHAPTER 6 オリエンテーションの授業方法

- e- ラーニングで新しいトピックを学ぶ時の導入画面

前回の授業で使ったグラフィックオーガナイザーを再使用する

　前回の授業を思い出してもらう方法は後で詳しく説明します。ここでは、電子黒板やスライドなどのデジタル機器でオーガナイザーを掲示する時のアイデアを紹介します。準備として、前回の授業でオーガナイザーに書き加えた箇所を隠しておきます（例えば、付箋を貼って隠す）。授業の最初にオーガナイザーを見せて、付箋の下に書かれていることを生徒に思い出させます。付箋の上にヒントを書いておいても良いでしょう。他にも本章で紹介した別のオリエンテーションの方法を使うと同じようなフォローアップをすることができます。

カリキュラムマップと単元オーガナイザー

　現在の学習の位置を示す方法として、カリキュラムマップや単元オーガナイザーがあります。いずれも学習内容を大きく区切った先行オーガナイザーなので、使い方も同じです。ただし、カリキュラムマップや単元オーガナイザーは他の先行オーガナイザーと併用してください。

単元オーガナイザー：産業革命		
重要な概念 ・天然資源 ・水路	・テクノロジー ・蒸気エンジン ・繊維機械	・経済体制 ・大量生産 ・公平な賃金
重要な質問 ・産業革命が起きた原因は何か？　なぜ産業革命はイギリスで始まったのか？ ・産業革命がイギリスの文化と社会に与えた影響は何か？ ・産業革命の技術は帝国主義にどのような影響を与えたのか？		
参考資料 サドラー委員会報告書（児童労働報告書） マルクス：共産主義宣言 スミス：国富論 一次資料画像（インターネット） トムスン：イングランド労働者階級の形成		
評価		

ゴールを設定する

　事前のゴール設定は行動目標を設定するよりも大きな効果があります。

行動目標の例：小児期の麻疹（はしか）の主な症状と合併症を説明することができる。

事前のゴール設定の例：「小児期の麻疹（はしか）の主な症状と合併症のアイデアマップを作って、周りの人とお互いにチェックしてみましょう。そして、先生が後で示すキーポイントのリストと比較してチェックして下さい。ゴールは、アイデアマップの中に「10個のキーポイント」がすべて書かれていることです。心臓を勉強する時も「10個のキーポイント」を書きましたね。今回はもっと上手にできるでしょうか？　事実だけではなくて、キーポイントにする理由も必要です。以上が今日の課題のゴールです」

　ゴール設定の説明は、1〜2分程度の時間で済みます。さらに、到達基準（ゴール）を示す方法は学習目標を伝える一般的な方法よりも高い効果があります。「（できるように）すること」を伝えるよりも「これから何をするのか」を伝える方が良いのです。

　ゴールは教師の高い期待を示しており、生徒たちが教師の話を聞こうと思う理由になります。課題は到達基準（ゴール：上の例のように「10個のキーポイントをすべて書く」など）と一緒に提示することが理想です。

　多くの教師たちは課題に取り組む直前までゴールを設定しません。トピックを教え始めて時間が大幅に経過してからゴールを設定することもあります。課題の直前でゴールを伝える場合でも、課題を与えるだけで、到達基準（ゴール）を示していないケースもあるかもしれません。また、課題を与えた時に生徒が自分でゴールを設定することもありません。

　以下のすべてのケースのように、生徒たちにゴールを何回も思い出させてください。そして、達成できたかどうかをチェックするために、授

CHAPTER 6　オリエンテーションの授業方法　　　　　　　　　　　　　138

業の最後にゴールを再び確認させましょう。以下では、新しいトピックを教え始める時のゴール設定の方法をいくつか紹介します。

トピックを教える前にゴールを設定する

　生徒たちが新しい情報を受け取る前に、教師はゴールを設定するべきです。挑戦してみたいと思うゴールであり、推論が必要なゴールであれば、生徒たちは必ず関心を持ちます。

　ゴールを伝える時、堅苦しくない表現やわかりやすい表現で質問すると良いでしょう。

　「衣服は機械で早く作れるようになりました。機械は手作業で作っていた人たちにどのような影響を与えたと思いますか？」

　「気圧はどのような方法で測ると良いでしょうか？　調べてみましょう！」

　上記のように、要点を強調した質問はゴールの設定に役立ちます。最初にゴールが設定されると、学習内容が「単純に暗記する知識」ではなく、「おもしろい問題に答えるために必要な知識」として見えるようになるので、生徒たちは好奇心や興味を示すようになります。

　授業の間、上記のような質問を生徒たちが思い出せるようにしましょう。黒板や配布資料に質問を書いておくことも検討してみて下さい。

ケーススタディ

質問と探索の定型的な手順（Question Exploration Routine）

　レンツ（1994）は、質問と探索の定型的な手順（Question Exploration Routine）と呼ばれる質問方法を考案しています。

　授業の最初に、ガイド・クエッション（クリティカル・クエッション）をトピックの学習の中心として生徒たちに提示します。生徒たちは、教師の支援を受けながら、以下のことに取り組みます。

- 質問の回答に必要な情報を特定する。そして、特定した情報に関する疑問（サブクエッション）を作る。
- サブクエッションの疑問が解けた後、「ガイド・クエッション」に回答する。
- 「過去に学習したことや過去の経験」と「新しく学んだこと」の関連を生徒たちに考えさせて、学習を転移させる。

　このような方法は、どのような学力の生徒でも効果があります。レンツは、学習が困難な生徒の場合でも成績が約2倍になったことを報告しています。詳細は「Lenz et al. 1994 question exploration routine」で検索してください。

説明をゴールにする時の伝え方

　例えば、訪問看護師の役割を教えるとしましょう。説明をゴールにする場合、「受け取る」段階のゴールや「授業中の活動」のゴールとして伝えることができます。

　「以前の授業では、訪問看護師の役割を紹介しました。今日は、2人1組になって、黒板に書いてある2つの質問に回答してもらいます」。

- 訪問看護師の主な役割は何でしょうか？
- 訪問看護師の役割と他の医療従事者の役割はどのように関係しているでしょうか？

　「授業の前半で話をしっかり聴いた後、2つの質問の回答を考えてもらいます」。

　「今日のもう1つの課題は、いくつかの具体的なケースに基づいて「訪問看護師は何をしているか」を考えることです。具体的な仕事のケースは前の黒板に貼っています。考えたことは後で発表してもらいますので、一般論だけでなく、実際の役割について具体的に説明できるようにしましょう」

模範解答例をゴールにする

授業が終わる頃にどのようなことができるようになっているかを示す方法です。パソコンを使って文章を書かせる授業であれば、良い文書の例を生徒たちに見せて、「この単元が終わる頃には、このような文書を作れるようになりましょう」と伝えることができます。見習い中のシェフの研修であれば、これから作る料理の完成写真を見せると良いでしょう。実技や教科の内容にかかわらず、教師たちは良い作品の紹介を通して、生徒たちのモチベーションを高めることができます。詳細はCHAPTER 7で説明します。

問題解決をゴールにする

「この幾何学の問題は、これまで学習してきた方法では解けません。しかし、アイデア次第で解けるかもしれません。どのようにすると解けるのか考えてみましょう」

「スタッフに仕事を委任すると、スタッフに権限が生じます。しかし、スタッフの行動の責任はマネージャーのあなたが負うことになります。スタッフが仕事で失敗しそうになった時、どのようにすると良いでしょうか？　委任と管理の両面から考えてみましょう」

認知的不協和の解消をゴールに設定する

認知的不協和は生徒たちの予想が結果と違っていた時に起こります。新しいことを教えながら、生徒たちの誤解を解消することができます。また、生徒たちに好奇心を持たせることも可能です。

「グリセリンの量が一晩で大幅に増えました。誰も何も加えていません。どうして増えたのでしょうか。みなさんの今日の仕事は、増えた理由を突き止めることです！」

「ここにいる多くの人は、昨日、コインを投げて表が出たら次はきっと裏が出る確率が高いと考えていましたよね。実験の結果の図を見て下さい。そうではないですね。表と裏が出る確率は2分の1だったよね。なぜでしょうか?」

「シェイクスピアは、ロミオがジュリエットをとても愛していることを表現したかった。ロミオの愛が本物であることを表現するために、これまでのロミオの恋愛を失敗として書くのではないかと予想しましたね。しかし、実際は正反対でした。見てみましょう」

挑戦をゴールに設定する

挑戦する価値がある課題に取り組んでいる時、生徒たちのモチベーションは競争している時よりも高くなります。挑戦的な課題は、クラス全員の生徒たちが参加します。しかし、勝者は原則として1人の生徒だけです。

「このビジネスプランが成功する理由を説明することはできますか? 授業の最後になったら、ドラゴンズ・デン(イギリス版のマネーの虎)に出てくる人のように、私は少しうるさい投資家の役を演じますからね。皆さんはビジネスプランを作った起業家です。私が投資したいと思えるように、説得力がある説明をして下さい」

「これから予算管理の方法を説明します。しかし、予算管理の方法にとても批判的な人たちもいます。今から予算管理の方法を説明するので、皆さんは予算管理の方法の弱点を考えて下さい。弱点は4つあります。すべてわかるでしょうか?　挑戦してみましょう」

「先月の授業で同じような問題に回答した時の点数を見てみましょう。今までの最高点は何点だったかな。今日こそは過去の最高得点を超えましょう!」

生徒が自分で個別のゴールを設定する

本章で紹介したマルツァノの研究によると、教師がゴールを設定する時だけでなく、生徒が自分でゴールを設定した時も効果が示されています。個人的なゴールは以下のように作ることができます。

- **生徒が自分でゴールを決める**：授業の最後に、次のゴールを決めてもらいます。また、授業の最初に、次のように伝えても良いでしょう。「良い生徒として必要なグラウンドルールを見てみましょう。自分でゴールを決めて、プリントの一番上に書いて下さい。成長したいことを考えてみましょう」
- **教師が生徒のゴールを設定する**：「前回の授業で先生が1人ひとりに作ったゴールを思い出して下さい。思い出せない人はファイルを見てみましょう。ファイルに書いてあることが今日の授業のゴールです」

交渉して決めるゴール

生徒たちと教師が話し合い、生徒たちのニーズに合ったゴールを見つけます。例えば、先行オーガナイザーを生徒たちに示した後、設定するゴールをクラス全体に尋ねます。交渉して決める方法は、学力が高いグループや大人が対象の時に有効です。例えば、ビジネスの研修クラスでは、講師が「意思決定の学習に必要な先行オーガナイザー」を示した後、設定するゴールや全員で回答する問題（回答に対してクラス全員から同意を得る問題）を受講者たちと話し合います。意思決定の経験がある受講者はクラスで共有できる問題を作ることができるかもしれません。

ラーニングループのゴール

自己評価に基づいてゴールを設定する方法です。「学習に必要なコン

学ぶために必要なこと	スキルの頻度		
	1度もしなかった	時々使用した	たくさん使用した
助けを求める	1	2	
要点にアンダーラインを引く		1　2	

図6-3：コンピテンシーをゴールにする

ピテンシー」が質問表に記載されており（図6-3参照）、生徒は質問表を使って学習のコンピテンシー（行動特性）を自己評価します。

　例えば、1つ目の課題を終えたら、学習のコンピテンシーを1人で判断します。そして、「必要な時に助けを求めない」ことが弱点であると思ったら、2つ目の課題のゴールを「助けを求める」に設定します。生徒たちが2つ目の課題を始める直前、教師は生徒たちに自己評価を思い出させて、ゴールを設定するように求めます。2つ目の課題が終わったら、質問表で再び学習のコンピテンシーを評価させて、不十分だったことを3つ目の課題のゴールとして設定することを求めます。

　以上の手続きを繰り返します（表の数字「1」は1つ目の課題を示しており、「2」は2つ目の課題を示しています）。ラーニングループはCHAPTER11で詳しく紹介します。

　ゴールの設定は、教師が決めても良いでしょう。しかし、ゴールを生徒自身に決めてもらう方がゴールの価値は高くなるでしょう。

　コンピテンシーの質問表は、何に対しても作成することができます。例えば、生徒の行動に焦点を当てるなら、クラスのグラウンドルールを基盤にするとよいでしょう（classroom management Geoff Pettyで検索すると詳細な情報が得られます）。「先生が話しているときは、おしゃべりしない」など、個人的にチェックできるゴールを設定することができます。

　どのようなゴールを設定したとしても、達成できたかどうかをチェッ

CHAPTER 6　オリエンテーションの授業方法

クするために、授業の最後でゴールを再確認することはとても大切です。

生徒たちが挑戦したいと思うゴールを設定している？

挑戦したいと思うゴールであれば、生徒たちは意欲的に学ぶようになります。トピックの主なゴールは推論を含むようにして下さい。理想的な方法は、すぐに回答できる閉じた課題ではなく、どのような生徒も学力を伸ばせる開いた課題を出すことです（CHAPTER 9参照）。

オリエンテーションが終わったら、次はRARモデルの「新しいことを教える」段階に入ります。

「新しいことを教える」段階では、モデリングが重要になります。

最初の5分が大切

本章で紹介した方法は研究で高い効果が示されています。オリエンテーションは、まだトピックを教えていないスタートラインの段階では教えにくいかもしれません。しかし、トピックを教える時は最初の5分が大切です。これまでの方法では不十分なのです。

エビデンス

CHAPTER6　オリエンテーションの　　　　　　　教え方のエビデンス

最も信頼できる情報源はエビデンスの集約から得られます。（CHAPTER14で説明します）。したがって、次の3つのエビデンスをトライアンギュレーションする（様々な視点から捉える）ことが大切です。

質的研究の要約

　CHAPTER15の参考文献によると、新しい学習は、持っている知識や経験の上に築くべきであり、「チェック・修正」（フィードバック）の必要性を強調しています。このような考え方は24ページの「質が高い学習サイクル」で紹介しています。本書の参考文献に挙げてる研究者たちによると、生徒たちが挑戦したいと思うゴールは学習を促します。特に、ブランスフォード（Bransford, 2000）はゴールの重要性をとても強く主張しています。新しい学習は、構造化することにより、理解と記憶が容易になります。ゴールの重要性は広く知られていることですが、383ページ以降のリストの中に該当する文献はありません。

量的研究の要約

　マルツァノによると、学習したことを「チェック・修正」すること、先行オーガナイザーを提示すること、ゴールを設定することが、とても効果的です（Marzano, 2001）。ハッティ（Hatty, 2009）は、「難易度が高いゴールは明確な到達基準とセットにして提示した方が良い」と強く主張しています。また、先行オーガナイザーは中程度の効果があることを報告しています。さらに、ダイレクトインストラクションは高い効果があり、学習したことを確認する方法や先行オーガナイザーが含まれていたことも報告しています。

授業が上手な教師に関する研究

　エアーズ（Ayers, 2004）によると、授業が上手な教師たちは難易度が高い課題を出す前に、以前に学習したことを思い出させて修正していました。

　以上の３つの情報源のエビデンスから、オリエンテーションの方法を授業で試してみる価値はあります。

CHAPTER 6　オリエンテーションの授業方法

参考文献 CHAPTER15の文献も参考にしてください。

無料で閲覧できるサイト
「advanced organiser」、「setting goals in the classroom」で検索してみましょう。ゴールは
SMART（具体的／計測可能／達成可能／関連性がある／時間制約がある）でなくても問題あり
ません。

R. Marzano, *The Art and Science of Teaching: A comprehensive Framework for Effective Instruction* (Alexandria, Virginia: ASCD, 2007).
本書のベースとなっている the 'Learning Map' of the Teacher Evaluation Model も参照。

R. Marzano et al., "Nine Essential Instructional Strategies" (Adapted from *Classroom Instruction that Works*, Alexandria, Virginia: ASCD, 2001).

書籍と論文
D. P. Ausubel, *Education Psychology: A Cognitive View* (New York: Holt, Rinehart and Winston, 1968).

P. Black et al., *Assessment for Learning: Putting it into Practice* (Buckingham: Open University Press, 2003).

R. Marzano, D, Pickering and J, Pollock, *Classroom Instruction that Works* (Alexandria: ASCD, 2001).

147

CHAPTER 7　モデリング：知的スキルや身体的スキルを見せる

　教師はhow（解き方・スキルの使い方）を教える必要があります。例えば、生徒たちの前で実際に数学の問題を解いて見せたり、詩を批評するスキルを使って見せるなどのモデリングが必要です。また、良いモデルとして解き方の例を生徒たちに見せることも必要です。モデリングの重要性は優秀な教師たちの間で理解されていましたが、ワーキングメモリー（working memory）の研究が進んだこともあり、教師たちの間でモデリングの優先度が急上昇しました。

モデリングは私たちの小さいワーキングメモリーを助けてくれる

　学校で数学を学んでいた時、次のような経験をしたことはありませんか？　先生が黒板で問題を説明してくれた時は「理解できた」と思うのですが、「練習問題を自分で解いてみてください」と言われると、急に

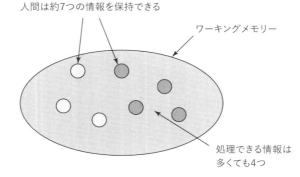

ワーキングメモリー：私たちは約7つの情報を頭の中に保存できる。1度にまとめて処理できる情報は4つ。おそらく、通常は4つ以下である。

図7-1：ワーキングメモリー

わからなくなるのです。先生が解いている様子を見ていた時は簡単な問題に見えたのに、1人で問題に取り組んでみると、難しくて解けない……。このような戸惑いを感じた経験は学年や教科にかかわらず、少なくとも1回はあるはずです。他の教科は後で紹介することにして、数学のモデリングを最初に紹介します。

新しいことを学んでいる時、私たちのワーキングメモリーの中はトピックに関する情報で混雑しています。しかし、ワーキングメモリーの容量は小さいため、7つ以上の情報を同時に保持することはできません。処理できる情報は7つのうち4つです（通常は4つ以下）。生徒たちが一生懸命に考えている時、気をつけていなければ、教師は生徒たちのワーキングメモリーをあっという間に情報で溢れさせてしまいます。

一般的に、数学の教師たちは問題の解き方を2段階で教えています。最初に、黒板に2～3の例題を挙げて、解き方を見せながら考え方を説明します。次に練習問題を1人で解くように指示します（次ページの図7-2左参照）。

ウィリアム・キャロル（William Carroll）は2段階のアプローチの弱点を見つけました。数学の問題に1人で取り組む時、生徒たちは数学的なプロセスの理解と適用を同時に進めようとします。

2つの作業（数学的なプロセスの理解と適用）は生徒たちのワーキングメモリーを埋め尽くしてしまうので、考えることが難しくなってしまうのです。

そこで、キャロルは3段階のアプローチを考案しました。教師が黒板で例題の解き方を説明した後、例題とよく似ている練習問題を生徒たちに与えます。生徒たちが各自で学習できるように、練習問題には解答例も付いています。次に、生徒同士で説明し合う方法を取り入れます。2人ひと組のペアになってもらった後、2～3問の例題の解き方を学習してもらいます。学習を終えたら、例題の解き方をペアの相手に説明することを求めます（解答を読むのではなく、相手に理解してもらえるように工夫して説明する必要があります）。

最も良い方法は、あなたが教えようとしているスキルの利用例を多く見せることです。解き方の例が多様であるほど、生徒たちは学んだことを別の場面で適用できるようになります。つまり、学習の「転移」ができるようになります。

　生徒同士が解き方をお互いに説明した後、「学習したことをお互いに説明する方法」はとても効果的な勉強方法であることを生徒たちに必ず伝えてください。

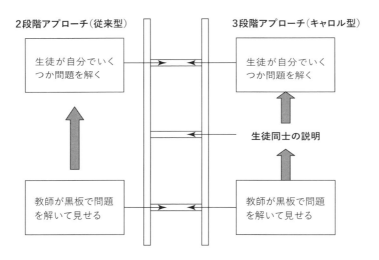

図7-2：2段階（従来型）と3段階（キャロル型）の比較

図7-3：生徒同士の説明

解き方の例を見せるとワーキングメモリーの
限界を超えることなく理解を促せる

　キャロルの３段階アプローチでは、解答に必要な基本的知識を与えるために、最初に教師が解き方を説明します。次に、ペアになった生徒はお互いに解き方を説明し合って、解き方のプロセスをよく理解します。そして、学んだことを適用させるために、１人で問題をいくつか解いてもらいます。解き方の理解と適用を同時にしなくてもよいので、生徒のワーキングメモリーが情報で一杯になることはありません。

　キャロルの研究によると、３段階アプローチを利用するとステップが１つ増えるのですが、生徒たちは２段階アプローチよりも短い時間でよく理解していました。それだけでなく、「適用」で間違えることがほとんどなくなり、２段階アプローチより３段階アプローチの方が楽に学べると生徒たちは感じていました。

　解き方の例を見せる学習効果の高さは驚くことではありません。CHAPTER 2 で説明した通り、解き方の学習は必然的に「具体的な例」から始まり、「抽象的な概念」に向かって進みます。また、生徒たちは教師の解き方を模倣する（ペアの相手に教える）プロセスの中でも学習しています。効果的な方法は「生徒同士の説明」の他にもあります。次に紹介する方法も効果的ですが、先に「生徒同士の説明」を利用する方が良いでしょう。

言語的・視覚的なプレゼンテーションのモデル

　CHAPTER 2 とCHAPTER 3 で紹介した提示方法は、ワーキングメモリーに与える認知的な負荷を減らします。詳細は173〜174ページの　エビデンス　を参考にしてください。

151

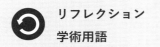

リフレクション
学術用語

　学術用語は本章で何回も出てきます。1〜3の学術用語は別の言葉で表現されていることもよくあります。1と2の学術用語では、回答に必要なプロセスが必ず含まれています。3と4の学術用語では、教師が生徒たちに作ってほしい回答や望ましい回答の性質が示されているだけであり、回答を作る時に必要なプロセスは含まれていません。

1 **解き方の例**：数学と理科で問題の正しい解き方を伝えるために利用されている方法です。解き方のプロセスがすべて示されます。
2 **デモンストレーション**：取り組み方を実際に見せる方法です。取り組み方の手順を解説するだけでなく、考えていることを声に出して説明しながら、思考プロセスのモデルを提示します。
3 **モデル**：良い特徴を持っている教師・生徒の回答例・作品例。回答・作品が完成するまでのプロセスは含まれていないこともあります。
4 **模範回答例**：優れた回答・作品の代表として選ばれた1つ。
5 **評価基準**：教師が生徒たちの回答・作品に望む特徴と質が記述されています。

いつ／どのようにモデリングを使うか？

　数学以外の授業でも、生徒の認知負荷の問題（ワーキングメモリーが情報で一杯になること）は生じます。優れた実践例や解き方の例は他の科目でも利用できる方法です。数学を教える時のように、考えているこ

とを説明しながら解き方を板書する方法で知的スキルのモデルを示す方法も良いでしょう。考えていることを説明しながら教える方法は、詩の中の隠喩を探す時など、以下のようなあらゆる知的スキルに適用できます。

- 詩の批判的な分析
- マーケティングプランの評価
- 句読点を打つ
- コンピュータプログラムの条件分岐と繰り返しの記述
- 歴史の認識が正しい根拠を示す
- デザインの分析
- 教育実習で担当した授業の内省
- 三角関数の問題
- 最小限のマーク（ポイント、具体例、説明）でパラグラフの書き方を説明する

　生徒たちに見せると良い考え方や解き方の例は他にもたくさんあります。考えていることを説明しながら板書すると良いでしょう。
　「求めている考え方や解き方を明確に伝えるためにはどのようにすれば良いのか」や「求めている回答の質をどのように伝えるのか」を考えてみましょう。本書では、生徒たちに望む考え方、解き方、回答の質を、到達基準（success criteria）と呼ぶことにします。
　主な方法は以下の３つです。３つのいくつかを組み合わせて利用することも可能です。

- **デモンストレーションとモデリング**：黒板で例題を解いて見せる。
- **モデルや模範解答例**：模範となる作品、回答例、目指すべき具体例などを見せる。
- **評価基準**：優れた課題や作品に求めるレベルを説明する。

153

上記の３つの方法を１つずつ詳しく紹介します。

デモンストレーションとモデリング： 考え方を説明しながら問題を解いて見せる

デモンストレーションやモデリングは数学で広く使われていますが、他の教科でも利用できる効果的な方法です。

数学の問題の解き方や句読点の打ち方を教える時、プレゼンテーションの動画や黒板を使って示すことができます。例えば、解き方の手順を分割した後、それぞれのステップがなぜ必要なのかを説明します。その際、辿ってほしい思考プロセスを生徒たちに説明しながら板書します。

次に、別の問題を見せて、「この後、どうしたらいいかな？」、「どうしてそうするのかな？」と意見を求めながら解き方を説明します。このように尋ねながら進めると、生徒たちが１人で解答する準備ができているかどうかを知ることができます。以下では、いくつかの事例を紹介します。

ケーススタディ 1

考えていることを説明させながら 解き方を紹介する（１）

あなたが数学の教師でなくても、数学の授業法から多くのことを学ぶことが可能です。以下は、ある教師が三角関数の問題の解き方を板書しながら説明している場面です。

「今まで、このような直角三角形の問題は、サイン、コサイン、タンジェント、三平方の定理を使って解いてきましたね。しかし、これは難しい問題です。直角がどこにもありません。どのように

CHAPTER 7 モデリング：知的スキルや身体的スキルを見せる   154

解くと良いでしょうか？　良いアイデアはありますか？」

　しばらく待っても生徒たちからアイデアは出てきません。「線を引いて直角三角形を作ることはできるでしょうか？　図に線を足すと良さそうな箇所はありますか？」

　1人の生徒の手が挙がる。「はい、ムハマッドさん」

　ムハマッド：「DとEを結ぶと直角三角形ができると思います」

　「やってみましょう」（教師は黒板の図のDとEを結ぶ）

　「ムハマッドさんの意見は正しい？　直角三角形はどこにできたかな？」

　ほぼ全員の手が挙がり、生徒たちは一斉に答えを言う。

　教師は続けて「そうですね。気づいたことはありますか？」（たくさんの手が挙がる）。

　「トレーシーさん、どうぞ」

　トレーシー：「問題が変わりました！　先週の授業で解いた問題と同じです」

　教師：「その通り！　このような問題はどのように解いたでしょうか？」

　1人の生徒の手が挙がる。「はい、メイベルさん、お願いします」

　メイベル：「直角三角形があるので、サイン、コサイン、タンジェント、三平方の定理を使います」

　教師：「正解！　次は何をすると良いでしょうか？　アイデアはありますか？」

　すべての問題の説明を終えた後、教師は問題と解き方を次のように整理して伝えました。生徒たちで整理させても良いでしょう。

　「直角三角形がない時は、どうしたかな？　どこかに線を引けないか探して、直角三角形を1個作りましたね。あとは、いつものサイン、コサイン、タンジェント、三平方の定理を使って解きました。それでは、今から自分でいくつか練習問題を解いてみましょう！」

155

ケーススタディの教師は、数学の問題を解く時に必要な考え方を説明しています。特に、「このような問題で行き詰まった時に何をすると良いのか」を最初に伝えていることに注目して下さい。

　教師は、生徒たちに持ってほしい解き方のモデルを示していました。そして、生徒たちが自力で解ける段階になるまで、「何をすると良いか」を生徒たちに尋ねています。このように授業を進めると、生徒たちは熱心に参加するようになり、「この問題だったら解ける！」という感覚（自己効力感（self-efficacy））をクラス全体に持たせることができます。また、「生徒たちは1人で問題を解けるようになったかどうか」を把握することもできるでしょう。生徒たちの自己効力感を把握することができれば、1人で問題を解いてもらうタイミングを判断しやすくなります。

　生徒たちが「次に何をすると良いのか」を説明することができるようになるまで、考え方のモデルは1回だけでなく、練習問題を使って2回くらい見せる必要があるかもしれません。生徒が1人で問題を解く準備ができるかどうかをチェックしたい時は、生徒たちを「支援」しながら、別の例題を考えてもらう方法がベストです。つまり、生徒たちに思考プロセスの全工程を1つずつ説明してもらう方法です。生徒が1つ説明したら、教師は「どうしてそのようにすると良いのかな？」と理由を尋ねます。

　さらに、質問を通して解き方をもっとわかりやすく説明してもらいます（正当性を明確にしてもらいます）。教師とクラス全体がしっかり話し合えるようになれば、生徒たちに自信が生まれるため、1人で問題を解く準備ができたと言えるでしょう。このような段階に到達した後、生徒たちは1人で練習問題を解く作業に入ります。可能であれば「課題の梯子」を使って難易度を少しずつ上げましょう。モデリングだけで終わるよりも時間は必要ですが、生徒は確実に学習します。

CHAPTER 7　モデリング：知的スキルや身体的スキルを見せる　　　156

ケーススタディ2

考えていることを声に出して説明させながら
解き方を紹介する（2）

　次のケーススタディの教師は、パワー（仕事率）の概念を理科
の授業で丁寧に説明してきました。今日は、パワー（仕事率）の
概念をノートにまとめる計画です。「まとめ」をすべて書く教師も
いますが、今から紹介する教師は、「生徒たちがパワーの概念を上
手に説明できるようになってほしい」と考えています。説明を求
める問題がテストで出るという理由もありますが、理由はテスト
対策だけではありません。概念の説明が苦手な生徒たちも、ノー
トを作る過程で理解が深まるためです。「まとめ」を作る過程を通
して、これまで教えたことの理解度をクラス全体のレベルで把握
することも可能です。

　「パワーの概念を整理するためにノートを作りましょう。最初に
どのように書くと良いでしょうか？　誰か最初の文章を言って下
さい。（いくつか手が挙がる）ヘンリーさん、どうぞ」

　ヘンリー：「パワーとは、ぼくたちが使ったエネルギーを、使う
ために必要だった時間で割った時の値です」

　「良い説明ですね。でも、その説明は後で役に立つので、今は取っ
ておこうと思います。ヘンリーさんが説明してくれたことは、パワー
の計算方法ですね。その前に、まずパワーとは何かを説明しましょ
う。では、パワーとは何ですか？」

　ミア：「1秒間に使ったエネルギー！」

　「そうです。もう少し科学的な言い方をすると？」

　（いくつかの発言の後、「パワーとは仕事率」という正解が出る）。

　「その通り。しかし、1つ足りないことがあります」

　（生徒たちは答えがわからず、困っている。教師はパワーを測る

157

時の単位について説明する。）

「ここまでの話でわかったことは何ですか？」

アンドリュー：「パワーとは、1秒間当たりの1ジュールの仕事率です」

「大正解！　なぜパワーの説明が「まとめ」の文章の最初に必要なのでしょうか？　エイミーさん」

エイミー：「ええっと。定義だから」

「その通り。定義とは、端的で正確な説明です。定義では、どのような言葉が使われていますか？」

エリーゼ：「科学用語です」

「そうですね。さて、先生は、ヘンリーさんが言ってくれたパワーの計算の文章がとても良かったと思います。ヘンリーさん、もう1回、みんなに向かって言ってもらえますか？」

ヘンリー：「パワーとは、ぼくたちが使ったエネルギーを、使うために必要だった時間で割った時の値です」

「『ぼくたち』は削りましょう。科学では、『ぼく』とか『あなた』とか使わずに、受身形の文章で書くことが一般的だからね」

（教師が満足する文章が出るまで、生徒たちから様々な提案を求める）

「良いですね。では、ノートに書いていきましょう。『パワーとは、使われたエネルギーを、使った時間で割った値』。正解！　では、次は何を書くと良いでしょうか？」

（生徒たちはパワー（仕事率）の計算式を書くことを決める。このように進めると、多くの生徒たちがパワー（仕事率）の計算式を思い出せるようになります。）

　注目すべき点は、教師は最初に生徒たちを「パワー」の定義に導き、科学的に表現する方法を伝えながら、生徒たちの言葉を（専門用語を含む）科学的な言葉に変えていることです。一方、日常

CHAPTER 7　モデリング：知的スキルや身体的スキルを見せる　　　　158

的に使っている言葉（CHAPTER 2参照）も使って説明しています。

　また、「なぜパワー（仕事率）の説明が「まとめ」の文章の最初に必要なのでしょうか？」という質問をしていることも重要です。科学的な概念を表現する時、生徒たちにどのような文章を求めているのかを強調しているのです。

　最後に、教師は、パワー（仕事率）を整理するだけでなく、ノートを作るプロセスも説明すると良いでしょう。

　「科学の概念を1つ説明できるようになることが目標でした。最初に、科学用語を使って定義を考えました。次に、定義を日常的に使っている言葉で説明しましたね。その後、計算式に置き変えました。科学のテストで何かの意味を聞かれた時、さきほどのように説明することができると、とても良いです。つまり、科学用語の定義を日常的な言葉に置き換えてから、計算式を書きます。時間がなかったら、日常的な言葉に置き換える手順は省いてもかまいません。しかし、科学的概念の定義と計算式は絶対に必要ですよ」

　このように、教師は、科学的な文章の書き方を生徒たちにモデリングしながら説明していました。生徒たちも教師も、各教科に合ったライティングスキルを磨く必要があります。また、クラス全体でノートを作ることは、思考プロセスのモデルを作る良い機会になります。

作文やレポートの思考プロセスをモデル化する

　アリソンとサービー（Allison and Tharby, 2005）は、作文やレポートの思考プロセスをモデル化する時、考えていることを説明しながら板書することを勧めています。モデル化する際は、次の例のように、迷っている場面や確信を持てない場面を含めることも大切です。

「葉の光合成と蒸散について説明しますね。光合成と蒸散、どちらから説明すると良いかな……。ええと、問題は何と書いてあるかな……。なるほど、蒸散から説明を始める方が良さそうだ。蒸散とは……」

回答・作品の良さを評価する基準

評価基準では、生徒たちの回答・作品に求める特徴が一般的に書かれています。例えば、以下のような作文やレポートの評価基準が挙げられます。

「適切な情報源を豊富に参照した形跡がある」

「題材が整理されており、序論・論点・結論を踏まえて理路整然とした構成になっている」

「高度な批判的分析や（情報に基づいて）独自の考え方で判断している」

上の基準はどれも注意深く書かれていますが、とても曖昧です。大雑把な基準にしておかなければ作文やレポートの評価が難しくなってしまうため、評価基準を曖昧にしているのでしょう。しかし、「適切な情報源」とは何でしょうか？　「理路整然とした構成」とはどのような構成でしょうか？　序論・論点・結論だけの構成では不十分なのでしょうか？　何を書き加えると良いのでしょうか？

このような評価基準を見せると、生徒たちはいつも「どういう意味ですか？」と聞いてきます。具体的な例を求める生徒たちもいます。研究によると、具体的な評価基準が良いようです。そこで、本章では、具体的な評価基準に焦点を当てて紹介します。

評価基準を上手に利用する最も良い方法は、わかりやすい言葉で評価基準を説明した後、評価基準を満たしている例を多く見せることです。次に、「基準をほとんど満たしていない回答・作品」、「基準を少し満たしている回答・作品」、「基準を満たしている良い回答・作品」を見せて、意見を生徒たちに尋ねます。不十分な回答・作品を見せる時は、スプー

フィング（教師が生徒になりすまして作成した不十分な回答・作品）の評価が効果的です（165ページ参照）。スプーフィング評価に取り組んだ後、ラーニングループ（CHAPTER 6参照）を使用して、自分の回答・作品の弱点を特定させて、次回の課題・作品に取り組む時に改善することを求めます。

　上手に構成されたレポートを見せて評価基準を生徒たちに説明できたとしても、上手に構成する方法は生徒たちに伝わりません。作文やレポートの例で示していることは教師が求めている結果です。しかし、作文やレポートの例に説明や以下のような注釈を加えると、良い作文・レポートを書くために必要なプロセスが生徒たちに伝わります。

　注釈の例：「このレポートは、焦点がズレないように、冒頭で示したテーマに何回も戻っています」

　モデルや模範回答例は、「期待されている結果」と「必要なプロセス」を生徒たちに伝えることができます。難易度が高いスキルの場合は両方を示す必要があります。

　一般的に、生徒たちを高い水準に到達させたい場合、紹介するモデルは１つだけでなく、複数のモデルを見せる方が効果的です。生徒たちが難しいと感じるスキルでは、デモンストレーション、モデリング、評価基準が有効です。

　評価基準や評価項目に基づいた評価（descriptor-based assessment）に関する弱点はクリストドゥル（Christodoulou, 2016）の研究を参考にしてください。

モデルと模範回答例を活用する

　優れた回答・作品の例を見せることによって、「できるようになってほしいこと」を伝えることができます。例えば、「主張を明確にするために、テキストからどのように引用しているか注目してみましょう」など、生徒たちが優れた回答・作品の特徴に気づくように、教師の分析や

注釈をつけることができます。

　教師がモデルや模範回答例を作っても問題ありません。実際、「教師が作成した模範回答例」の利用はとても良い方法です。例えば、最初に、「完璧」な模範回答例を生徒たちに見せます。そして、間違いを意図的に加えた「不十分」な模範回答例、「中程度」な模範回答例、「優良」な模範回答例を見せて、生徒たちにランクや点数を付けてもらいます。さらに、ランクや採点の理由も説明するように伝えます。例えば、「この生徒は言いたいことを明確にするために例を1つ入れるべきだった」などです。

　クラスの生徒たちの回答・作品をモデルとして使うと、他の生徒たちの良い刺激になります。生徒たちは「あの人でも書けたのだから、私も書けるはずだ！」と思うでしょう。逆に、教師の作品に同じような効果はありません。生徒たちは「先生だから上手に書けるのは当然だ」と考えるでしょう。

　タブレットやスマホを使って生徒の実演を写真や動画で撮影することも可能です。模範的な実演や作品を撮影してライブラリーに保存して配信しておくと、クラスの生徒たちと共有することができます。他の教師にも共有すると、他の教師たちも同じように模範的な実演や作品を教材リソースに加えてくれるかもしれません。

　モデルの伝え方として、生徒たちの文章を読んで紹介する方法や計算過程や書いた文章を生徒たちに板書してもらう方法もあります（CHAPTER 5の「生徒のデモンストレーション」を参照）。生徒たちが席を離れて、お互いの作品を見て回る方法も良いでしょう。

　生徒たちが書いている途中の文章を読むことも効果的です。

　「クライブさんはこのように書いているよ。『冷却している間、時間の経過に伴って変化する温度を調べた』。『伴って』は良い言葉ですね」

　「ルーシーさんはこのように書いています。『その結果、マルチン・ルターは裏切られたと感じた』。『裏切られた』はすごい言葉だね。「裏切

CHAPTER 7　モデリング：知的スキルや身体的スキルを見せる　　　162

られた」の意味を知っている人はいますか？」

　模範回答例だけで必要な手順が理解できるとは限りません。良い作品を作るプロセスを教える時は、「考えていることを声に出して説明する方法」や「生徒同士で説明し合う方法」が必要です。例えば、「よし。これでピリオドはすべて打ち終わった。次は、コンマや他の句読点が必要な箇所を探してみよう」のように、考えていることを声に出しながら、句読点を打つプロセスを説明すると良いでしょう。

モデルや模範回答例の他の使い方

　モデルや模範回答例の利用は、達成基準（何が期待されているのか）を生徒たちに明確に示すだけでなく、学習の「適用」を求めることにつながります。

作品を完成させる
　「この段落にピリオドをすべて記入しておきました。みなさんはコンマを記入してくれるかな？」（次のモデルでは、コンマの記入を終えた段落を使って、生徒たちにピリオドを記入させる）。
　「このコンピュータプログラムは最後の数行が抜けています。プログラムを調べて、プログラムが動くように完成させて下さい」
　「この詩の分析は、詩人の意図に関する説明が抜け落ちています。分析を読んで、抜けている説明を加えて下さい」

不完全なモデルを修正させる
　「これは去年の生徒たちが評価した作品です。生徒たちの評価はBでした。評価がAレベルになるように直して下さい」
　「これは去年の生徒たちが句読点を打った節です。句読点の間違いを説明して下さい」

163

「これは代数の並べ替え問題です。この解答はいくつか間違えています。間違いを見つけた後、間違えている理由を説明して下さい。そして、正しく並べ替えて下さい」

モデルに注釈をつける

「この課題を見てください。評価基準の1から4をすべて満たしている文や節を見つけて下さい」

「このコンピュータプログラムの各行の最後に、わかりやすい言葉で各プログラムの役割を書いて下さい」

不完全なモデルを評価する

「この3つの文章は、歴史の認識が妥当であることを昨年の生徒たちが説明した文章です。採点基準を使って点数を付けてみましょう」

「レッドライオンホテルのマーケティングプランが3つあります。グループになって、効果が高いと思う順番でプランを並べて下さい。次に、並べた順番の理由を説明して下さい」

生徒同士の説明

「句読点が正しく記入されている文章を2つ用意しています。2人1組になって、1つずつ分担して句読点が記入されている箇所を調べて下さい。次に、句読点が正しい理由を相手に説明しましょう」

「この主張はとても上手に正当化されていますね。著者は自分の主張をどのような方法で証明しているのでしょうか？　著者は1番目と2番目の資料をどのように活用しているでしょうか？」

不完全な作品を見せたら生徒たちが混乱するので、不完全な作品を生徒1人で見続けることは確かに問題です。しかし、生徒たちに必要なことは保護ではなく、間違いや抜け落ちている箇所を見つけるスキルや修正するスキルです。また、不完全なモデルは、上手に利用することができれば、誤答や概念の誤解に対する「予防接種」として機能します。

CHAPTER 7　モデリング：知的スキルや身体的スキルを見せる　164

新しい概念や考え方を初めて教える時、生徒たちのワーキングメモリーが一杯になりやすいことをよく覚えておいてください。最初の学習をスムーズに進めることができれば、難しい課題で生徒たちの学力を伸ばすことが可能になります。「質が高い学習」にするためには、難易度が高い課題を最後に取り組ませる必要があります（CHAPTER 1 とCHAPTER 9を参照）。

モデルや解き方の例と比較しながら採点させる

モデルや解き方の例を生徒たちに提供して、完成した自分の回答・作品と比較しながら採点させてみましょう。生徒同士でお互いに採点させても良いでしょう。優れた回答・作品例と自分の回答・作品を比較させると、改善が必要な箇所が明確にわかります。教師が採点した場合、生徒たちは改善のポイント（何をどうしたら良くなるのか）を認識することができないかもしれません。生徒自身に採点させる方法は、過去のテスト問題を使った時に特に有効です。教師の労力の節約にもつながります。

匿名化された回答・作品の評価とスプーフィング回答・作品の評価（グループ・ペア・個別）

「スプーフィング（なりすまし）回答・作品」とは、生徒が評価を練習するために、教師が意図的に間違いを入れて作成した回答・作品です。前年度の生徒たちの回答・作品も評価の練習に利用することができます。過去の生徒たちの回答・作品を利用する場合は、氏名がわからないようにして、著作権法に違反しないように必ず生徒たちから許可を得て下さい。コンピュータ上で回答・作成させる課題であれば、スプーフィング回答・作品として生徒たちの回答・作品を保存しておくことも可能です。

「スプーフィング回答・作品」の評価では、生徒全員で同じ回答・作品を採点するため、クラス全体でディスカッションしやすくなるという利点があります。教師が最も重要なポイントを意識して間違いを入れる

ことができる点も優れている利点です。

　スプーフィング回答・作品の評価は、生徒たちが助け合いながら作業できるように、少人数のグループで始めると最も効果的です。最終的に１人で回答できるように、雪だるま式チェックで生徒たちをサポートしながら自立心を育てることが大切です。そして、１人でスプーフィング回答・作品の評価に取り組み、クラスディスカッションを通して自分の判断をチェックします。このような進め方は、自己評価や生徒同士の評価の準備として最適です。

　評価基準は与えなくても問題ありません。評価基準を与えない時は、生徒たちが評価を始める前に、自分で評価基準を決めておくことを伝えてください。

　効果的な方法は回答・作品を２つ与えることです。１つ目は、良く見えるけれど実は悪い作品。２つ目は悪く見えるけれど実は良い作品です（Gibbs, 1981）。詳細はケーススタディを参考にして下さい。

　初めてスプーフィング回答・作品の評価をする時は、「１つはA評価。もう１つはD評価です。どちらがA評価でどちらがD評価でしょうか？」と尋ねる方法も楽しくて良いと思います。生徒たちが間違えていた場合は、評価の理由（なぜD評価なのか？）の説明を宿題として出して下さい。

ケーススタディ3

スプーフィング回答・作品の評価（例１：数学の授業）

　三角関数の問題と２つの解答を生徒たちに渡します。生徒たちは自分で決めた評価基準を使って解答を評価します。

- **1つ目の問題**：解答は正しい。しかし、解き方が説明されていない。証明もされていない。書き方が長い。計算のプロセスがわかりにくい。
- **2つ目の問題**：解答は間違っている。しかし、解き方は正しく

説明されている。証明もしている。レイアウトが良い。計算のプロセスがわかりやすい。

評価基準を与えなかった場合、ほとんどの生徒たちは1つ目の問題にA評価を付けます。「解き方よりも正解を出すことが大切だ」と思い込んでいるからです。そして、D評価だと思っていた解答が実はA評価に相当するとわかると、「認知的葛藤」を経験します。このような認知的葛藤はとても大切です。クラスディスカッションはとても活発になるでしょう。

例えば、クラスで「この解答は正解しているのに、どうして評価が低いと思いますか?」と尋ねると、とても意義があるディスカッションになります。

スプーフィング回答・作品の評価（例2：経済の授業）

生徒たちが書いた2つの評論を提示します。1つ目は、意見がよく提示されている長い評論。専門用語や図が多く使われています。文章はどれも長く、文法はとても複雑です。しかし、質問に対する回答は書かれていません。2つ目は、短い評論です。専門用語は必要な所だけで使われており、質問に対する回答はとても明確かつ簡潔に書かれています。このようなケースでも、評価基準を生徒たちに与えていない場合、生徒たちは1つ目の評論にA評価を付けます。また、評価基準を与えても、生徒たちが評価基準を理解していない場合、1つ目の評価を付けてしまいます。

どちらの授業でも、各個人で評価した後、クラス全員で以下のような議論をしています。「こちらの解答を見てみましょう。問題3は回答の証明を求めているけれど、書いてありますか？ ところで、回答の証明とは、どのような意味でしょうか？ もう1つの回答はどのように書いてあるでしょうか？」

スプーフィング（なりすまし）回答・作品に関する議論をまとめる

時、評価基準を生徒たちに与えていない場合、「何を基準にして評価すると良いのか」を強調すると効果的です。一方で、評価基準を与えておくと、生徒たちは評価基準について深く学習する（評価基準を解釈する）ため、評価基準を与える方法も大きな効果があります。

リフレクション
「描写（describe）」「説明（explain）」「分析（analyze）」「評価（evaluation）」はどれも「……について書く（write about）」と同じ意味として理解している生徒は少なくありません。スプーフィング回答・作品を評価すると、評価で利用する表現や評価基準が理解できるようになります。そして、最も大切なことは、「評価基準を満たすために何をすれば良いのか」を理解することです。他の方法としてカード分類ゲームも役立ちます（CHAPTER 3 参照）。生徒たちに短い文書を与えて、「描写（describe）」「説明（explain）」「分析（analyze）」「評価（evaluation）」に分類させてみましょう。

スプーフィング回答・作品の評価の他の方法は、自己評価や生徒同士の評価などと合わせてCHAPTER11で紹介します。これらの方法を利用すると、生徒たちは「何を目指すと良いのか」を理解できるようになります。

模範解答例を使って学習を確実にする方法

何も考えることなく模範解答例をノートに書き写している生徒がいるかもしれません。関係ないところまで写している時は、生徒たちが内容をよく理解していない証拠です。モデルや模範解答例を書き写させたい

のではなく、「モデルや模範解答例から学習してほしい」と教師たちは考えているはずです。では、生徒たちがモデルや模範解答例から確実に学べるようにするためにはどのようにすると良いでしょうか？

　図7-4と図7-5からわかるように、優れた回答・作品をモデルとして生徒たちに多く提示するべきです。様々なモデルを見ることができれば、生徒たちはモデルの共通点を見つけることができます。優れた回答・作品に必要な原則もわかるようになるでしょう。優れたモデルと同じレベルに到達する方法がたくさんあることもわかるでしょう（複数の方法があることを前提としています）。

　図7-5の学習プロセスを経験した生徒たちは、ゴールが理解できるようになります。そして、ゴールの到達に必要な「対応策」が身についているはずです。例えば、自分の主張が正しいことを証明しなければならない時、「対応策」が身についている生徒たちは、関連する証拠を箇条書きで集める方法を選ぶでしょう。

　単純な書き写しを阻止して学習を促すことができる別の方法は、与えた課題から少しずれたモデルや模範解答例を見せることです。例えば、ハムレットの独白で使われている隠喩の批評が課題だった場合、ロミオ

図7-4：書き写す

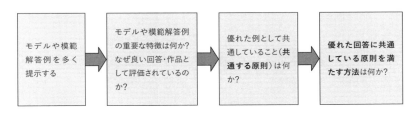

図7-5：学習

の独白で使われている隠喩の批評をモデルとして生徒たちに紹介します。また、仕事率の「まとめ」ノートを作成する課題を生徒たちに与える時は、エネルギーの「まとめ」ノートをモデルとして生徒たちに紹介します。

　生徒たちがモデルをよく確認した後、生徒たちに次のような質問をしてみて下さい。

　「モデルから何が学べるでしょうか？」

　「これらのモデルに共通していることは何でしょうか？」

　上記の質問から、「定義はすべて科学用語で書かれている。１つのまとまりを作っている。文章が短い」などの結論を導くことができます。

　「これらのモデルはどのような方法でＸに到達しているでしょう？」

　「これらの評論は主張をどのように証明しているでしょう？」

モデルに頼らない：自立させる

　生徒たちにモデルを与えるとすぐにスキルが上達します。しかし、時間が経つと、同じ課題でも上手に取り組むことができなくなります。すべての学習において、生徒たちはモデルを別の場面で何回も思い出す必要があります。詳細はCHAPTER12の「学習の再使用」で紹介した分散学習を参考にしてください。必要に応じてモデルや模範解答例をいつでも参照できるように、オンライン上のライブラリーで確認できるようにしておくと良いでしょう。

　モデルや模範解答例を示すことは建築現場の足場と同じです（Bruner, 1966）。他の補助でも、生徒が１人で作業できるように、適切な時期に足場を外していく必要があります。モデルがなくなると、生徒たちの回答・作品の質は少し落ちるかもしれませんが、心配しないでください。すべての教師たちが経験することです。練習を十分に重ねることによってスキルは上達するのです。練習する時にモデルがない場合、モデルがある場合と比べて、より多くの時間が必要になります。モデルの利用を

CHAPTER 7　モデリング：知的スキルや身体的スキルを見せる　　　　　170

少しずつ減らして、少しでも学習が転移するように、1人だけで問題解決ができるように、フォローアップしてあげてください。エアーズ（2013）がモデルや模範解答例の利用に関する研究を整理しているので参照して下さい。

身体的スキルのデモンストレーション

身体的スキルをデモンストレーションする方法を学んでおくと、知的スキルのデモンストレーションをする時に役立ちます。ここで紹介する方法は身体的スキルと知的スキルの両方のデモンストレーションに適用することが可能です。

従来型のデモンストレーション

従来のデモンストレーションでは、生徒の前で課題を解いて見せながら、「今何をしているのか」や「なぜそうするのか」が説明されます。しかし、そのようなデモンストレーションでは、お互いの意見を聞くことや深く理解することを生徒たちに求める機会がありません。協働的構成主義に基づいたデモンストレーションにするためにはどのようにすると良いでしょうか？　例をいくつか見てみましょう。

協働的構成主義型の教師のデモンストレーション

「受け取る」課題を使ったデモンストレーション

デモンストレーションは、生徒同士の説明（CHAPTER 8 で詳しく紹介します）など、「受け取る」段階の課題でも利用することが可能です。デモンストレーションを見せる前に「あとで2人ひと組のペアになって、先生は何をしていたのか、なぜそれをしていたのか、どのような順番で進めていたのか、を互いに説明してもらいます」と伝えます。次に、生

徒たちを2人ひと組のペアにして、1人は「どのような順番で何をしていたか」を、もう1人は「なぜそれをしていたのか」を説明するよう指示します。生徒同士の説明が終わったら、解説しながら同じデモンストレーションを再び見せます。その後、「自分の説明は正確だったのか」など、生徒が各自でチェックします。

沈黙のデモンストレーション

「ある方法のデモンストレーションを見てもらいます。説明はしません。デモンストレーションが終わったら、皆さんに質問をします。先生が順番に何をしたのか、なぜそのようにしたのか、説明してもらいます」。大袈裟な動作でデモンストレーションすると効果的です。スキルのデモンストレーションの動画を見せる時も同様の方法が有効です。

デモンストレーションを見せた後、アサーティブな質問（CHAPTER 5参照）を用いて、生徒たちに「先生は何をしたのか」や「なぜその行動が必要だったのか」などを説明してもらいます。

教師：「先生は最初に何をしたかな？　イクバルさんはわかりますか？」
イクバル：「フライパンを温めました」
教師：「その通り。どうして最初にフライパンを温めたのかな？　フィリップさんはわかりますか？」
フィリップ：「油が冷たいままだと、生地がフライパンにくっつくから」
教師：「そうだね。その次に何をしたかな？」

アサーティブな質問を上手に使うためには、沈黙のデモンストレーションが終わったら質問することを生徒たちに事前に伝えておく必要があります。生徒たちは、自分に質問が来るかもしれないと意識するようになります。アサーティブな質問は、教師が解説しながらデモンストレーションする従来の方法の後でも使うことができます。このような方法に生徒たちが慣れている場合、沈黙のデモンストレーションにも適用できるで

CHAPTER 7　モデリング：知的スキルや身体的スキルを見せる

172

しょう。先ほど伝えた通り、質問することを事前に伝えておくと、生徒たちはデモンストレーションを真剣に見るようになります。

尋ねながら進めるデモンストレーション

最初に、教師がこれから進める作業を生徒たちに伝えます（例えば、植物を剪定する、トレーラーに荷物を積み込んで固定させるなど）。このようなデモンストレーションでは、教師は「わかっていない人」を演じて（やってみるとなかなか難しいです）、どのようにすれば作業が進むのか、手順を１つ１つ生徒たちに尋ねながら作業を完成させていきます。「最初に何をすると良いのかな？」と尋ねてみましょう。生徒たちが作業を提案した時は「なぜそうする必要があるの？」と尋ねてください。提案や理由が適切であれば、生徒たちの提案通りに行動します。そして、次の段階に進んだ時も再び「何をすると良いのかな？」と尋ねます。このようなプロセスを繰り返します。

「他に先にしておくことはないかな？」このような質問は役に立ちます。

次のような厄介な質問も効果的です。「どうしてわざわざ剪定しないといけないの？　チェーンソーで切っても良いですか？」「もう車を出しても良いかな？　短い距離だからドアをロックしなくても良いよね？」

エビデンス

CHAPTER 7　スキルのデモンストレーションの エビデンス

最も信頼できる情報源はエビデンスの集約から得られます（CHAPTER14で説明します）。したがって、次の３つのエビデンスをトライアンギュレーションする（様々な視点から捉える）ことが大切です。

質的研究の要約

ワーキングメモリーや短期記憶に限界があることは認知科学の専門家たちの間で認められており、本書のCHAPTER15（284ページ）で紹介した多くの文献でも限界が強調されています。限界の問題に対応する方法として、認知科学者たちは、モデルや模範解答例の利用を推奨しています。最近の研究の要約を知りたい場合は「Cognitive load theory: Research that teachers really need to understand' (2017)」で検索してみて下さい。無料でダウンロードできます。

量的研究の要約

教育効果がとても高い「ダイレクトインストラクション」の中にモデリングが組み込まれています。量的研究では、模範解答例は中程度の効果が認められています。生徒が生徒に教える方法（生徒同士の説明を含む）も同様です。

授業が上手な教師に関する研究

レモフはモデリングの例を紹介しています（'I/we/you'アプローチなど）。

少なくとも優れた情報源が2つあるので、モデリングを授業で試してみる価値はあります。

参考文献　CHAPTER15の重要文献も参考にしてください。

無料で閲覧できるサイト　「modeling teaching」、「worked examples」、「teacher thinking aloud」、「working memory」で検索してみましょう。

"Cognitive load theory（認知負荷理論）：Research that teachers really need to understand" (Centre for Education, Statistics and Evaluation, NSW Government, 2017).
無料ダウンロード可。12ページ。信頼性が高くて実践的な情報です。Institute for Effective Educationが推奨しています。

CHAPTER 7　モデリング：知的スキルや身体的スキルを見せる

W.M. Carroll, "The use of worked examples in teaching algebra" (ED353130, 1992).
優れた論文。

"Ron Berger Youtube Austin's Butterfly" で検索すると、「成功基準」と「成長型マインドセット（growth mindset）」をモデリングする教師の動画を見ることができます。動画の生徒たちは９歳ですが、原則的にどのような年齢の生徒たちにも適用することができます。

書籍と論文
S. Allison and A. Tharby, *Making Every Lesson Count* (Carmarthen: Crown House Publishing, 2015).
ストラテジーの詳細が多く記載されている優れた書籍。

R.K. Atkinson et al., "Learning from examples: Instructional principles from the worked examples research" (*Review of Educational Research.*

P. Ayres and J. Sweller, "8.18 Worked Examples", pages 408-410 *International Guide to Student Achievement,* J.A.C. Hattie and E. Anderman(Eds)(London: Routledge, 2013).
信頼性が高い。模範解答例の利用に関する研究を端的にまとめている。

J.D. Bransford et al., *How People Learn: Brain, Mind, Experience and School* (Washington: National Research Council, 2000).
学習と授業に関して現在までわかっていることを政府規模で調査したアメリカの報告書。

J.S. Bruner, *Toward a Theory of Instruction* (Cambridge, Mass.; Belknap Press, 1966).

D. Christodoulou, *Making Good Progress* (Oxford: Oxford University Press, 2017).

G. Gibbs. *Teaching Students to Learn* (Buckingham : Open University Press, 1981).

J.A.C. Hattie and G. Yates, *Visible Learning and the Science of How We Learn* (Routledge, 2014).
特にCHAPTER16 'The impact of cognitive load' を参照。

R. Sadler, "Formative assessment and the design of instructional system"(*Instructional Science,* 18, 1989).: 119–44
学習について生徒たちが知っておくべきことを短くまとめている。フィードバックとモデリングに関する研究のレビューに基づいた良書。

D. Willingham, *Why Don't Students Like School? A Cognitive Scientist Answers Questions About How the Mind Works and What it Means for the Classroom* (San Francisco: Jossey-Bass, 2010).
高い評価を受けている認知科学者が、マインドの働き方とマインドが授業に及ぼす影響について質問に答えている。

CHAPTER 8

「受け取る」段階：新しい内容を提示する

　CHAPTER 1 で紹介したように、生徒たちは意味をつなぐ（「構成」する）必要があります（18ページ参照）。図 8 – 1 に示しているように、「新しく学んでいること」は「以前に学習した知識」に組み込む必要があります。新しい情報を生徒たちに教える時、どのようにすると生徒全員が理解できるでしょうか？　どのようにすると生徒の理解を「チェック・修正」できるでしょうか？

　CHAPTER 7 では、モデルやデモンストレーションの方法を紹介しました。本章では、新しい内容を教える時の授業方法を紹介します。口頭で教える、資料を読ませる、e-ラーニングなど、様々なアプローチに利用することができます。

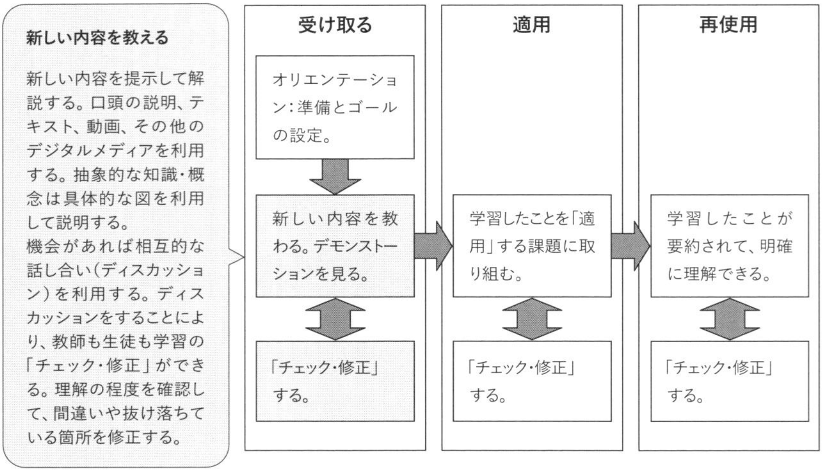

図8-1：新しい内容を教えるときの方法は重要

CHAPTER 8　「受け取る」段階：新しい内容を提示する　　　176

どのような学習であっても、生徒たちは学習内容を以下のいずれかの方法やその組み合わせによって教わることになります。

- **聴く**：教師の話、ポッドキャスト、ラジオ、ビデオなど。
- **読む**：テキスト、図表、プリント、本、ウェブサイト、オンラインPDF資料など。
- **見る**：デモンストレーション、ビデオ、テレビ、映画、アニメーションなど。「聴く」ことも含まれることがある。
  頻繁ではありませんが、経験や思考から次のようなことも学習できることがあります。
- **経験する**：何かを作る、何かに取り組む（例えば、博物館や展示会に行く、ロールプレイをするなど）。
- **思考する**：1人で問題を解く。

「聴く」「読む」「見る」が圧倒的に多く、いずれの活動も受動的になりがちです。しかし、生徒たちは方法次第で積極的に参加するようになります。例えば、学習内容の理解を求める「アクティブアテンション課題（active attention task）」を利用することができます。

　質が高くない授業は幾度となく見てきました。あなたも質が高くない授業を見てきたと思います。教師は、一生懸命に、授業をわかりやすく、面白くしようとしているのに、生徒たちの数名はうわの空だったり、別のことをしていたりするのです。何とか理解しようとしている生徒もいるのですが、自分で学習を「チェック・修正」する機会は設けられていません。「チェック・修正」する機会がないので、間違えた学習や抜け落ちている情報があっても、教師や生徒たちは気づきません。私たちはもっと良い授業ができるはずです。これから紹介する方法を参考にして授業を作ってみてください。

177

生徒同士の説明：アクティブアテンション課題

「訪問看護師の役割」を教える場面を例として考えてみましょう。生徒たちが積極的に参加する方法です。

1 新しいトピックを教える前に、取り組んでもらう課題を先に生徒たちに伝えます。「先生が訪問看護師について解説した後、皆さんは2人1組になって、お互いに説明してもらいます。1人は、訪問看護師の主な役割について説明してください。もう1人は、他の医療従事者と訪問看護師の関係性について説明してください」。2つの説明のどちらを担当することになるのか、現段階で担当は生徒たちに伝えません。つまり、2人とも説明できるようにしておく必要があります。

2 新しい内容（訪問看護師の役割）を生徒たちに解説します。口頭で説明する他、動画、プレゼンテーションソフトなどを使って、CHAPTER 1で紹介したように、具体的なことから抽象的なことへ、「知らないこと」から「知っていること」につながるように説明します。教師の説明を聞いている間、生徒たちは自分で説明できるようにメモをとったり、わからないことを質問して理解していきます。

3 トピックの解説が終わったら、生徒たちを2人1組のペアにして、どちらが何を説明するかを伝えます。「窓に近い人は、訪問看護師の役割について説明してください。もう1人は、訪問看護師の役割が他の医療従事者の仕事にどのように関係しているかを説明してください」。

4 生徒に1分間の準備時間が与えられます。1分間で説明に必要なキーポイントをメモしてもらいます。

5 メモを参考にしながらペアで説明し合ってもらいます。説明する

CHAPTER 8 「受け取る」段階：新しい内容を提示する

時間は1人あたり1分です。時間は教師が測ります。
6 説明が終わった後、改善する時間を設けます。制限時間は1〜2分です。メモを参考にすると、生徒たちはパートナーにアドバイスしやすいかもしれません。抜けていた内容はないか、間違っている箇所はないか、良かったところはどこか。パートナーにアドバイスする時、欠点だけでなく、長所も強調して伝えてほしいことを事前に説明しておきましょう。
7 教師は黒板やスクリーンにキーポイントを掲示します。「これがキーポイントです。説明の中にすべて入っていましたか？」。生徒たちは、自分の説明と相手の説明を評価します。

　上記の方法は、教師の話を聴くだけの授業とは違います。生徒たちは、学習したことをよく理解して概念を「構成」しなければなりません。上記の方法では、学習した内容の「チェック・修正」は少なくとも2回実施されています。1回目は生徒同士で学習したことを確認し合っているときです。2回目は教師が出したキーポイントと比較しながら自分で確認しているときです。そして、再び生徒同士で確認し合っています。新しいトピックを教える前に、課題（説明を聞いた後に生徒同士で説明すること）を伝えておくと、教師の話に集中する理由が生まれます。「内容をしっかり理解しておかなければならない」という責任も生まれます。このような方法であれば生徒たちは楽しんで取り組みます。

　CHAPTER1の34ページの図を改めて見てみましょう。積極的に集中できる課題を与えると、ロバートさんのような生徒もスーザンさんのように学びます。授業に注意を向けて聴くようになり、よく考えるようになります。

教室で試してみましょう
どのような教科でも「生徒同士の説明」は効果があります。

「これから、三角形の長さの求め方を解説します。しっかり聴いてくださいね。説明を聞いた後、2人1組のペアになってもらいます。そして、三角形の長さの求め方をペアの相手に説明してもらいますからね」

「これからペナルティーキックの方法を動画で2つ紹介します。動画を見た後、2つの方法のどちらかをペアの相手に説明してもらいます。誰がどちらの方法を説明するのか、担当は後で伝えます」

「生徒同士の説明」を初めて授業に取り入れた時、上手にできるか不安だったことを今でも覚えています。生徒同士で説明をさせる前に、トピックの解説から始めました。もちろん精一杯わかりやすく話したつもりですが、半分ほど進んだ頃、教室の後方の席の生徒が急に手を挙げました。勉強が苦手な生徒でした。その生徒がこのように言ったのです。「先生、今のところ、ちょっとだけ、もう1回説明してくれませんか。よくわからなかったので」。教師になって15年目でしたが、話の途中に解説のリクエストが求められたケースは初めてでした。他の生徒たちもうなずいていました。私は一瞬たじろいでしまいました。もう1度説明をすると、手を挙げた生徒は「わかった！」と言って、勉強が苦手な生徒たちも同意したようにうなずいていました。このように、「生徒同士の説明」は、生徒たちに話をしっかり聴いて理解するという責任を与えることができるのです。

生徒同士の説明は、アクティブアテンション課題の1つに過ぎません。他にもたくさんあります。アクティブアテンション課題の目的は、生徒たちに解説を注意深く聴いてもらうこと、確実に自分で理解（概念を「構成」）すること、理解したことを「チェック・修正」してもらうことです。

CHAPTER 8　「受け取る」段階：新しい内容を提示する　　180

アクティブアテンション課題をいつ使うのか

　解説する時にいつもアクティブアテンション課題を使う必要はありません。他の方法と同じように、使うタイミングは教師が判断する必要があります。教師が説明する時だけでなく、コンピュータ、動画、映画などで紹介する時や、デモンストレーションを見せる時もアクティブアテンション課題は役立ちます。

　「アクティブアテンション課題を利用すると、生徒たちに解説する時間が短くなってしまう」と批判する教師もいます。しかし、短くなると言っても、失う時間は3分から5分程度です。解説の時間が短くなるという批判は、トピックについて知っていることを説明し続けたいという願望が背景にあります。教師の知識は膨大なので、知っていることを授業時間内にすべて伝えることは不可能です。教師の仕事は、知っている情報をすべて与えることではありません。単元に関する情報をすべて教えることでもありません。教師が果たすべき課題は、与えられた時間の中で、重要な情報を生徒たちが理解できるように教えることです。生徒たちが理解できないことを伝えても意味がありません。伝えたとしても、生徒たちはほとんど忘れてしまいます。あなたの解説によって、重要なポイントを生徒たちが明確に理解して、持っている知識と学んだ知識をつなげることができたのであれば、上出来です。

　大胆に省略した詳細な部分はどのように扱うと良いでしょうか？生徒たちがキーポイントを十分に理解しているのであれば、詳細は後で簡単に付け加えることができます。例えば、詳細な情報の学習を宿題として追加することができます。宿題を出さなかったとしても、生徒たちはトピックで最も重要なアウトラインはよく理解しているはずなので、余裕で合格ラインを超えるでしょう。もし、（生徒たちが知っておくべきだと思う）すべての情報を教えようとした場合、情報に溺れてしまって、生徒たちは理解することができなくなります。ワーキングメモリや

短期記憶に入る情報量は有限である（CHAPTER 7 参照）ため、授業時間内に生徒が理解できる量は限られています。

　トピックの概要をしっかり理解させた上で、どのような内容が重要なのか（どのような内容を省いても良いのか）を判断することは簡単ではありません。知っていることをすべて教えようとするのではなく、重要事項だけを教えて、理解の「チェック・修正」の時間を設けることが必要です。このような難しい判断は、ほとんどの教師が経験します。もし過去の試験問題があれば、教える箇所を選ぶときの参照してみてください。試験問題にこれから教えるトピックが入っているなら、判断しやすくなります。追加の情報や試験対策として何を扱うと良いのかわかるでしょう。

　以前、ある大学の歴史学科を訪ねたことがあります。国内でも有数の歴史学科です。歴史学科の教師たちは「大切なことを深く理解させる授業方法」を採用していました。他の教師たちが無謀と思うほど深く理解させる授業方法を徹底していました。全体的にアクティブラーニングで授業が進められており、授業中に省略された詳細な部分は生徒たちが各自で関連書籍や文献を読んで補うことになっていました。学科長に「自分で詳細を補わなかった学生たちはどうなるのですか」と尋ねると、学科長はため息をつきながら、「補わなかったとしても、成績はBだよ」と言うのです。成績を見せてもらうと、確かにその通りでした。当時の大学や学校は成績の評価がとても厳しかったにもかかわらず、歴史学科の学生たち全員がAかBの成績だったのです。なぜ歴史学科の学生たちはよく学ぶことができたのでしょうか。理由は、授業で教わったことを学生たちが深く理解していたからです。そして、授業で教わる内容はすべて最も重要な内容でした。詳細なことをすべて学習していない学生でも優れた成績をおさめることができているのです。私たちはトピックの詳細な情報も含めて広く浅く教えるのではなく、「最も重要なことを深く理解させる」ことを優先させるべきです。

　RARでは、新しい内容を解説する前にアクティブアテンション課題が設定されます。そして、アクティブアテンション課題が終わった後、解

CHAPTER 8　「受け取る」段階：新しい内容を提示する　　　　　　　182

答を「チェック・修正」します。しかし、アクティブアテンション課題だけでは内容を十分に理解することはできません。アクティブアテンション課題は、浅い学習（CHAPTER 1 参照）のスタートであり、第1段階です。「適用」の段階では、難しい課題が必要であり、より良い方法は「課題の梯子」を作ることです。課題の梯子によって、新しく学習した内容は以前の学習内容とつながり、豊かな理解が生まれて「深い学習」が成立します。生徒たちは、新しい内容を一生懸命に考えている時に、最もよく学びます。アクティブアテンション課題は、あくまでも、新しい内容の解説に積極的に集中させる方法であることに注意してください。

「生徒同士の説明」などのアクティブアテンション課題に必要な時間は2〜3分程度です。生徒たちが簡単に理解できないトピックでアクティブアテンション課題を試してみてください。必要であれば、資料を読む宿題を出して、詳細を補足させます。本章の後半で紹介するアクティブアテンション課題も効果的です。以下では、他のアクティブアテンション課題を紹介します。生徒たちは少し変化があると楽しんで取り組むので、同じタイプのアクティブアテンション課題を何回も使わない方が良いでしょう。

他のアクティブアテンション課題

ミニ課題

新しい学習内容を提示する前に、次のようなミニ課題を出すことができます。

「これから3つのマーケティング方法を説明します。自分のケーススタディに活用できる方法があるかどうかを考えながら聞いてください」
「このビデオを見ている間、ヘルスセンターの主な役割をしっかり聴いてください。役割は5つあります。グループで5つの役割をすべて挙

183

げることができたかどうか、後でチェックします」

「この出来事について、ヘンリー2世は何を考えていたと思いますか？出来事について解説した後、同じ質問をしますね」

解説した後、ミニ課題を出したことを忘れないようにしてください。1回でも忘れると、生徒たちは真剣に授業を聴かなくなります。

ノートを作る

生徒同士で説明する方法と同じ要領でノートを作ります。ノートを作る時も生徒同士で説明する時と同じような「チェック・修正」があります。ノートの起源はアリストテレスの対話のメモまで遡ることになるようです。認知科学の研究の結果によると、どれほど優秀な生徒でも「聴く」と「書く」を同時にすることはできません。注意を「聴く」と「書く」のどちらかに切り替える必要があるため、いくつかの情報が漏れてしまうのです。聴きながらノートを作ったのであれば、間違いや抜け落ちている情報があるはずです。そのような難しさを克服する方法を以下で紹介します。

1 これから解説するサブトピックのノートを自分で作ることを伝えます。ノートを作る時、教師や他の生徒たちが作ったノートを見ることはできません。解説を聴いた後、2人ひと組のペアになって、提示されたキーポイントが書かれているかどうか、お互いのノートをチェックすることや自己評価することも伝えます。

2 サブトピックについて5〜10分程度で解説しながら、重要語句と新しい用語を黒板に書きます。しかし、話した内容や板書をすべてノートに書くことは禁止します。短いメモを書くことは許可しますが、書き終えたら必ずペンを置いて聴くように指示します。

3 約1分ごとに解説を止めます（簡単ではありません）。教師が解説を止めている間、生徒たちは話のキーポイントをまとめます。各解説の間に行を空けて余白を作り、ノートの下側も余白を残し

CHAPTER 8 「受け取る」段階：新しい内容を提示する　　　184

ておきます。メモの代りにアイデアマップを書いても良いでしょう。

4 生徒たちは2人1組のペアになり、パートナーとノートを交換して、お互いにノートをチェックします（1分間）。そして、空いている余白に、必要に応じて情報を書き足し、ノートを改善します。

5 教師は、ノートに書いておく必要があるキーポイントを口頭や一覧表で伝えます。ここでもアサーティブな質問を使ったクラス全体のディスカッションがあると望ましいでしょう（CHAPTER 5 参照）。

6 生徒たちは必要に応じて余白に情報を書き込んでノートを改善します。

　褒めたくなる美しいノートではないかもしれません。しかし、新しい内容に対する学習意欲はとても高くなっているはずです。ノートを作る目的は、美しい整理ではなく、解説された内容の理解です。ノート作成に関する優れた研究の結果によると、ノートの作成は確実に学習に役立つことが示されていました。

　ノートの作成は難しいと感じている生徒たちがいる場合、ノートのモデルを見せて、「とても短く書かれている」、「大事なポイントだけ書いてある」など、ノートの特徴を紹介してあげてください。

　学習内容を教えるだけではなく、ノートの作り方も学ばせたい場合は、CHAPTER13を参考にしてください。

新しい内容をアクティブに伝える方法

質問してから教える

　以前に教えたことに類似する内容や、簡単な内容（生徒が1人でも学習できる内容）を教える時は、「質問してから教える方法」が良いでしょう。「質問してから教える方法」では、生徒たちが1人で学習できるこ

185

とは各自に任せて、必要に応じて修正します。そして、わからないところだけを教えます。簡単なことを1から教えると退屈してしまう生徒に向いている方法です。

考えてみましょう
マッキンゼー・アンド・カンパニー（McKinsey & Company）はPISA（Program for International Student Assessment：国際学習到達度調査）のデータを分析しています。2017年の報告書では、教師主導型（teacher-directed instruction）と探求型（inquiry-based instruction）をミックスして教えた時、生徒たちは力を最も発揮したことを明らかにしています。ただし、「教師から直接教わった知識が強固な土台になっていない生徒は、探求型に進むことができない」と報告しています。「質問してから教える」方法を使う時は、生徒たちが土台となる知識を持っているか、必ず確認してください。

「質問してから教える」方法では、「話して教える」のではなく、教えたいことにつながる質問からスタートします。例えば、

「どのような方法であれば食品を多く売ることができるでしょうか？　可能な限り多く方法を考えてください」
「なぜ経営者たちはスタッフのトレーニングを重視するのでしょうか？」
「クロムウェルを支持した人は誰でしょうか？　支持しなかった人は誰でしょうか？　支持・不支持の理由は何ですか？」
「これまで学習してきた方法では解けない数学の問題です。あなたはどのように解きますか？」

生徒たちは少人数のグループになって、一般知識、経験、これまで学

んだことを利用して、話し合いながら教師の質問に回答します。話し合いの時間は１分以内でも20分以上でも問題ありません。雪だるま式チェックを利用するとさらに効果的です。

　グループの１人が書記を担当します。書記の記録を見れば課題に対する集中度や話し合いの質を把握することができます。そして、まだ時間が必要かどうか尋ねます。話し合いが終わった後、グループで回答を１つ出します。各グループは必ず回答しなければなりません。教師は、各グループの回答を支持しながら、回答を黒板に書きます。支持できない点はクラスで話し合い、生徒全員が納得できる回答に修正します。このようなディスカッションを通して、生徒たちのこれまでの学習内容の理解度や経験を把握します。

　各グループの回答をすべて黒板に書いた後、足りない点を補充します。間違いや誤解はすべて修正してください。生徒たちが正解をある程度まで理解しているのであれば、教師の話も半分程度で済みます。質問したことによって、生徒たちは内容に興味や意見を持ったはずです。情報の補充は雪だるま式チェック（189〜190ページ参照）と合わせて提供すると効果的です。必要に応じて参考資料を利用させても良いでしょう。ただし、即正解につながる情報は避けてください。もちろん、どのようなトピックで「質問してから教える」方法を使うのか、どのあたりを丁

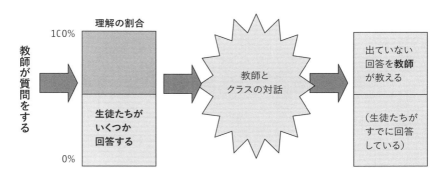

図8-2：質問してから教える

寧に説明するのか、教師の判断が必要です。

209〜212ページの「生徒の積極的参加を高めるアクティブラーニングの方法」を参考にしてください。

「質問してから教える」のバリエーション

クラスブレインストーミング

以下のような質問を生徒たちに与えて、クラス全体でアイデアを可能な限り多く引き出します。

「入院したばかりの子どもを想像してみましょう。どのような気持ちになるでしょうか？　何が必要でしょうか？」
「ホテルに宿泊を予約する利点は何でしょうか？」
「子どもに多い病気は何ですか？」
「なぜハムレットはすぐに復讐しなかったのでしょうか？」

生徒たちのアイデアは教師や生徒が板書します。必要であれば、アイデアを分類します。この段階では、出てきたアイデアに対して教師がすぐに意見を言わないようにします。

クラス全員が参加する方法なので、退屈な授業を活性化させることができます。グループに分かれてブレインストーミングをすることも可能です。グループで実施する場合は、上記で紹介した「質問してから教える」のような方法になります。

ラウンド

特に経験が重要な情報である場合、少人数のグループで取り組むと効果的です。例えば、従業員をマネジメントする担当者の研修会の場合、

「入社した新人をどのように組織の中に参加させるのか」を話し合って、各参加者の経験を共有します。

　与えられたトピックに関する自分の経験と意見を1人1分で話します。希望すれば「パス」することができます。この方法は、役に立つ経験や様々な視点を引き出すだけでなく、安心して参加できる雰囲気を作ることもできます。教師は「生徒たちがどのようなことを学んできたのか」や「どのような経験をしてきたか」を知る機会にもなります。

雪だるま式チェック

　これまで紹介した方法と一緒に利用できる方法です。また、どのような課題や活動でも利用できます。優れた対話を作ることができるので、大きな効果が得られるでしょう。雪だるま式チェックの特徴は、全員が参加できること、「チェック・修正」ができる話し合いがあること、そして、どのような課題でも意見を引き出せる方法が含まれていることです。方法は以下の通りです。

1　**各個人**で自分の意見やアイデアを書いてもらう。他の人に意見やアイデアを尋ねないように注意しておく。
2　2〜3人で1組になって、意見やアイデアを見せ合う。
3　（以下オプション）他のグループと一緒になって、意見やアイデアを見せ合いながら話し合う。そして、グループの回答を1つに絞る。話し合いは十分な時間を設ける。
4　教師は各グループから生徒（1名）を指名して、グループの回答に対して教師が尋ねる（回答は**1つだけ**です）。そして、同じグループのメンバーに、「あなたたちのグループは、なぜそのように考えたのですか？」などのように、考えたプロセスを尋ねて、回答の理由を説明してもらう。役立つ意見が出てきたら黒板に書く。全面的にアサーティブな質問をすると、さらに効果があります。

「質問して教える方法」と同じように、クラス全体で考えた回答に対して教師が補足・修正します。生徒たちが誤解している箇所は指摘して修正してください。雪だるま式チェックは、ブレインストーミング、ラウンド、思考実験よりも生徒同士の交流が増えます。グループから出たアイデアを分類して黒板に書くと、概念マップとしての利用が可能です。

記憶術（語呂合わせ）

虹の色の順序など、少し覚えにくい用語を記憶したい時に語呂合わせが役立ちます。例えば、**R**ichard **O**f **Y**ork **G**ave **B**attle **I**n **V**ain（ヨークのリチャードは無駄な戦いに明け暮れた）という文は、各単語の頭文字が虹の色の順番を表しています（**R**ed、**O**range、**Y**ellow、**G**reen、**B**lue、**I**ndigo、**V**iolet）。覚えやすい語呂合わせを生徒たちに作ってもらう方法も良いでしょう。楽しい活動になるのですが、ショッキングな語呂合わせが出てくる時もあるので教師は覚悟が必要です。

教師の説明スキル

アクティブアテンション課題は万能ではありません。内容を解説する時は、過去の学習内容、先行オーガナイザー、ゴール、を使って、生徒たちに学習の方向を十分に示す必要があります。例えば以下のようなオリエンテーションを提供すると良いでしょう。

- 新しい内容の解説を始める。知っていることから知らないことへ。具体的なことから抽象的なことへ。途中で質問して対話するなど、生徒たちの理解度をチェックする。
- 複数の表現方法を使う（CHAPTER 2 参照）。
- 質問しながら生徒たちの理解度を「チェック・修正」する（CHAPTER 5 参照）。

CHAPTER 8 「受け取る」段階：新しい内容を提示する

詳細は Petty (2014)の第12章 "The Art of Explaining"を参考にしてください。

解説せずに教える

生徒たちは「聴く」「読む」「見る」を通して学習することを本章の冒頭で紹介しました。「聴く」学習で生徒たちをアクティブにする方法として、「生徒同士の説明」を紹介しました。「読む」や「見る」の学習では、どのようにすれば生徒たちをアクティブにすることができるでしょうか。例えば、以下のような方法が「読む」「見る」学習として一般的に利用されています。

- **遠隔学習（e- ラーニングやオンライン学習など）**：ウェブサイト、PDF資料を読む、アニメーションを見る、動画を見る。
- **ブレンド型学習**：教師不在のオンライン学習と教師が直接説明する学習がブレンドされている。
- **反転学習**：基礎的なことをオンライン学習で学ぶ。そして、教師の

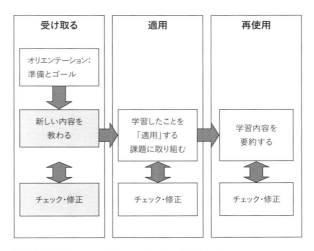

図8-3：RAR の枠組み：「解説せずに教える」方法

支援を得ながら演習問題を解くなどの学習をする。
- **宿題**：補助なしでトピックを学習する。
- **自立型学習**：教師の解説がない状態でトピック全体を1人で学習する。教師は学習を評価する（Petty（2014）を参照）。
- **授業内の活動**：あまり見かけない方法ですが、教師が解説しなくても、生徒たちは授業中に他のリソースからトピックを部分的に学ぶことができます。プリントの重要箇所に下線を引くスキルや要約を作るスキルなどを教えたい時に有効です。

　私の経験では、インターネットのサイトなどのデジタルメディアで学習させる方法は、学習の順番などがデザインされていたとしても、あまりにも粗末でした。生徒たちは難しい文章を読み飛ばします。また、動画を見ても音声には集中していないでしょう。学習は非常に乏しくなります。このような問題は授業設計にあります。生徒たちが悪いわけではありません。教師は、アクティブアテンション課題を使って、生徒たちが自分自身の理解度を「チェック・修正」できるようにするべきです。そして、生徒たちは学習したことを他の問題に適用しなければなりません。つまり、RARの構造が示す通りに教える必要があるのです。

　次に紹介するアクティブアテンション課題はどれも簡単です。「質が高い学習サイクル（CHAPTER 1 参照）」に導くことにより、生徒たちが積極的に学習に参加するため、学習の質は高くなります。

　ただし、学習のために生徒に求めることが多くなるので、生徒たちの学習スキルが向上するまで難しいトピックは扱わないでください。

実用的な手順
FOG指数＊で読みやすさを計算する

読書年齢を計算してくれるサイトはいくつかあります。しかし、読書年齢の計算方法を理解しておくことはとても大切です。読書

＊文章（英語）の難易度を示す指標。

年齢とは、該当の文章を読むことができる（理解することができる）年齢です。読書年齢は平均的な年齢を意味しているので、生徒たちの年齢が読書年齢を超えていたとしても、読むことが難しい生徒たちもいる可能性があります。したがって、教材の読書年齢は、生徒たちの年齢よりも低い方が良いでしょう。

読書年齢（読みやすさ）を調べる方法

1　テキストの代表的なセクションから５〜８個の文章を選択します。そして、選択した文章の中に含まれる単語の総数をカウントします。

2　１文あたりの平均単語数を計算します

　　平均単語数＝単語数÷文章数

3　合計100個の単語になる文章を選びます。100個の単語の中の、３音節以上の単語数をカウントします。動詞の語尾"-ed"や"-es"はカウントに含めません。例えば，"compounded"は３音節ですが、２音節としてカウントします。

4　読書年齢の計算：平均単語数と３音節以上の単語数を合計します。そして、0.4倍して５を足します。計算結果が読書年齢です。

　　読書年齢 ＝ 0.4（平均単語数＋３音節以上の単語数）＋５年

　読書年齢の精度を高めるためには、本の中から３〜４節を選び、それぞれ読書年齢を計算して、読書年齢の平均を計算します。

　これはFOG指数と呼ばれており、難解度を示した数値と（冗談で）言っている人もいます。一般的なテレビガイドで計算してみると、読書年齢は６歳でした。読書年齢17歳はとても難しく、大学院レベルです。

　読書年齢を下げるためには、文章を短くする、文法を単純化する、難しい言葉を一般的な言葉に修正することなどが必要です。理解しやすくするために、言葉を足すこともできます。例えば、「改善できることを実感させる」だけでは難しいので、「改善できることを

実感させる、つまり、生徒たちのやる気を高めることが……」と書
き直すことができます。

解説せずに教える：トピックを説明する資料を利用する

　読書年齢が低い資料を使う時に効果が高くなる方法です。タブロイド
紙は10歳程度の読書年齢に合わせて書かれていますが、内容は大人向
きです。配布資料、本、ウェブサイトなどから、わかりやすく書かれて
いる資料を選んでください。複数の資料を組み合わせることができれば
理想的です。本書で「資料」や「教材」という言葉を見かけたら、複数
の資料や教材を組み合わせていると理解してください。資料や教材を探
す時は図書館の司書に相談してみましょう。ただし、必ずレベルや内容
について細かく希望を司書に伝えてください。生徒たちもインターネッ
ト上で良い資料や教材を見つけるかもしれません。生徒たちが見つけた
情報のリンク先を保存しておくと、他の生徒たちも同じトピックを学ぶ
時に役立ちます。下記で紹介している方法は授業以外の時間で利用する
方法のように感じるかもしれません。もちろん、授業の中でも簡単に利
用できる方法です。

　コンピュータを使って学習する場合、1人で利用するよりも、他の生
徒たちとパソコンを共有する方が生徒たちは多くのことを学習します
（Hattie, 2008）。パソコンを共有することにより、生徒たちが自発的に
話し合ったり、助け合ったり、気さくな雰囲気でお互いを評価すること
もできます。「解説せずに教える」際には、生徒同士の話し合い、助け
合い、相互評価をぜひ取り入れてみてください。

　CHAPTER 1 で紹介した通り、生徒たちを「質が高い学習サイクル」
へ導くためには「ブースター」がとても効果的です。以下ではいくつか
の「ブースター」を紹介しているのですが、他の「ブースター」を利用
しても問題ありません。自立型学習（以下参照）でも授業でも利用する
ことができます。バーチャルな学習環境（VLE：virtual learning

environment）では、多くの場合、「ブースター」をシステムに取り入れることが可能です。

「解説せずに教える」時に役立つブースターの例
- **ペアチェック**：パートナーのメモをお互いに「チェック・修正」した後、話し合う。
- **雪だるま式チェック**：最初は1人で作業に取り組む。次に、2人ひと組で作業に取り組む。さらに、4人ひと組のグループになって、話し合いを通して全員が納得できるように、良い回答・作品に少しずつ近づける。
- **自己評価・相互評価**：解答例、チェックリスト、評価基準など、教師から提供された基準を利用して評価する。
- **ディスカッション・フォーラム**：模範的なアイデアや解答例、生徒が提案したアイデアや解答例について、クラス全体で話し合う。
- **形成的クイズ**：重要事項の理解度をチェックして修正する（CHAPTER11参照）。少人数のグループでクイズに答える。10問中8問正解を目標にするなど、グループ対抗戦にしても良い。大切なことは、誤った理解・知識の修正を支援すること。
- **スプーフィング回答・作品の評価**：不完全なモデルを提示して、生徒たちに評価させたり改善させたりして、完全な回答・作品に近づけるように支援する。または、意見を交換させる（CHAPTER11参照）。

解説せずに教える方法

重要な箇所や質問を下線で示す

教室で試してみましょう①
1　生徒たちに資料を渡して、資料の要点を把握してもらう（1回目）。

2 もう1回、資料を読んでもらう。2回目では、重要と思う箇所に下線を引かせる。オンライン教材であれば、印刷した紙に鉛筆で下線を引く。画面をコンピュータ上でコピーして、ハイライトの機能や下線の機能を使うと、下線の削除や変更が楽にできる。

3 下線やハイライトを入れた箇所が全体の10％以下になるように調整する。

4 重要と思った箇所に基づいて、資料を見るだけでは回答できない質問をいくつか考える。

5 重要と思った箇所を他の生徒たちと見せ合う。教室外で学習している場合は、バーチャル学習環境（VLE）やインターネット上にアップロードして、重要と思った箇所を共有する。

6 教師が事前に決めていた重要箇所を生徒たちに紹介する。生徒たちは教師の重要箇所を参考にして、重要箇所や質問を修正する。

7 4で考えた質問を他の生徒たちに紹介して、生徒たちが回答する。

　以上の活動が終わった後、このような方法が良い学習習慣のモデルであることを生徒たちに伝えてください。そして、CHAPTER13で詳しく紹介する「橋渡し」を通して「学習の転移」の方法を生徒たちに教えます。

文章からタイトルを考える
タイトルから文章を考える

　生徒にタイトル（または、サブタイトル）が書かれていない文書を渡します。タイトルの箇所は空白にしておいてください。生徒たちは、文書を読んだ後、文章のタイトルを考えます。タイトルは内容が要約されていなければなりません。例えば、心臓に関する文章を読ませた場合、

生徒たちは「心臓は血液のポンプである」、「心臓には４つの部屋がある」、「動脈の血液は心臓から来ている」と書くかもしれません。プリントからタイトルを消して、消した部分を空欄にしておくこともできます。

このような方法は手順を逆にして利用することも可能です。つまり、先にいくつかのタイトルを与えて、各タイトルについて調べさせて、短い文章を書かせるのです。この方法は自立型学習に最適です。例えば、心臓について学んでいる生徒の場合、心臓に関するタイトルを与えて学習させた後、各タイトルの下に文章を書かせることができます。

アイデアマップなどのグラフィックオーガナイザーを使って学習内容を要約する

グラフィックオーガナイザーを利用して要約する効果は、とても高いことが知られています（CHAPTER 3 参照）。例えば、「製造会社の品質システム」など、教えていないトピックの資料を生徒たちに与えたとしましょう。生徒たちは資料を読んで重要と思う箇所に下線を引きます。下線を引く手順は前述した通りです。次に、生徒たちは自分でグラフィックオーガナイザー（アイデアマップ、流れ図、ベン図、比較表、同異表など）を作ります。グラフィックオーガナイザーはトピックの概要を示していなければなりません。利用するグラフィックオーガナイザーのタイプの選択は、教師が決めても問題ありません。しかし、生徒たちがグラフィックオーガナイザーの利用に慣れているのであれば、生徒たちに選択させる方が良いでしょう。

パソコンでグラフィックオーガナイザーを作成すると、アップロードやメールを通して他の生徒たちとお互いに評価することが可能になります。グラフィックオーガナイザーを紙に書いたのであれば、撮影したデータをパソコンに保存して共有することができます。学校内のネットワーク、インターネット、バーチャル学習環境を用いて掲載すれば、相互評価や教師の評価が可能になるだけでなく、後から参考資料として見直す

こともできます。作成したグラフィックオーガナイザーを見てくれる人（特に家族や友達）がいれば、生徒の意欲は高まります。

グラフィックオーガナイザーのピンポン（やり取り）

　グラフィックオーガナイザーに限らず、パソコンに保存したデータは生徒同士や教師と共有することができます。（79ページ図3 –20：「グラフィックオーガナイザーのピンポン」を参照）グラフィックオーガナイザーを他の生徒や教師と共有する手順は次の通りです。

1　生徒：資料に基づいてグラフィックオーガナイザーを作る。紙に書いた場合は、作品を写真に撮ってパソコンに写真のデータを保存する。
2　生徒：メールで教師にオーガナイザーを送信する。
3　教師：生徒たちにオーガナイザーの例を送信する。生徒たちにキーポイントを送って、「キーポイントがすべてグラフィックオーガナイザーに含まれていますか？」と尋ねても良い。
　　生徒：教師から送られてきた例を参照して自分のグラフィックオーガナイザーを評価する。
4　生徒：赤字で自分のグラフィックオーガナイザーを改善する。教師から送られてきた例をそのままコピーしない。
5　生徒：改善したグラフィックオーガナイザーを教師に送る。
　　教師：修正された部分をチェックする。
6　教師：オプションとして、翌日か2日後に理解度を確認するクイズをオンラインで出す。

　3で終了しても問題ありません。クイズは他の場面でも利用することができます。生徒同士でグラフィックオーガナイザーを交換して、お互いに評価することも可能です。グラフィックオーガナイザーを共通のバーチャル学習環境のサイトやホームページにアップロードして生徒全

員で比較し合う方法も良いでしょう。ウェブサイトに載せる他、スライドショーで発表するなど、インタラクティブホワイトボード（電子黒板）に掲示しても良いでしょう。

グラフィックオーガナイザーを完成させる

　授業の最初に、ほとんど完成していないグラフィックオーガナイザー（表やアイデアマップなど）を生徒に渡します。渡した表やアイデアマップは実質的な先行オーガナイザーであり、これから学ぶ最も重要なトピックの概要が書かれています。生徒たちは資料を読んで、オーガナイザー（渡した表やアイデアマップ）を完成させます。グラフィックオーガナイザーに慣れるための活動としても効果的です。

参考情報
　グラフィックオーガナイザーの作成はワープロやスライドショーなどのソフトを使うと良いでしょう。さらにグラフィックオーガナイザーに特化したマインドジーニアス（Mindgenius：www.mindgenius.com）などの利用も検討してみてください。

グラフィックオーガナイザーを別視点で作り直す

　フロー図を使って「棚卸し」について生徒たちに説明したとしましょう。説明を終えたら、フロー図を使って、例えば顧客、店長、従業員の視点に立ったホリスティックなアイデアマップの作成を生徒たちに求めることもできます。

質問の梯子に回答する

　教師が作るワークシート課題は「質問の梯子」形式になっていることが多いかもしれません。梯子の最初は配布資料に書いてある事実を思い出させる問題が設定されています。次に、簡単な推論が必要な問題（資料に正解が書かれていない）がいくつか続きます。最後に、CHAPTER 1で紹介したような難しい問題を出題します。生徒たちはトピックを全体的に理解する前に、資料の中から正解を探そうとする傾向があります。正解を探すだけの学習になることを避けるためにも、まず資料やトピックの概要を理解する課題を設定することも検討してみてください。

問題を考える

　これまで紹介した方法の1つを使って生徒たちに資料で学習してもらいます。そして、学習内容に関する問題と回答例を生徒たちが作成します。問題は他の生徒に渡して回答してもらいます。生徒たちが問題に回答した後、回答例を示します。

　グループで問題と回答例を作成させて、他のグループと勝負することもできます。回答が終わったら回答例を受け取って必ず答え合わせをしてもらいます。いくつかのサブトピックを扱ったクイズや、トピック全体を扱った複合的なクイズを作ることもできるでしょう。

生徒のプレゼンテーション

　トピックを学習した後、上記の方法を使ってトピックやサブトピックを説明するプレゼンテーションの準備をしてもらいます。プレゼンテーションは1人でもグループでも問題ありません。プレゼンテーションは生徒が録画しておきます。録画せず直接プレゼンテーションする場合は、トピックをいくつかのサブトピックに分割して、各グループにサブトピッ

CHAPTER 8　「受け取る」段階：新しい内容を提示する

クを1つプレゼンテーションするように求めます。各グループが担当するサブトピックは、全員がトピック全体の学習を終えるまで伝えないでください。生徒たちがトピックについて調べるときは、本章で紹介した方法のどれか1つを使って学習させると良いでしょう。

プレゼンテーションを撮影した動画はアップロードした後、お互いにプレゼンテーションを評価してもらいます。

生徒同士でサブトピックを説明する

生徒を2人ひと組のペアにして、トピックの解説の中で扱われていないサブトピックの資料を2つ渡します（例：麻疹と流行性耳下腺炎）。生徒たちはどちらかの資料を1人で学習します（約5分）。同じ内容のテキストや動画を見た後、それぞれ別の観点から考える方法もあります。例えば、会社の経営方針について説明している動画を見て（またはテキストを読んで）、1人は経営方針の長所を探します。もう1人は経営方針の短所を探します。

1人で学習した後、サブトピックの内容をペアの相手に説明します。オンラインで会話することもできますが、直接会って説明する方が良いでしょう。説明を聴いている生徒は、理解できるまで相手に質問することができます。

統合的な課題：2人の説明が終わったら、サブトピックに関する課題に一緒に取り組みます。「麻疹と流行性耳下腺炎の共通点と相違点を見つけよう」、「経営方針の長所と短所を考慮した結果、どのように思いましたか？　長所を活かして短所を補うためには何をすると良いでしょうか？」などの質問をすると良いでしょう。このような方法は、短縮版の「ジグソー学習」です。2人で一緒に取り組む課題を終えた後、小テストを実施して終了です。

ジグソー学習

　ジグソー学習を始める前に、生徒同士で説明する練習をしておきましょう。ジグソー学習では、説明スキルが必要です。ジグソー学習を初めて使う時は、ジグソー学習の方法に慣れることも必要なので、小さなトピックを選びましょう。

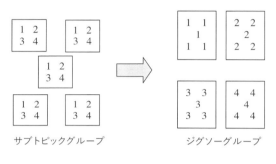

図8-4：ジグソー学習

　図8-4の数字は生徒を示しています。20人の生徒が5つのサブトピックを学習する場面で考えてみましょう。例えば、最初に教師が小児期の病気を教えた後、小児期の病気を5つのサブトピック（麻疹、流行性耳下腺炎、髄膜炎、水痘、百日咳）に分割します。ジグソー学習は生徒数やサブトピック数に規定はありません。教室でジグソー学習をする場合、以下の手順で授業を進めます。

1　トピックを5つのサブトピックに分割します。
2　生徒を5つのグループに分けます。そして、各グループはサブトピックの学習を1つ担当します。資料でサブトピックを学習した後（約10分）、キーポイントを書きます。教師は生徒たちが作ったキーポイントをチェックしてください。動画を資料に含めても問題ありません。グループ内で生徒に「1」「2」「3」……の番号を付けます。「1」の生徒は1のテーブルに、「2」の生徒は2のテー

ブルへ移動します。各サブトピック（1〜5）を学習する生徒た
ちで構成された新しいグループがジグソーグループです（図8 -
4 右）。

3 ジグソーグループでは、生徒たちは以下のことに取り組みます。
a. 各自が学習したサブトピックをグループ間で教え合います。キー
ポイントをグループメンバー全員が把握できるように説明します。
b. すべてのサブトピックの知識が必要な「統合的な課題」にグルー
プメンバー全員で取り組みます。例えば、以下のような課題を出
題することができます：「小児期の病気に共通する特徴を3つ、
さらに、それぞれの病気の特徴を2つ見つけてください。その後、
症状の重い順で病名を並べてください。順番の理由も説明してく
ださい」
c. 各グループが「統合的な課題」の解答をクラス全体に発表しま
す。そして、教師はコメントを伝えます。
d. ジグソーグループのメンバーと協力して小テスト対策に取り組
みます。小テストを最後に実施することは事前に生徒たちに必ず
伝えておいてください。メンバー全員が10問中7問以上の正解を
目指すように伝えます。
e. 小テストは1人で解答します。そして、自分で採点します。メ
ンバー全員が10問中7問以上正解したグループがあれば拍手をし
て褒めます（競争させるよりも、チャレンジさせる方が生徒たち
のモチベーションが高くなります）。

4 チームとしてどのように取り組んだのか（取り組むことができた
のか）、各グループは以下の2つの質問の回答を作ります。
a. メンバー全員で協力できたことは何か（2つ挙げる）？
b. 次回はどのようにすればもっと上手に取り組むことができるか？

5 教師がクラス全員に向けて4に対してコメントします。ジグソー
学習を利用する時は各グループのコメントを思い出すように伝え
ます。

203

大きなトピックでジグソー学習に取り組む場合、2回分の授業に分ける必要があるかもしれません。ジグソー学習を途中で中断させるとしたら、2と3の間が良いでしょう。ジグソー学習はクラスの規模にかかわらず実施することができます。詳細は著書のjigsaw arithmeticをダウンロードして参考にしてください。

自立型学習

以下の方法も試してみてください。

1 授業計画の中から、学習が簡単な箇所を特定します。特定した箇所は授業で教えません。
2 授業で教えない代わりに、（学習してほしい箇所が記されている）課題を与えます。自立型学習に慣れている生徒であれば指示は少なくても問題ありません。
3 生徒たちは2人1組のペアや小グループになって、授業外の時間に課題に取り組みます。課題は読み書きだけで終わりません。よく考えさせる課題であり、必ず他の生徒と一緒に取り組むことが求められる内容にします。視覚的な提示やこれまでに紹介した方法を使うと良い課題を作ることができるでしょう。深い学習を促すために、少なくとも1つの課題は、学習したことを思い出す課題以上のレベルに設定して、学習の適用ができるようにしてください。思い出す課題だけの場合、生徒たちは内容を深く理解しようとしません。情報を集めて書き並べるだけの解答になってしまいます。
4 課題の進行状況の確認はグループのリーダーや教師が担当します。
5 生徒たちのノートは採点しません（ただし、初めて自立型学習を利用する時は、ノートを適切に作ることができているか、確認は必要です）。学習はノートではなく、小テストで評価します。小

CHAPTER 8 「受け取る」段階：新しい内容を提示する

テストの準備も課題の１つに含まれます。テストの結果が良くなかった場合、再試験や補習課題を与えます。
6 　自立型学習の課題を終えた後、自立型学習のコンピテンス（competence）の表を使って自分の弱点を特定します。そして、次回の目標を設定します。

　自立型学習は容易に利用できる方法ではありません。しかし、教師が生徒たちの学習を管理しているのであれば、生徒たちはとても楽しんで課題に取り組むでしょう。詳細は著者の*Teaching Today*（2014）の第31章を参考にしてください。

レンズ（多面的な視点）

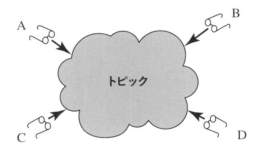

図8-5：レンズ

　わかりやすくなるように、具体的な例を使って説明してみます。例として、「貯蓄」というトピックを生徒たちに教えるケースで考えてみましょう。生徒たちは、ビルディング・ソサイエティ（イギリスの金融機関）、銀行口座、株式、その他の貯蓄方法を最初に知っておく必要があるので、貯蓄に関する資料を生徒たちに渡して学習してもらいます。生徒たちが学習を終えた後、金利、引き出しやすさ、価値が上下する可能性など、多面的な視点で検証して、Ａ３サイズの紙に表（図８-６）を使って要約することを求めます。ホリスティックなアイデアマップでも良いでしょう。

どのように貯蓄できるか？				
	利率 なぜ高い/低いか？	引き出しやすさ 理由は何か？	価値は上下するか？ 理由は何か？	
ビルディング・ソサイエティ				
銀行口座				
株式				

図8-6：異なる視点を用いた比較表

　比較する基準（図8-6の2行目以降）を適切に選択することができれば、各貯蓄方法の違いがわかりやすくなるので、各貯蓄方法の理解がとてもスムーズに進むはずです。各生徒の回答は、生徒の理解度を知る目安になります。各グループが作成した表を黒板に掲示して回答を比較しても良いでしょう。生徒たちは楽しみながら他のグループの回答と自分たちのグループの回答を比較します。また、比較から始まる話し合いが生徒たちの誤解を解くきっかけになることもあります。

　本章で紹介した他の方法と同じように、「レンズ」の目的は、教師の解説がなくても生徒たちが学習できるようにすることです（今回は貯蓄の方法）。学習のキーポイントを「橋渡し（CHAPTER13参照）」することができれば、「レンズ」の方法で分析や評価のスキルを伸ばすことができるでしょう。表を使わなくても良い場合もあります。

「レンズ」の他の使用例：

- 予防接種の方法、免疫の獲得のプロセス、終生免疫の可能性などの基準を使って小児期の疾患を学ぶ。
- 印刷方法、コスト、スピードなどの基準に基づいてプリンターについて学習する。

比較する基準を適切に設定することができれば、良い評価につなげることができます。「レンズ」を使った学習はとても楽しいので、グループで取り組むことをお勧めします。分析的思考や評価のスキルの育成に利用することも可能です。

協同学習──資料に関する質問にチームで取り組む

「質問してから教える方法」に似ている方法です。しかし、さらに複雑で構造化された方法です。生徒たちが協力して学習する時や他の協同学習の準備として利用することも可能です。例えば、次の方法を試してみてください。

1　これから学習するトピックの資料を生徒たちに提供します。そして、単純な問題から始めて、推論が必要な問題を回答してもらいます。さらに、クイズやテストが最後にあることを事前に伝えておきます。
2　大切なポイントや授業目標に関係する問題を生徒たちに出題します。例えば、「クロムウェルを支持した人は誰でしょう？　どうして支持したのでしょうか？」など、思考を促す質問を与えます。
3　問題の正解がすぐにわからないように工夫する必要があります。資料の1ヶ所だけを見てわかるような問題は含めないようにしてください。生徒たちは資料に書いてある文章を写して回答するのではなく、自分で考えて、理解してから回答する必要があります。
4　難易度が異なる資料を用意します。または、各生徒間で異なる資料を提供します。資料は他のメンバーが読むことはできません。ただし、資料に書いてあることを他のメンバーに説明することは可能です。
5　グループのメンバーに役割（書記係や単語のチェック係など）を与えても良いでしょう。

グループで問題に取り組んだ後、アサーティブな質問（CHAPTER 5参照）を使って各グループから考えたことを1つずつ尋ねます。

最後に、クイズやテスト形式の質問を使って、各学生の理解度を確認します。上記で説明した方法は、高い効果が認められている協同学習（一緒に学習する方法）とよく似ています。関心がある方はぜひ調べてみてください。

資料を用いた学習の概要図

　資料を提供して課題の回答を評価するだけでは不十分です。

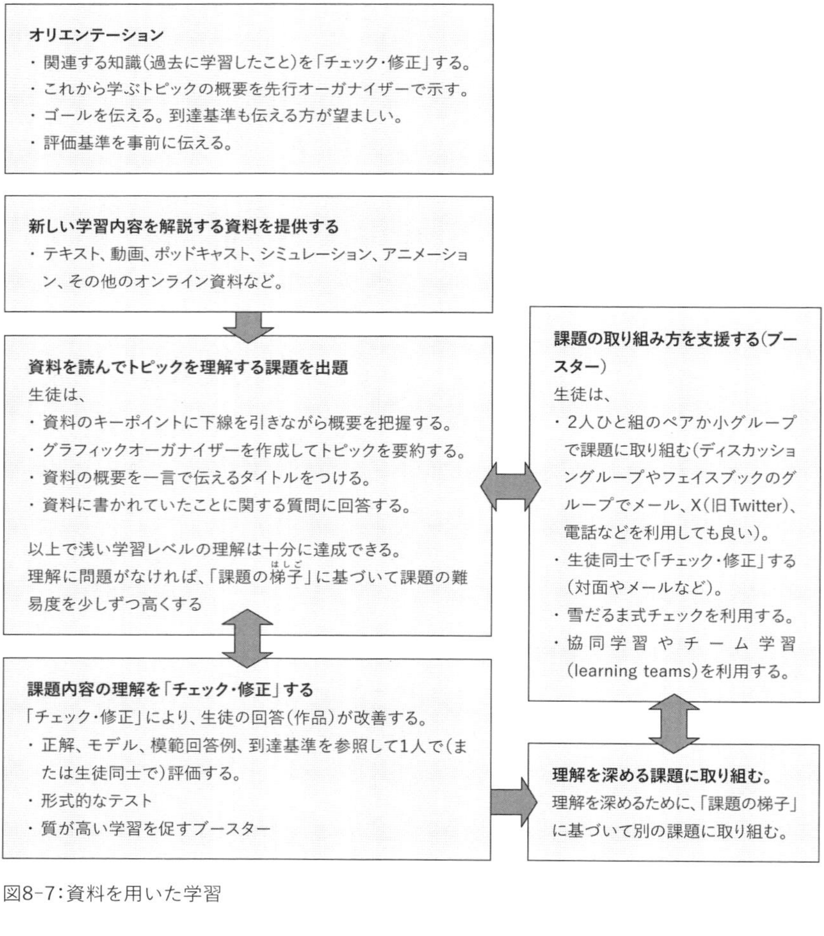

オリエンテーション
・関連する知識（過去に学習したこと）を「チェック・修正」する。
・これから学ぶトピックの概要を先行オーガナイザーで示す。
・ゴールを伝える。到達基準も伝える方が望ましい。
・評価基準を事前に伝える。

新しい学習内容を解説する資料を提供する
・テキスト、動画、ポッドキャスト、シミュレーション、アニメーション、その他のオンライン資料など。

資料を読んでトピックを理解する課題を出題
生徒は、
・資料のキーポイントに下線を引きながら概要を把握する。
・グラフィックオーガナイザーを作成してトピックを要約する。
・資料の概要を一言で伝えるタイトルをつける。
・資料に書かれていたことに関する質問に回答する。

以上で浅い学習レベルの理解は十分に達成できる。
理解に問題がなければ、「課題の梯子」に基づいて課題の難易度を少しずつ高くする

課題の取り組み方を支援する（ブースター）
生徒は、
・2人ひと組のペアか小グループで課題に取り組む（ディスカッショングループやフェイスブックのグループでメール、X（旧 Twitter）、電話などを利用しても良い）。
・生徒同士で「チェック・修正」する（対面やメールなど）。
・雪だるま式チェックを利用する。
・協同学習やチーム学習（learning teams）を利用する。

課題内容の理解を「チェック・修正」する
「チェック・修正」により、生徒の回答（作品）が改善する。
・正解、モデル、模範回答例、到達基準を参照して1人で（または生徒同士で）評価する。
・形式的なテスト
・質が高い学習を促すブースター

理解を深める課題に取り組む。
理解を深めるために、「課題の梯子」に基づいて別の課題に取り組む。

図8-7：資料を用いた学習

生徒の積極的参加を高める
アクティブラーニングの方法

　本章で紹介する方法はeラーニングやその他の自立型学習でも役立ちます。CHAPTER 9で紹介する方法と合わせて授業することも可能です。アクティブラーニングの方法を図8−8に示しました。詳細はPetty (2009)を参考にしてください。

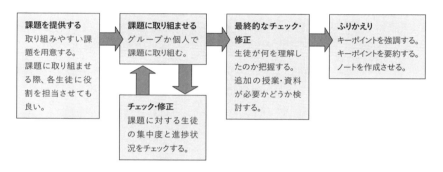

図8-8: アクティブラーニングを進める方法

　学習を始める前にクラス全体でルールを決めておきましょう。そして、アクティブラーニングの効果と目的を丁寧に説明してください。グループワークに最適な席の配置になっているかどうかも確認しておきましょう。例えば、全員が前を向いて座るのではなく、円状に向き合って座る方が理想的です。CHAPTER 6で紹介したように、最初はオリエンテーションから始めると良いでしょう。課題を進める上で必要な知識（過去に学習した内容）の確認が楽になります。オリエンテーション以降の手順は以下の通りです。

教室で試してみましょう ②

課題を用意する

- 取り組みやすい課題を用意します。グループ間で異なる課題を用意しても良いでしょう。
- グループの中で書記の担当者を決めておくと効率が良くなります。書記はグループで話し合って決めるか、教師が指名してください。記入するプリントがあると良いでしょう。
- 課題と小課題の制限時間を事前に伝えておきます。アサーティブな質問（CHAPTER 5 参照）のように、回答と理由を尋ねることを想定して、全員が回答できるように準備することを伝えます。
- 少なくともいくつかの課題は必ず推論が必要な課題にします。教材を写すだけの課題やスキルを真似るのみの課題だけにしないでください。例えば、分析的思考（なぜ）、演繹的思考（どのように）、評価的思考（どちらが良いのか、どれくらい良いのか）を促す課題を含めてください。
- 書記の他に、指導係、確認係、専門用語チェック係、質問係、概要係、リーダーなどの役割を生徒たちに与えてください。
- 生徒たちが挑戦したくなる制限時間を設定してください（不必要に長く続けさせない）。

生徒たちが課題に取り組む

- グループを作ります。席順に番号を付けるなど、グループメンバーをランダムに決定します。
- グループ内で書記の担当者を決定する（教師が指名しても良い）。書記はメンバーから出たアイデアを記録します。配慮として、筆記に時間がかかる生徒やディスレクシアの生徒が書記の役割

を担当していないか確認してください。書記の役割は各授業で交代します。

「チェック・修正」

- アクティブラーニングでは、教師の役割が特に重要です。
- 課題に取り組む集中度を**チェックする**。全員が参加していたか？
- 書記のメモを**見る**：議論が正しく記録されているか？
- **質問して**、生徒たちの意見に**耳を傾ける**。アイデアを説明させて、「どうしてそのように考えたの？」など、意見を明確にする質問をしながら発言を注意深く聴く。威圧的な姿勢ではなく、生徒たちから信頼が得られる姿勢を心がけましょう。自信がない生徒を特に意識しましょう。過剰に支援を与え過ぎないように気をつけてください。質問に回答できない場合は、質問をわかりやすくして、「2～3分後にまた聞きますね」と言ってグループを離れます。誤解している箇所を質問で見つけて修正できるように努めてください。
- 生徒たちを次の段階に進ませたい時も質問を使います。例えば、グループを巡回している時に質問や課題を出します。「資料のココを見てください。店主はなぜこのような仕事をする必要があるのでしょうか？」、「データはどのようになっていますか？グループで作った仮説と合っていましたか？」
- 励ましたり褒めたりしましょう。フィードバックは「メダル」や「ミッション」となるように伝えてください（CHAPTER11参照）。ここまでの努力、進歩、アイデアを称賛する「メダル（励ます・褒める）」を与えて、さらに先に進む挑戦的な「ミッション」を与えてください。
- 生徒たちが挑戦したくなるように支援してあげてください。

最終的な「チェック・修正」

- わかったことを各グループ単位で発表してもらいます。1つの グループがすべての回答を言ってしまわないように注意してく ださい（例えば、グループが発表できる回答やアイデアは1つ にするなど）。
- 確認係を指名します。グループの中からランダムに確認係を選 んで、わかったことを説明してもらいます。
- 学習のキーポイントを強調してください。キーポイントは黒板 に書いておきましょう。
- 「アサーティブな質問」を使ってクラス全員がキーポイントを要 約できるようにします。

復習

- 学習のキーポイントを生徒に説明してもらいます。説明しても らった後、ディスカッションを通してキーポイントの理解を修 正・改善します。
- 作成したアイデアマップや要約などを印刷して生徒たちに配布 しましょう。
- 後日、クイズやテストなどでキーポイントを再び確認しましょう。

役割を与えて参加率を最大にする

各グループで以下のような具体的な役割を決めると、生徒たちが積極 的に参加するようになります。すべての役割を同時に使うことは滅多に ありません。最適な役割の組み合わせは後ほど紹介します。

以下で紹介する役割カードは、レベル3（イギリスの公的専門資格） の生徒たちや大人に合わせて記述しています。生徒たちのレベルに合わ

CHAPTER 8 「受け取る」段階：新しい内容を提示する　　212

せて記述文を変更しても問題ありません。生徒は役割を楽しむので早い段階で慣れるでしょう。しかし、練習することなく役割を担当させないでください。役割の練習は必要です。初めて授業で役割を担当させた時、授業の最後に、どのようにすれば各役割がもっと良く機能するのか、アイデアを考えてもらいましょう。次回で役立つアイデアは記録しておいてください。意欲がない生徒たちに役割を与えると、「考えないお客さん」になることを防ぐことができます。役割は交代制にすると良いでしょう。

教室で試してみましょう③
役割カードの紹介例：同時に利用する役割は1〜2つです。

教育係：教師が渡した資料を学習して、グループのメンバー（ペアの場合はパートナー）に説明することが役割です。詳しく学習できる人はグループの中であなただけです。内容をよく理解して、「どのように説明すると相手に理解してもらえるか」をよく考えてください。困った時は教師に助けを求めてください。資料を他の人には見せてはいけません。図を見せることは可能です。

確認係：教師がグループの中から確認係の生徒をランダムに選びます。選ばれた生徒は、グループで学んだことや決めたことを報告します。教師がグループのメンバーに質問する他、資料に関するクイズや小テストを出題することがあります。誰が当てられてもクイズや小テストに回答できるように、グループで決めたことや決定した理由をメンバー全員が理解しているかどうかを確認することが確認係の役割です。準備時間は約5分間です。誰が指名されても回答できるように準備しましょう。

書記係：役割は3つあります。①グループのメンバーが選んだキーポイントをまとめる、②内容を要約したキーポイントにメンバー全員が同意するかどうか確認する、③意見が出た場合は書き留めて反映させる。以上のように、書記の仕事は記録だけではなく、

たくさんあります。

質問係：資料を読んで、資料に書いてあることが回答になる問題を作ります。例えば、「クロムウェルを支持した人は誰ですか？どうしてクロムウェルを支持したのでしょうか？」など、重要な部分に注意が向く問題を作りましょう。次に、考えた問題をグループのメンバー全員（質問係も含む！）に出題して回答してもらいます。問題が適切かどうかは教師がチェックしてください。途中で質問を追加・変更しても問題ありません。課題に取り組みやすくなる問題やわかりやすい支援的な問題を作ると良いでしょう。

専門用語チェック係：資料や教材に専門用語がいくつか含まれていることがあります。専門用語チェック係の役割は、専門用語の意味を調べて、意味をメンバー全員にわかりやすく説明することです。用語集を作ってメンバー全員に配布することも可能です。メンバー全員が専門用語の意味を説明することができるように、クイズを出して確認しましょう。

リーダー：制限時間内にすべての課題を終えることができるように促したり、メンバー全員が参加しやすくなるように努めたりするなど、グループ全体をマネージメントする係です。各メンバーの役割はどれも大切です。リーダーは各メンバーに他の役割を与えることもできます。グループが効率的に課題に取り組めるように、グループメンバーの仕事を管理する必要があります。

　理解度の確認テストがあることを事前に伝えておくと、各役割がとても良く機能します。理解度の確認テストは、フィードバックを伝えるときでも良いでしょう。いずれにしても、最後にクイズや小テストがあることは事前に伝えておきましょう。グループの誰か1人が教師の質問に回答しなければならないと知っていると、生徒たちは確認係と協力してメンバー全員がすべてのキーポイントを理解しようと努めます。

CHAPTER 8 「受け取る」段階：新しい内容を提示する

文章の上手な読み方を理解させたい時は、質問係と確認係の役割を使うと良いでしょう。例えば、読解力に優れた生徒が質問係になった場合、その生徒は重要な質問を立てます。生徒たちは「自分は理解できているだろうか？」、「これは大事な内容なのだろうか？」と自問自答しながら読み進めることができます。さらに、確認係がいると、「用語を知っているか？」、「キーポイントを要約しているか？」などを自発的に確認するようになります。つまり、質問係と確認係の役割は、恣意的・管理的な活動ではないのです。優れた学習を示すモデルと言えるでしょう。

　生徒たちが役割に慣れるまで、解説付きの役割カードを生徒に配布しておくことを推奨します。役割は各授業で交代させると良いでしょう。

「受け取る」段階：学習の「チェック・修正」

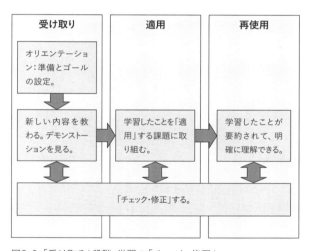

図8-9：「受け取る」段階：学習の「チェック・修正」

　これまで、多くの授業方法を手当たり次第に試してきたことでしょう。しかし、効果的だった方法はどれくらいあったでしょうか？　私たち教師は、「チェック・修正」の方法を利用して、生徒たちの理解度を生徒１人ひとりに伝える必要があります。生徒たちの「構成」に問題があれ

ば修正を求めなければなりません。CHAPTER 5 では、いくつかの方法が「チェック・修正」に役立つことを紹介しました。CHAPTER11では、情報を「受け取る」段階だけでなく、「適用する」段階でも役立つ「チェック・修正」の方法を紹介します。

> エビデンス

CHAPTER 8　「受け取る」段階（新しい内容を提示するエビデンス

　最も信頼できる情報源はエビデンスの集約から得られます（CHAPTER14で説明します）。したがって、次の３つのエビデンスをトライアンギュレーションする（様々な視点から捉える）ことが大切です。

質的研究の要約

　生徒たちが新しく学んだことを受け取れていなければ授業を進めることはできません。生徒たちの積極的な参加は理解を形成する上でとても大切です。

量的研究の要約

　マルツァノとハッティが報告した効果的な方法は以下の通りです。ノートを作る（キーポイントを要約する）、記憶術（語呂合わせ）、概念マップ（グラフィックオーガナイザーを作る）、生徒たちが概要をまとめる、フィードバック（学習の「チェック・修正」に必要な「ブースター」を取り入れる）、ジグソー学習、生徒同士の助け合い、協同学習。下線を引く方法の効果は中程度です。パソコンを利用する授業は、RARや本書で提案している方法の利用が制限されるため、効果は中程度です。「質問してから教える方法」は賛否両論あります。しかし、エアーズの研究によると、優れた教

CHAPTER 8 「受け取る」段階：新しい内容を提示する　　　216

師たちは「質問してから教える方法」を様々な教科で利用しています。

授業が上手な教師に関する研究

　授業が上手な教師たちは、教える内容を小さく分割して、各内容を魅力的な方法（興味深い質問を加えるなど）で伝えて、生徒たちの注意を引きつけています。

　以上の情報源のエビデンスから、本章で紹介した方法は教室で試してみる価値はあります。

参考文献　CHAPTER15の文献も参考にしてください。

無料で閲覧できるサイト
「peer instruction」、「whole-class interactive teaching」、「co-operative learning」、「the arithmetic of jigsaw」で検索してみましょう。

J. Chizmar and A. Ostrosky, "The one-minute paper: some empirical findings" (*The journal of Economic Education*, 29(1): 3–10, 1998).

A. Savinainen, "An evaluation of interactive teaching methods in mechanics: using the Force Concept Inventory to monitor student learning" (IOP Science, 2001).

書籍と論文

W.M Carroll, "Using worked examples as an instructional support in the algebra classroom" (*Journal of Educational Psychology* 83(3): 360–367, 1994).

P. Ginnis, *The teacher's Toolkit* (Carmarthen: Crown House Publishing, 2002).

R. Marzano, *The Art and Science of Teaching: A Comprehensive Framework for Effective Instruction* (Alexandria, VA: ASCD, 2007).
無料でダウンロードできるPDF資料。本書を元にした教師用の評価モデルの「学習マップ（Learning Map）」も入手可。

E. Mazur, *Peer Instruction: A User's Manual* (London: Pearson, 1996).

B. Moss and V. Loh-Hagan, *40 Strategies for Guiding Readers Through Informational Texts* (New York: The Guildford Press, 2016).

CHAPTER 9 学習したことを適用する

　生徒が活動できる時間を増やす（解説する時間を減らす）授業の実験は、実際の教室で数えきれないほど実施されてきました。実験の結果から、学習したことを適用する活動は、生徒たちの学力に大きな効果を与えることがわかりました。本章で紹介する「ブースター」を授業に取り入れると、生徒たちは効率的に学習できるようになります。

　本章はRARの「適用」を説明します。「適用」の段階に入る時、生徒

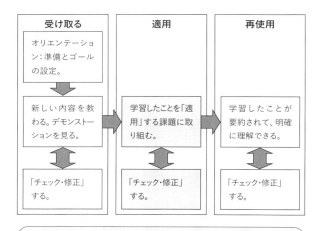

図9-1：学習の応用が理解を深める

たちはすでに「方向」が示されています（オリエンテーションの授業を受けている）。学習の目的と価値に納得しており、学習内容の概要を知っています。また、ゴールを設定しており、授業で必要な知識も思い出せています。教師の解説や他の方法で新しい知識を受け取り、必要に応じてモデルも見ています。トピックの基本的な概念が各生徒の頭の中で「構成」されており、学習の「チェック・修正」も済んでいます。

　しかし、「構成」している概念に間違っている箇所が残っているため、完全ではありません。生徒たちの「構成」は「深い」と言うよりも「浅い」レベルです。つまり、「構成」の各要素は十分につながっておらず、他の学習や経験とつながっていない状態です。CHAPTER 1 で紹介したように、学習したことが機能的につながっていなければ、生徒たちは学習したことを必要な場面で利用することができません。

　学習の「適用」はとても重要です。しかし、「適用」の重要性が理解されていないため、本章では学習の「適用」を丁寧に説明します。

　深い学習を目指す時は、必ずと言って良いほど、受け取った学習内容について「もっと考える」必要があります（CHAPTER 1 参照）。

もっと考える必要がある理由は以下の通りです。
- 学習内容にもっと慣れ親しむ必要があるためです。１〜２回程度の学習では不十分です。
- 「新しい学習内容」を「過去に学んだ学習内容」とリンクさせる必要があるためです。リンクさせた知識を使って考えなければ回答できない課題が必要です。「新しい学習内容」と「過去に学んだ学習内容」を関連付けることにより、学習が深くなります。生徒たちは新しく学習したことを「構成」に関連づける必要があります。
- 新しく学習した内容を異なる文脈と様々な視点で考える必要があるためです。学習内容は言葉だけでなく、視覚的に表現するなど、様々な形式で提示する必要があります。（CHAPTER 2 参照）。
- 「受け取る」段階で構築した概念の理解の間違いや脱落の修正に役

立つため。

- トピックについて「……とは何か」がわかるだけではなく、「なぜ」、「いつ」、「どのように」も知る必要があるためです。

- 学んだことが実際に適用できるレベルを目指すのであれば、新しい内容を効果的に教えたとしても、それだけでは不十分です。様々な場面で新しく得た知識を適用する練習が必要です。例えば、試験問題を解いたり、知識を活用するなどの作業が必要です。「何ができるようになるのか」をシラバスの最初のページに書いておくと良いでしょう。

　簡潔に言うと、浅い学習だけでなく、深い学習が必要なのです。では、どのような課題を用意すると良いのでしょうか。必要な課題は「学習した知識を使って考える課題」です。簡単な課題から始めて、難易度を少しずつ上げて、深い学習につながる課題に取り組むことができるようにします。以下では、具体的な課題の種類をいくつか紹介します。

課題の梯子を組み立てる

　図9−2の「課題」は以下のような課題を指しています。

- 口頭形式やテキスト形式の質問・問題
- 授業内の活動
- 割り当てられた課題
- ワークシート
- 宿題など

　能力、知識、意欲などの違いにかかわらず、どのようにするとすべての生徒たちが効果的に学習できるのでしょうか？　最も有効な方法は課題を階段のように提供することです。課題の梯子では、どのような生徒

CHAPTER 9　学習したことを適用する

220

図9-2：トピックを教える時に必要な課題の梯子

でも解答できる課題（例えば、思い出す課題）から始まり、学力が高い生徒でも簡単に解けない「開かれた」推論課題や転移を求める課題が上段で用意されています。

　しかし、どのような生徒であっても、簡単な推論課題まで必ず挑戦させるべきです。このような順番で課題を提供すると、生徒たちはいくつかの課題に正解することができます。そして、少し難しい課題に挑戦することもできるのです。CHAPTER 1で紹介したように、深い学習や機能的な学習にするためには、新しく学習したことを使って論理的に推論する機会が必要です。推論することが学習内容の理解と定着につながるため、覚えているかどうかだけで成績評価するとしても、推論課題は必要です。

 考えてみましょう
閉じた課題と開かれた課題

閉じた課題（質問）の正解は1つだけです。
　例（1）：フランスの首都は何という名前ですか？
　例（2）：4 + x = 9

221

開かれた課題（質問）は正解が１つだけではありません。

　例（１）：パリではどのようなレジャーを楽しむことができますか？

　例（２）：二次方程式の問題をいくつか作ってください。正解も書いてください。

梯子の上段では「開かれた課題」が必要です。

「パワーとエネルギーの主な類似点と相違点は何ですか」

「部屋の改装に必要なペンキの量を求めるなど、実生活の場面で利用できる代数方程式をいくつか書きなさい。方程式を説明する図も描いてください。可能であれば、式を簡略化してください」

「多くの比喩を使って、困難な旅の物語を書いてください」

「訪問看護師の職業が廃止された場合、これまで訪問看護師が提供してきたケアが他の公共医療サービスに代替されます。どのようなことが起きるでしょうか？」

　開かれた課題であれば、優秀な生徒たちをどこまでも成長させることができます。上記の最後の質問の回答を並べるだけで１冊の本が出来上がるでしょう。課題の梯子の低いところで多くの時間を費やしてしまったとしても、開かれた課題に進んで回答の文章をいくつか書くことができるはずです。学力の差や課題に費やす時間の違いに応じて、開かれた課題を「拡張」または「縮小」させることができます。このような対応は「アウトカムに基づいた対応の分化」と呼ばれています。開かれた課題では、閉じた課題（例えば、「ホスピタルポーター（病院内で車椅子の患者などの移動をサポートするスタッフ）の主な役割を３つ書きなさい」など）よりも幅広く生徒たちの能力の違いに対応することができます。開かれた課題では、同じ課題でも生徒たちの回答の量と質が大きく

CHAPTER 9　学習したことを適用する

222

異なることを受け入れる必要があります。

　これまで、生徒たちを能力別のグループに分けて、各グループのレベルに合った課題を与える方法が良いと言われていました。このような方法は「習熟度に基づいた対応の分化」と呼ばれています。教師の負担はとても大きく、生徒たちをグループに分けても有効に機能しません（Hatti, 2008）。アウトカムに基づいて対応を変える方が効果的であり、ウィリアム（William, 2009）やハッティとイェーツ（Hattie and Yates, 2014）の著書でも推奨されています。課題の梯子を組み立てると授業計画が以前よりとても楽になることも利点の1つです。

　開かれた課題は完結しないことを覚えておいてください。どれほど優秀な生徒でも開かれた課題に終わりはありません。開かれた課題は優秀な生徒たちを有意義な学習に参加させ続けることができます。思い出させる課題のみ与えていた場合、優秀な生徒たちはチャレンジする機会を失います。優秀な生徒たちは簡単な課題を早く終えてしまうので、学力が低い生徒たちが課題の梯子の下段で苦戦している間、取り組むことがなくなってしまう危険性があります。開かれた課題は、優秀な生徒たちにチャレンジする機会を与えるだけでなく、授業が終わるまで有意義な学習をさせることができるのです。

　開かれた課題のメリットは他にも多くあります。

- 生徒たちの興味関心に合う課題は、閉じた課題（思い出すことを求める課題）よりも開かれた課題の方が多い。
- 試験、実習、職場などで出会うかもしれない課題の準備につながることが多い。
- 難易度が高いため、生徒たちの理解の弱い部分が浮き彫りになり、「構築」していた概念の改善ができる。推論を求めない課題よりも質が高い「チェック・修正」が可能になる。
- トピックを深く理解することが求められる。「以前に学習した知識」と「新しく学習していること」をつなげながら、トピックの様々な

情報の関連にも焦点を合わせるため、学習が深まる。

開かれた課題は学習の転移にも役立ちます。学習の転移は本章の最後で紹介します。

「課題の梯子」で扱う課題のタイプ

「課題の梯子」を組み立てる時に役立つ課題のタイプをいくつか紹介します。

「受け取る」段階でキーポイントを思い出させる課題

「パワー（仕事率）を測る時に用いる単位は何ですか」
「訪問看護師をマネージメントしている人は誰ですか」
「比喩とは何ですか？」
「2x＋4x＝24を解く時、最初に何をしますか」

以上の問題は思い出す課題です。生徒たちがすでに学んでいることや生徒たちの「浅い学習」を確認するという点で思い出す課題は大切です。思い出す課題は梯子を上るために必要な準備の役割も担っています。「文章から比喩を見つけなさい」と指示する前に、「比喩とは何ですか」と尋ねることは理にかなっています。簡単な質問は時間の無駄と思うかもしれません。しかし、回答するまでに必要な時間はわずかです。比喩とは何であるかを確かめておかないと、学習が苦手な生徒たちは文章から何を探したら良いのかわからず、多くの時間を無駄にすることになります。

梯子の下段は、「以前に学習したことをチェックする質問」と同じ役割があります（CHAPTER 6 参照）。

CHAPTER 9　学習したことを適用する　　　　　　　　　　　　224

簡単な推論の問題

「なぜパワー（仕事率）は比率として捉えるのでしょうか。「率」は他に何がありますか。例をいくつか挙げてください」

「『月は幽霊のようなガレオン船だった』という表現は比喩でしょうか。回答した後、回答の理由を説明してください」

「なぜ３aと４xは足せないのでしょうか」

「なぜ訪問看護師は高齢の患者の担当をする割合が高いのでしょうか」

このような簡単な推論の問題は必要ないと思うかもしれません。しかし、学習が苦手な生徒たちでも推論の問題は特に役に立つのです。初歩的なレベルの理解を定着させることになるので、簡単な推論の問題は、より難しい課題に向けた準備になります。「新しい学習内容」が「持っている知識」とつながりやすくなるため、トピックをよく理解できるようになります。上手に課題を作ることができれば、推論の問題を通して「後の問題で必要になる知識」の理解度をチェックすることができます。

学習目標に合わせて課題を用意する

以下のような学習目標がある場合、「課題の梯子」に反映させる必要があります。
生徒は以下のことができるようになる：

- パワーとエネルギーを区別する
- 文章で使われている比喩を見つける
- 簡単な線形代数方程式を解く（例えば、 $2x + 4 = 12$）
- 訪問看護師の役割を説明する

「訪問看護師の役割が説明できる」ことが目標であれば、「説明」を課題にしなければなりません。

225

しかし、「説明」の課題だけで良いでしょうか。答えはNoです。生徒たちは「説明」の課題に向けて梯子の低いところから準備する必要があります。

学習目標を直接当てはめた課題で深い理解が得られるでしょうか？Noです。必ず得られるとは限りません。他の概念とつなげてトピックの構造を理解させたいのであれば、より深い理解につながる課題が必要です。

計算式の意味を考えることができていないのに、$2x + 4 = 12$などの問題を解いている生徒たちの姿は容易に想像できると思います。抽象的なことを考えるためには、具体的なことを理解しておく必要があります。次に、以下のような課題はどうでしょうか？ 「インテリアコーディネーターから部屋の壁（4面）の大きさを測る計算式を教えてほしいと頼まれました。長さはL、幅はW、高さはHです」。このような課題は学習目標を超えています。しかし、目標を超えることで学習はより深く、より意味がある学習になるので、挑戦してみる価値はあります。

比喩も同じです。生徒たちが試験で文章の中から比喩を見つけることができるようになったら、私たちは満足するかもしれません。しかし、実際に自分の作文で比喩を使えるようになってほしいと思っている場合、何をさせると良いでしょうか？ 比喩の見つけ方を早く理解した生徒たちは、他の生徒たちが比喩を探している間、何をしたら良いでしょうか？例えば、「これまでに見たことがあるダンスのビデオやスポーツについて、比喩をたくさん使って書きなさい」など、少し難しい開かれた課題が（学習目標を超えていたとしても）上記のような場面で役立つかもしれません。

要約すると、試験機関や指導主任から公式に指示されていたとしても、「授業や課題を学習目標で制限してはいけない」ということです。生徒たちは、挑戦することができたり、理解を深めたり、学習の目的がわかる「興味深い課題」を求めています。多くの場合、生徒たちが興味関心を示す課題は「開かれた課題」です。優秀な教師たちは、授業のカリキュラムを教師自身で管理しており、「学習の上限の設定」を拒否していることを示す強いエビデンスがあります（Ayres et al., 2004）。

CHAPTER 9　学習したことを適用する

推論課題の種類

　良い推論課題は、「教師が解説した（または、調べるように指示した）トピック」や「生徒たちが学習したトピックの大切な箇所」を深く考えさせるように設計されています。課題を作る時は、省くことができないほど大切な箇所に焦点を当てることが大切です。例えば、「訪問看護師は内科や外科の医師と連携しなければならない」と教えるとき、「訪問看護師の仕事は楽しいと思いますか？」という漠然とした質問をした場合、生徒たちは、訪問看護師と医師の連携について考えることはありません。「訪問看護師はどのように医師と連携しているのか」を生徒たちに学んでもらうためには、「訪問看護師は単独で働くのでしょうか？　それともチームの一員でしょうか？　例をいくつか挙げながら回答してください」という課題が適切です。

　推論課題の目的は、生徒たちに学んでほしいことを十分に考えさせることです。しかし、すべての推論課題が重要な箇所に焦点を当てているわけではありません。推論のスキルや調べるスキルを教えたいときに利用する推論課題はCHAPTER13で紹介します（授業だけで使う知識やスキルではありません。卒業後や日常生活でも役に立つはずです）。

推論課題で生徒たちに達成してほしいこと

　生徒たちに推論課題を出題する時、私たちは「何を達成させようとしているのか」を考えなければなりません。CHAPTER 1 で説明したように、私たち教師は以下のことを生徒たちに望んでいるはずです。

- 教えているトピックの重要箇所に焦点をしっかりと当てさせたい。
- 高い参加率：数名だけでなく、すべての生徒たちが深く考えることができるようにしたい。
- 生徒たちの「チェック・修正」：自発的な自己チェック、計画的な

227

自己チェック、仲間同士によるチェック、生徒同士の対話の機会があり、学習の間違いや抜け落ちていることを修正できるようにしたい。

- 教師の「チェック・修正」：生徒たちの学習の長所と短所を見つける機会があり、生徒たちが抱えている問題の解決や進捗状況を測定できるようにしたい。
- 楽しい学習経験を生徒たちに提供したい。
- 可能であれば、教えている教科が日常で役に立つ理由を伝えたい。

クオリティラーニングブースター

課題に取り組んでいる間、生徒全員が「質が高い学習サイクル」に入っていることをどのように確認すると良いでしょうか。1つの方法は、「クオリティラーニングブースター（以下、ブースター）」と（個人的に）呼んでいる方法を利用することです。

授業で次のような課題を与える教師がいるかもしれません。

「小型電気モーターのパワーを測る実験を批判的に評価してください」
「訪問看護師の仕事を説明している文章の良い点と不十分な点を挙げてください」
「この詩で使われている比喩の使い方を批判的に評価してください」
「タニアさん、サーファさん、アントニオさん、メイベルさんの4人が、それぞれの方法で $3x = 7x + 24$ の方程式を解きました。正しい解き方はどれでしょうか？　また、正しいと思う理由は何でしょうか？　間違っている解き方はどれでしょうか？　間違っていると思う理由は何でしょうか？」

多くの教師たちは、生徒たちにトピックを解説した後、上記のような課題を与えることがあります。しかし、このような課題は難しいため、生徒たちは支援や「チェック・修正」が必要になります。どのようにすれば上記のような課題を使って「質が高い学習サイクル」に導くことが

できるでしょうか。幸いなことに、授業方法の研究により、「質が高い学習サイクル」に導くことができる効果的な方法は特定されています。また、「質が高い学習サイクル」に導く方法は、教師だけでなく生徒たちからも歓迎されている方法です。

教室で試してみましょう ①

モデル：例えば、生徒たちに実験させる前に、実験を評価するモデル（解き方の例、作業例、模範回答例、専門家の動画など）を見せることができます。モデルを見せる目的は、評価の「方法」を示すことです。生徒たちは注釈を付けながらモデルを学習した後、CHAPTER 7 で説明したように、2人1組になってお互いにモデルを説明します。

スプーフィング回答・作品の評価：不完全なモデルを提示して、生徒たちに評価・改善してもらいます（または、完成させることを求めたり、コメントを求めます）。詳細は CHAPTER 7 とCHAPTER11 を参照してください。

ペアチェック：2人1組のペアになって、お互いの回答や作品を「チェック・修正」して、評価の理由や改善方法などについて話し合ってもらう方法です。

雪だるま式チェック：1人で作業に取り組んだ後、2人で作業に取り組みます。次に、4人で作業に取り組みます。メンバー間で話し合って、全員が納得できる良い回答・作品に仕上げることができる方法です。

自己評価・相互評価：教師が提示した回答例、作品例、チェックリスト、評価基準と比較させて、生徒たち自身で自分の回答・作品を評価させる方法です。

アサーティブな質問：生徒たちが作った回答、作品、アイデア、教師が提示したモデル、解決策についてクラス全体で話し合うことがで

きる方法です。

教師によるチェック：例えば、生徒たちに以下のように伝えることができます。「問題1から問題4まで回答できたら、先生に回答を終えたことを教えてください。先生が採点します」。

形成的評価クイズ：キーポイントの記憶と理解をチェックして、間違っている部分を修正することができます（詳細は CHAPTER11 を参照）。クイズの回答を小グループで準備させると、グループ対抗戦にすることができます。クイズを通して、間違っていた記憶や理解を修正することができます。

　上記の方法を組み合わせて用いると、生徒たちを「質が高い学習サイクル」に導くことができます。以下のケーススタディが参考になるかもしれません。生徒たちは、間違っていた記憶や理解を自分で修正できるようになるので、学習効果が高くなるだけではなく、教師の採点の手間も省けます。

ケーススタディ：授業の中にクオリティラーニングブースターを取り入れる

　生徒たちの大きなサポートになるブースターの例を紹介します。生徒たちが課題に取り組む前の「準備」はとても大切です。また、教師の解説とモデリングも必要です。ブースターを利用しない課題よりも、ブースターを利用する課題に取り組ませる方がとても効果的です。

ケーススタディ1

教師から与えられた文章に生徒たちが句読点をつける

句読点を正しく打つ方法を学ぶ準備（モデリングを含む）

1 短い段落の文章に句読点を打つ課題に1人で取り組んでもらう。

2 クラスの全員が句読点を打ち終えた頃を見計らって、他の生徒と2人1組のペアになってもらう。お互いの回答を比較させて、話し合ってもらう。

3 模範解答例を示す。生徒たちは模範解答例を参照しながら自分の回答を評価する。自己評価した後、他の生徒と話し合ってもらう。

4 難しい箇所は必ず教師が解説する（誤解している箇所を把握するためにアサーティブな質問を利用する）。

5 さらに難易度が高い文章を課題として提供する。1から4の手順を繰り返す。

ケーススタディ2

集計表のデザインの良さを学習する

1 それぞれに良さがある2種類の集計表のデザインを生徒たちにモデルとして提示する。生徒たちは2人1組のペアになり、集計表のデザインの良さを個別に学習した後、デザインが良い理由をパートナーに説明する。

2 アサーティブな質問を使って、集計表のデザインの評価基準を生徒たちに作成してもらう。

3 2で作成した評価基準を参考にして、前回の授業で使った集計表のデザインが良い理由を説明できるように準備する。

4 ２で作成した評価基準を参考にして、作成した説明をお互い
に評価する。そして、説明の改善点をお互いに提案する。

5 説明を修正した後、教師に提出する。教師は提出された説明
をチェックする。

　CHAPTER１で紹介したアイデアマップを作る授業もブースターを活
用した授業例の１つです。「どのようなブースターが必要なのか？」「ブー
スターをどのような順番で使うと効果的なサポートになるのか？」を決
めるためには、専門家としての教師の判断が必要です。授業のデザイン
は、目の前の生徒たちのニーズに合わせて設計する必要があります。授
業のデザインは、サイエンスではなく、アートです。

　基本的な考え方は、「課題の中に効果的な授業方法（ブースター）を
組み込む」です。効果的な授業方法（ブースター）を取り入れることに
より、生徒たちの学習が楽になるだけでなく、生徒たちを「質が高い学
習サイクル（クオリティラーニングサイクル）」に導くことができるよ
うになります（図９-３）。

　ブースターは活動が多いアクティブな授業方法（CHAPTER８参照）
に追加することも可能です。ブースターを取り入れることによって効果
はさらに高くなるはずです。ブースターは、一般的な授業方法（教師の
解説、資料を読む、動画を見るなど）や課題でも利用することができま
す。ブースターを組み込むことによって高い効果が得られるのであれば、
特に効果的な授業方法に固執する必要はないのかもしれません。

推論課題を上手に使う方法

　アメリカの研究者たちは、ある調査結果に肩を落としました。「ロケッ
ト設計」という面白い推論課題を授業で使っていたにも関わらず、アメ
リカよりも経済的に乏しい東ヨーロッパの国々の生徒たちの方がアメリ

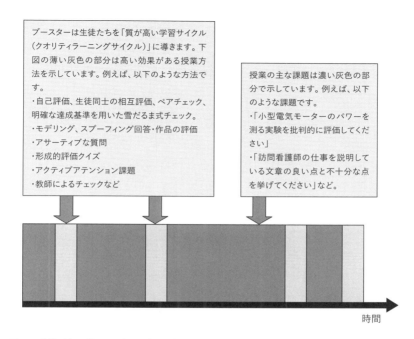

図9-3:「質が高い学習」を促すブースターを組み込む

カの生徒たちよりもニュートンの運動の第１法則をよく知っていたのです。調べてみると、東ヨーロッパの国々の生徒たちはロケットを設計・制作していませんでした。運動の第１法則から導かれる結果について推論する課題が与えられており、推論課題を通して運動の第１法則を深く学んでいたのです。ロケットの設計や製作は楽しい活動です。しかし、楽しい活動だったとしても、教師が望んでいるようなことを考えたり学んだりしていない可能性があります。

　推論課題を出題する理由は、学んでほしい内容について深く考えさせるためです。しかし、すべての推論課題が深く考えさせる課題であるとは限りません。生徒たちに学んでほしいことは「基本的な事実」であり、「理解」を生徒たちに求めているはずです。そして、推論課題を提供する場合、学んでほしい内容から離れないこと、難易度が高過ぎないこと、時間を消費させ過ぎないことが大切です。このような点に気をつけなけ

れば、生徒たちのワーキングメモリが推論以外のことで溢れてしまうため、学んでほしいことから生徒たちが離れてしまう可能性があります。

　例えば、生徒たちが話し合う場面を動画にする活動で考えてみましょう。生徒たちが話し合うトピックは、健康管理、台所の衛生、ディケンズの小説「ハード・タイムズ」の登場人物です。生徒たちは「浅い学習」や「深い学習」にどれくらいの時間と労力を費やすでしょうか？　逆に、生徒たちはビデオの編集方法やBGMの選択の協議にどれくらいの時間と労力を費やすでしょうか？　編集した動画の質は問わないと伝えたとしても、生徒たちの注意は動画の制作に向いてしまうため、本質的な学習から離れてしまいます。

　一方で、推論課題は、テストやクイズなどの通常の課題よりもずっと関心を引くため、生徒たちの学習意欲を高めることができます。つまり、シンプルな推論課題でも学習効果を高めることができるのです。推論課題の難易度が高過ぎると、生徒たちは学習が難しくなってしまいます。

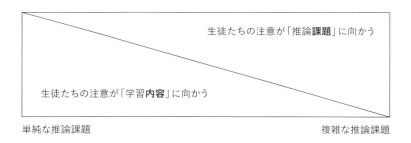

図9-4：生徒たちは注意を「学習内容」に向けるのか「推論課題」に向けるのか

　推論課題を通して考えることは、とても大切です。最も高く評価されている認知心理学者のダニエル・ウィリンガムの「記憶は思考の残り物である」という言葉はよく引用されます。私たちは「考えていることから学習する」と言えるでしょう。一生懸命に何回も考えるほど、深い学習につながるのです。言い換えると、学習したことを思い出すだけでは

不十分なのです。

　また、推論課題は教えたい内容と関連している必要があります。そして、「学習内容」と「推論課題」を合わせて提供する「ダブルデッカー（2層式）」の授業にすると、生徒たちの学習を深くすることができます（CHAPTER13参照）。

　推論課題は、学習している各概念をつなげるだけでなく、以前に学習した内容と関連させる機能もあります。CHAPTER 1 で説明したように、推論課題は生徒たちを深い学習に導きます。

　例えば、園芸の教師が2人いたとしましょう。2人とも堆肥の使い方を生徒たちに教えています。

　A先生は、堆肥に関して知っておくべきことはたくさんあると考えています。堆肥の生産、特性、利点、使い方について講義をした後、ワークシートの課題を使って、生徒たちが記憶したことをテストする計画です。

　B先生は、A先生よりも講義の時間を短くしようと考えています。生徒たちをグループに分けて、どのような植物が堆肥に向いているか、向いていない植物は何か、回答の理由は何か、を考える推論課題に取り組んでもらう計画です。

　B先生の授業では、実生活につながる課題が設定されています。職業に関連した推論課題であり、学習する目的に説得力があるため、B先生のクラスの生徒たちはA先生の生徒たちよりも意欲的です。B先生の授業では、仲間たちと一緒に推論するため、生徒たちは積極的に課題に取り組むようになります。議論が進むと、堆肥の特性、利点、使い方にも焦点が当たるようになります。バラの手入れの仕方など、以前に学習した知識も再び利用するかもしれません。

　以上のようなプロセスの中で、生徒たちは重要な情報に関する間違いを修正することができます。このように、教師が課題を上手にデザイン・管理することができれば、生徒たちの頭の中に重要な内容が定着します。

さらに、B先生の授業の重要な利点はもう1つあります。つまり、推論することにより、概念と概念がさらにつながり、強化されることです。学習した内容のリンクが強くなると、学習内容はさらに強く記憶に定着します。CHAPTER 1で説明したように、学習は深まり、より機能的になります。
　ビグスとコリス（Biggs and Collis, 1982）はSOLO（Structure of the Observed Learning Outcome）（Petty, 2009参照）を作成して、浅い学習から深い学習へ移行する過程で知識が定着していることを示しました（図9-5参照）。

 リフレクション
　SOLOとは、「Structure of the Observed Learning Outcome：観察された学習成果の構造」の略語です。生徒たちが理解を深めると、図9-5で示しているような進歩が回答・作品に表れることをビグスとコリスは発見しました。SOLO（Petty, 2009を参照）は生徒たちの成績を付ける時に利用されています。例えば、教師たちは「生徒たちの回答・作品が図9-5のどのあたりに位置するのか」を判断します。

　概念間の論理的な関係性の発見を求める課題は推論課題だけです。教科の土台となる原則を発見させて、理解を深めることができる課題も推論課題だけです。授業で解説するだけでは不十分なのです。メーガー（Mager, 1968）は、「話して聞かせることが『教える』と同じであるなら、私たちは抑えきれないほど賢くなっているはずだ」と言っています。
　様々な側面でつながる各教科の原理・原則や関係性は、生徒1人ひとりが頭の中で作り出す必要があります。概念間のリンクは、脳細胞間の神経リンクとしており、実際に発現しています。

浅い学習

↓

・生徒たちが学習内容に詳細な情報を追加する。

・別の文脈や視点から学習内容を理解する。

・**学習内容に内在する**論理的な関係性、その他の関係性を見出す。

・「学習している内容」と「以前に学習した**他の内容」の間にある関係性**（論理的な関係など）を見出す。

・「学習している内容」と「他の学習内容」の両方に当てはまる**一般原則**を見出すことができる。

深い学習

図9-5：浅い学習と深い学習の両方が必要

概念間のリンクや概念内のリンクが増えるほど、

● 「構成」が記憶として定着する。

● 学んだことを実生活や似たような文脈で活用することができる。

推論課題は記憶と理解の向上に役立ちます。知っていることをすべて伝えたいA先生の気持ちはよくわかります。しかし、A先生の知識は膨大です。教師の仕事は可能な限り知識を多く与えることではなく、学習の到達レベルを最大限にすることです。

CHAPTER 1 で割り算の学習を紹介しました（ジョーさんの学習の様子を紹介しました）。改めて22ページの図を見てみましょう。「割り算」、「切り分け」、「分配」、それぞれの概念が結びついたおかげで、ジョーさんは割り算の意味がわかるようになりました。概念間がリンクした結果、ジョーさんは「割り算とは、切り分けることや配ること」と説明できるようになったのです。ジョーさんの表現はシンプルです。しかし、十分に深く学習できていない小学生は、ジョーさんと同じように説明するこ

とはできません。「質が高い学習」にするためには、丁寧に教えることが必要なのです。

概念間をつなげることにより、ジョーさんの学習は機能的になりました。つまり、ジョーさんは「この問題は、『球根を別々の花壇に分けて配りなさい』ということだから、割り算を使うと良い」と考えることができるようになったのです。

広く応用できる「深い学習を支える推論課題」

次に紹介する課題は難易度が高いので、生徒たちの学習を補助する必要があります。228〜230ページのブースターが補助に役立つでしょう。CHAPTER 3 で紹介したカード、マッチング、分類は特に役立ちます。

広く応用できる「評価課題」

評価課題では何かの「価値」の評価を生徒たちに求めます。また、評価課題では「何を価値として評価するのか」を生徒たちに深く考えてもらう必要があります。例えば、生徒たちに介護プランを理解させたいのであれば、いくつかの良い介護プランを与えて評価させてみてください。評価課題を使うと、様々なことを教えられます。評価課題は「課題の梯子」の最上段に近い課題として最適です。以下に評価課題の具体例をいくつか紹介します。どのような評価課題であっても、評価の具体的な理由を生徒に尋ねてください（例：「小さな家を暖める最良の方法は何ですか。理由も回答してください」）。

根拠や理由を問う課題

「伝統的なスレート（石板）を調理台に使う主な理由は何ですか？」
「なぜ調理台に木材が使用されなくなったのでしょうか？」
「ウィキペディアは、抗生物質の耐性を適切に解説していると言って

良いでしょうか?」

「この栄養補助食品のホームページに偏った説明はないと言って良いでしょうか?」

「この計画の長所と短所は何ですか?」

「Xのエビデンスは何ですか?」

比較／対比の課題（CHAPTER 3 で紹介した図が役立ちます）

「ウイルス感染と細菌感染の類似点と相違点は何ですか?」

「これまで学んだ詩の中でヒューとラーキンの比喩の使い方を比較・対比してください」

「どのようなことが起きるのか」を問う課題

「川に流れている水が海に到達する前に干上がってしまったら、何が起きるでしょうか?」

「政府がディーゼル車の生産を禁止したら、どのようなことが起きるでしょうか?」

「グラフを使ってこの指数の問題を解く場合、解答はどのようになるでしょうか?」

どのように改善できるかを問う課題

「研修を受けて間もない配管工たちの雇用はどのように改善することができるでしょうか?」

「チャールズ 1 世に関することが書かれている小論文はどのように改善すると良いでしょうか?」

「アトリー政権の外交政策はどのように改善できるでしょうか?」

「（数学の問題に対して）この解答を改善することはできますか?」

批評／評価／査定など（上記の課題は批評／評価／査定の準備に役立ちます）

「この事例で紹介されていた顧客サービスの方法について評価してください」

「このコースで見てきた様々な画像作成の方法をそれぞれ評価してください」

「力学の単元で学んだ方程式を復習しましょう。次に、方程式の使い

方と制約を説明してください」

最も良い選択肢を問う課題

「どのような方法がメディア企業の職員の意欲を最も高めるでしょうか？」

「中間決算で減価償却費を計算する最も良い方法は何ですか？」

「音楽ファイルを最も安全に保存する方法は何ですか？　理由は何ですか？」

「Xにお金を支払うだけの価値はありますか？」

「Xに労力を注ぐ価値はありますか？」

「Xは目的に合っていますか？」

「Xは何と替えることができますか？」

複数の中から最も良い選択肢を選ぶ課題

「これらの介護プランの中で、グレゴリーさんに最適なプランはどれですか？　理由は何ですか？」

「リンゴを切る時に最適な包丁はどれですか？」

「公共交通機関が最も充実している都市はどこですか？」

具体的な基準を使って評価する課題

「この実験デザインの信頼性と妥当性について説明してください」

経験を思い出してもらう課題

「どのようにデザインしたのか思い出してみましょう。もし時間があれば、どのように変えますか？」

「あなたのマネージメントスタイルは職員の内発的なモチベーションを高めていたでしょうか？　それとも外発的なモチベーションを高めていたでしょうか？」

「買い物はどうでしたか？　何があれば買い物がしやすくなったと思いますか？（学習障害の診断を受けている生徒たちに対して）」

反例を探す課題

「内発的に動機づけるよりも外発的に動機づける方が効果的な状況はあるでしょうか？」

CHAPTER 9　学習したことを適用する

「アメリカ合衆国は全体主義（totalitarianism）に対して嫌悪感を持っており、全体主義に対する嫌悪感が中央アメリカの戦争に関与する原因になった」この主張にどのような反例がありますか？

特定の方法で評価させたい場合は、評価方法のモデルを最初に示す必要があります（CHAPTER 7参照）。例えば、生物の授業で信頼性と妥当性の考え方に基づいて実験を評価させる場合、考えていることを声に出して説明しながら、実験の評価をいくつか見せる必要があります。当然、信頼性と妥当性の概念を教える必要もあります。

評価課題はレポートを書く練習になります。CHAPTER10を参考にしてください。

 参考情報

生徒たちが何かを評価・検討・査定することが評価課題です

　学習を目的とした評価課題に「スプーフィング回答・作品の評価」があります（CHAPTER11参照）。

　例：「この詩の比喩の使い方を説明している文章があります。説明の良い点と不十分な点は何でしょうか？」

評価課題を始める前に、2つの準備を終えておく必要があります。1つ目は、評価対象をよく理解しておくことです。評価課題は「課題の梯子」の最上段で扱うことになります。例えば、訪問看護師と病院で働く看護師の役割を比較・対比させるとき、生徒たちは両方の役割をよく知っておかなければなりません。

2つ目は、教師から「評価してください」、「理由を説明して反論をしてください」、「比較・対比してください」と言われた時、生徒たちは「何

をすれば良いのか」をよく理解している必要があります。CHAPTER 7
で説明したように、利用させたい評価方法の手順や考えていることを声
に出して説明しながらモデリングしてください。CHAPTER13で説明する
「ダブルデッカー」を用いると、評価スキルを向上させることができます。

　評価する前に内容を理解しておくと、評価する過程を通して内容の理
解がさらに深まります。したがって、内容の記憶を問う単純な試験にす
るとしても、授業の中で評価課題を設定しておくことに高い価値があり
ます。評価課題は「課題の梯子」の下段に位置している課題よりも興味
深いことが多く、より難しいコースに進むための準備にもなります。

　これまでと同じように、生徒たちが課題に取り組む時にブースターを
含めることは効果的です。以下で紹介する 2 つの方法はどちらも評価的
な思考が必要であり、厳密な研究で効果も示されています。どちらの方
法にもブースターが含まれており、注目に値する授業方法です。

ブースターを取り入れた評価課題

仮説を検証する課題
　以前に教えた内容や教えている内容を生徒たちによく考えさせる方法
です。正しい内容と間違っている内容が部分的に混在している仮説を生
徒たちに 1 つ与えます。以下は仮説の例です。

- 歴史の授業で「クロムウェルの行動の動機は宗教的な理由だった」
  という仮説を与える。
- 建物の構造を教える授業で「堀を埋めるベストなデザイン」という
  見出しをつけたデザインを見せる。
- 経営の授業で「レッドライオンホテルの理想的なケアプランやマー
  ケティングプラン」という見出しを付けたプランを見せる。
- 数学の授業で、問題と解答を生徒たちに与える。ただし、解答のプ
  ロセスの中に正しくない箇所がいくつか含まれている。生徒たちに

CHAPTER 9　学習したことを適用する

242

「問題の解答方法を書いた紙を渡します。解答方法について、どのように思いますか？」と質問する。
- 英文学の授業で「ハムレットは母親を憎んでいた」という仮説を与える。

以上の方法を逆転させた方法もあります。

 教室で試してみましょう ②

1 生徒たちは仮説を支持する理由と支持しない理由をそれぞれ1人で考えます。テキストや配布資料から根拠を探すなど、理由の正当性も明確にすることを求めます。
2 ①で考えた理由を雪だるま式チェックで膨らませます。生徒たちは2人1組のペアになって、お互いの理由を組み合わせて、理由や根拠を改善します。そして、4人1組になって上記と同じ作業を繰り返します。
3 教師はアサーティブな質問（CHAPTER 5参照）を利用して、各グループに仮説を支持する理由を1つ求めます。理由を考える段階では、出た意見を即評価せず、アイデアを出してくれたことに感謝を伝えるだけに留めておいてください。グループから主張が1つ出たら、意見に賛成か修正が必要かをクラス全員に尋ねます。もしクラス全員が賛成の場合は、教師は（納得できなくても）グループの主張を黒板に書きます。
4 「クラス全員から同意を得た意見（仮説を支持する理由）」が集まった後、仮説を支持しない意見を同様に集めます。そして、「クラス全員から同意を得た意見（仮説を支持しない理由）」を板書します。
5 ここで初めて教師がクラスの意見を評価します。このような方

法を使うと、生徒たちの理解度と学習の弱い部分を詳細に把握することができます。最後の段階で生徒たちの誤解や間違っている推論を修正します。

このような方法は、例えば、歴史、経済、英文学の授業でエッセイ（小論文）やレポートを書く準備として役立ちます。評価を書く課題でも同じプロセスが利用できることを生徒たちに伝えておくと良いでしょう。

学術的な論議

上記の方法（仮説を検証する）と似ていますが、「学術的な論議」はもっとアクティブな方法です。2つ以上の視点で議論できる質問が必要です。1つの意見だけが優勢にならない議題を選んでください。例えば、

「刑務所は有効に機能しているでしょうか？」
「この経営方針は小さな町のホテルでも有効でしょうか？」
「この数学の問題の解き方は妥当でしょうか？」
「ハロルド・ウィルソン首相の活躍に関するこの説明は偏っているでしょうか？」

論点や方針を1つ示して賛否を尋ねると、どのようなトピックでも議論することができます。

このような方法を使う場合、生徒たちは感情のコントロールが必要です。怒らずに相手の主張に耳を傾けなければならないことを強調しておく必要があるかもしれません。

次の例は、2つの視点を想定していますが、2つ以上の視点にすることも可能です。

教室で試してみましょう ③

1 トピックを解説した資料・教材を生徒たちに与えて、書いてある内容について、賛成か反対の立場を割り当てます。必要に応じて、それぞれの視点に役立つヒントを与えても良いでしょう。生徒たちは割り当てられた視点で「正しい」と言える理由を探します。そして、他者を説得できるように準備します。同じ視点を割り当てられた生徒同士でペアやグループになって作業をしても良いでしょう。

2 「賛成の立場」と「反対の立場」の生徒をランダムにペアにします（または、２対２で４人のグループにする）。できるだけ説得力がある伝え方で、それぞれの立場の意見を順番に伝えてもらいます。説明の段階では、相手の話を中断させないようにしてください。

3 両方の立場の説明が終わったら、オープンな話し合いを始めます。話し合いでは、**2** で相手側が説明した内容について反論しても問題ありません。

4 統合：自分と同じ立場の意見の擁護をやめて、賛成と反対の両方の視点を考慮して問題に対する考え方をまとめます。

オプションとして、**3** と **4** の間に、立場を入れ替えて相手に説明する時間を設けることも可能です。その際、元の立場に固執せず、できるだけ正確に、完全に、説得できるように努めることを求めます。立場を入れ替えることを事前に伝えず、**3** の後に突然に立場を入れ替えさせると、生徒たちは相手の話を十分に聴いていなかったことを理解します。生徒たちは立場を入れ替えることによってお互いの主張を理解することができます。

上記の方法も、小論文や筆記課題の準備に役立ちます。

「課題の梯子」の最上段：
学習の転移を目指した「開かれた課題」

　私は小学生の頃、分数は理解できたのですが、割合は十分に理解できていませんでした。ある日、先生が「割合も分数だよ（45/100＝45％）」と教えてくれました。割合と分数が同じであることを知ると、理解が大幅に進みました。パーセンテージの意味がわかるようになり、計算方法も分数と同じように計算できるとわかったのです。トピックをバラバラに（つながっていない知識のサイロが点在するように）教えることは望ましくないのです。

　単純な例ですが、上記は、学習の転移で理解を深めることができた例です。優れた学習者たちは、トピックの周辺ではなく、一般的な原理・原則の周辺に知識を構築することが知られています。原理・原則の周辺に知識を構築していることが学習の転移を可能にするのです。

　したがって、他の開かれた課題や課題の後半で「学習中の内容」と「以前に学習した内容」の関連性を探させて、生徒たちの学習の転移を図るべきです。「学習中の内容」と「以前に学習した内容」の関連性を探す方法はたくさんあります。

類似点や関連を探す課題
「“比”は、生活の場面を含めて、他にどのようなことに使えますか？」
「体内のプロセスを調節するホルモンは他に身体のどこにありますか？」
「パワーは仕事“率”ですね。科学の分野では、他にどのような率が使われていますか？」
「電力の概念は日常生活の中でどのように使われていますか？」
「どのようにすると文章の中で比喩を多く使うことができるでしょうか？」
関連しているトピック間の類似点と相違点を探す課題
「比と分数の似ている部分と違う部分は何ですか？」

CHAPTER 9　学習したことを適用する

「ヒトラーとムッソリーニの共通点と相違点を表す図を作ってください」
「この詩の中で使われていた比喩は、他の詩の技法と比べてどれくらい
　重要ですか？」

一般的な原理・原則を探す課題

　「これは他のどこかで見たことはありますか？」という質問は、学習
の転移を求める時に役立つ質問です。学習の転移を促す一般的な課題で
は、以下のような質問を使って学生たちに尋ねています。

学習しているトピックを一般的な原理・原則で説明する課題

「数学で他に比が出てきたところはどこですか？　他の分野でも比は出
　てきましたか？」
「顧客のニーズを満たさなければならないという考え方は在庫管理とど
　のように関連していますか」
「物体の落下の加速度を説明するとき、どのような法則を使いますか？」
「予防の原則の考え方が研究に役立つ場面は他にもありましたか？」
「教会と州の対立は他にどこで出てきましたか？」

**学習しているトピックにどのような一般的な原理・原則が含まれている
のかを考える課題（難易度が高い課題）**

「公式を導くために利用した原理は何ですか？」
「この職員の苦情に対応する時、どのような経営的原則を適用すると良
　いですか？」

　教えている科目が教育版の難解なゲームに見える生徒もいるでしょう。
しかし、学習を転移させることによって、各授業で学習してきた知識が実
はつながっていることに生徒たちが気づき、知的な面白さがわかるように
なり、実際に日常で利用できることにも気づくようになります。
CHAPTER 1で説明したように、学習の転移は学んだことを別の学習とつ
なげるため、学習がより深くなり、記憶されやすくなるため、知識が機能
的になるのです。

247

> エビデンス

CHAPTER 9　学習の適用のエビデンス

　最も信頼できる情報源はエビデンスの集約から得られます（CHAPTER14で説明します）。したがって、次の３つのエビデンスをトライアンギュレーションする（様々な視点から捉える）ことが大切です。

質的研究の要約

　CHAPTER15の参考文献が学習の「適用」の必要性を主張しており、多くの文献が深い学習を目指すべきだと主張しています。授業計画を判断する最良の指標は『生徒たちの思考を促すことができるか？』という質問です（Willingham, 2009）。学習は次のような順番で進める必要があります。簡単な内容から難しい内容へ、知っていることから知らないことへ、具体的なことから抽象的なことへ。このような方法も392ページ以降の参考文献によって裏づけされており、「課題の梯子」の提案につながっています。学習の転移は、249ページの最初の３つの文献で紹介されています。学習の転移は自動的に起きることではないため、教師の補助が必要です。

量的研究の要約

　ハッティとドノヒュー（Hattie and Donoghue, 2016）は、「浅い学習から深い学習に進んで学習の転移ができるように、教師は様々な課題や難しい質問を用意する必要がある」と主張しています。

授業が上手な教師に関する研究

　エアーズら（Ayres etal, 2004）やハッティ（Hatties, 2003）によると、授業が上手な教師たちは、挑戦したくなる課題を出題しています。ハッティは、挑戦したくなる課題が深い学習の追求につながることを示唆しており、レモフは、自身の著書（Lemov, 2015）の全編を通して、挑戦したくなる課題に高い期待を寄せて

います。

持続的な学習の効果を示す強力なエビデンスがあり、トピック
に合わせた課題の梯子も十分なエビデンスがあります。どちらも
授業で試してみる価値はあります。

参考文献　CHAPTER15の文献も参考にしてください。

無料で閲覧できるサイト　「active learning」、「problem-based learning」、「co-operative learning」、「transfer of learning」、「Bloom's taxonomy」で検索してみましょう。

K. Ericsson et al., "The role of deliberate practice in the acquisition of expert performance" (*Psychological Review,* 100(3):363–406, 1993).
様々な方法を通して学んだ後、「チェック・修正」することにより、私たちは学習します。このような学習プロセスは「知性は遺伝である」という考え方と異なります。著者のウェブサイトにエリクソンの最も重要な論文の概要を掲載しています。原文も無料でダウンロードできます。タイトルと著書名で検索してください。

J.A.C. Hattie and G.M. Donoghue, "Learning strategies: a synthesis and conceptual model" (*NPJ Science of Learning* 1, 2016).
トピックを教える時は学習の転移を含む課題の梯子が必要であることを説明しています。

R. Marzano, "A theory-based meta-analysis of research on instruction" (1998).
タイトルと著書名で検索してください。論文は複雑で長編です。

書籍と論文
S. Allison and A. Tharby, *Making Every Lesson Count* (Carmarthen: Crown House Publishing, 2015).
教え方のストラテジーを詳細に書いている良書。

P. Ayres et al., "Effective teaching in the context of a Grade 12 high-stakes external examination in New South Wales, Australia" (*British Educational Research Journal,* 30(1):141–165, 2004).
全国で１％のトップレベルの教師たちを調査した報告書。優秀な教師たちはどのように教えているのか。とても興味深い報告書です。

P. Ginnis, *The teacher's Toolkit* (Carmarthen: Crown House Publishing, 2002).
実践的な授業方法が詳細に掲載されている。一読する価値があります。

D. Lemov, *Teach Like a Champion 2.0* (San Francisco; Jossey-Bass, 2014).
優秀な教師たちが利用している教え方のストラテジーの詳細を説明している書籍。

R. Marzano, "The Marzano Compendium of Instructional Strategies"
（オンラインのサブスクリプション。www.marzanoresearch.com, 2016).

R. Marzano et al., *Classroom Instruction that Works* (Alexandria, VA: ASCD, 2001).

CHAPTER 10 レポートや論文を書きやすくする方法

　本章の「生徒たち」は14〜16歳の年齢層を想定していますが、これから紹介する方法は他の年齢の生徒たちでも利用することが可能です。ただし、生徒たちにトピックの解説を終えていることが前提です。レポートや論文を書く計画を立てる時、トピックを要約したプリントがあると生徒たちはとても助かります。計画した通りに書くかどうかにかかわらず、構成を組み立てるプロセスは内容の理解を促します。つまり、書く前の計画は授業中の活動として最適です。

　以下では、書くことを「エッセイ」と呼ぶことにします。エッセイの戦略は、あらゆる長文、レポート、課題、論文などを書くときにも有効です。

　「挑戦したくなるタイトル」や「トピックの最も大切な部分を考えさせるタイトル」が設定できると理想的です（教師が説明したことを再現させる単純な記述課題にしてはいけません）。タイトルはトピックを教える前に提示してください。多くの教師たちはいつも逆です。先にタイトルを示すと、「教師の話を聴こう」と思うモチベーションにが上がるため、生徒たちは教師の話に集中するようになります。

　「レポート」のように、決まった構成がある場合、内容は構成に合わせて書かなければなりません。エッセイやその他の形式は決まった構成がないので、生徒たちは何をどのような流れで書くのか、自分で構成する必要があります。認知科学者たちの中には、レポートや論文の構成や書き方を教えるべきではないという主張もありますが、本章ではアカデミックスキルとして書き方を教える方法を紹介します（CHAPTER 9 も参照）。

組み立て方と書き方を段階的に教える

次の9段階の目的は、生徒たちが以下のことを確実にできるようにすることです。

- **文章を書く目的を明確にする**。過去に書いた文章から改善点を見つける（1、2、3）。
- **文章に書く内容や主張を選択する**（4）。
- 説明が論理的になるように、**文章の順番を計画する**（5）。
- 文章にした**内容を深く理解する**（書いてあった内容の再現ではない）（6、7、8）。6〜8の段階はもっと上の年齢の生徒や学力の高い生徒が対象です。
- 上記のプロセスを理解する。そして、補助がなくても上記の方法が利用できるようにする。（8、特に9）。

以下で説明する段階をいくつか省略したい場合は、工夫してみても良いでしょう（ただし、上記の目的の達成は忘れないでください）。

1　オリエンテーション

ライティングの課題に取り組んだ時に作った目標を思い出してもらいます。そして、今回の目標を決めてもらいます（CHAPTER11のラーニングループを参照）。決めてもらう目標は、プロセスに関する目標（本題から話が脱線しないように、エッセイのタイトルを時々読み返す必要がある）や書く時の目標（文章を段落に分けることを忘れない）などです。

2　準備

エッセイのタイトルを確認します。キーワードにアンダーライン（下

線）を引いて、必要であればキーワードの意味を調べます。タイトルが意味していること（意味していないこと）の理解を確認するために、クラスで話し合う必要があるかもしれません。

3　書き方の具体例で学習する

（この手順は必要がないときもあります）。これまで利用したことがない書き方のスタイル（例えば、日記、何かの程度を表すエッセイなど）を利用する時は、書き方の例や構造の例を参考として最初に見てみると良いでしょう（CHAPTER 7 参照）。

4　エッセイの内容に関するブレインストーミング

生徒たちのアイデアを発展させる。CHAPTER 3 で紹介したアトミスティック分析とホリスティック分析（61ページの図 3 - 1 と図 3 - 2 を参照）を利用することができます。

アトミスティック分析は、内容を分割して部分的に検討する方法です。

ホリスティック分析は、内容全体を様々な角度から検討する方法です。アトミスティック分析とホリスティック分析の方法は、生徒たちがレポートの内容について意見を発展させる方法を知らない時に紹介すると良いでしょう。慣れてくると、生徒たちは視点を 1 人で選択できるようになります。必要であれば、生徒たちが文章を書き始める前に、彼らが選択した視点を確認してみましょう。

　ブレノンストーミングは雪だるま式チェックで実施できます。最初は 1 人で取り組みます（数分間）。次に、 2 人ひと組のペアで、最後に 4 人ひと組でアイデアを共有・改善します。教師は各グループのアイデアを順番に発表させて、他のグループに賛否と理由を尋ねます（109〜111ページのアサーティブな質問を参照）。

　各グループのブレインストーミングやアトミスティック分析・ホリス

253

ティック分析に対してコメントしてあげてください。そして、各グループやクラス全体に対して、各グループのアイデアの良い点と不十分な点を説明してあげてください。生徒たちのアイデアに対する批判は必ず前向きに（肯定的に）伝えてください（例えば、「こうすれば、もっと良くなるかもしれないよ」）。肯定的に伝えると、生徒たちは教師の提案をメモするかもしれません。

5　ブレインストーミングした内容を分類する

アイデアを分類して、論理的な順序に並べ替える：エッセイに関連する情報をカードに書きます。そして、カードを並び替えながらレポートの枠組みを作ります。同じカテゴリーのカードはどれなのか、何が何の原因になっているのか、何が最初で何が2番目なのかなどを考えます。つまり、生徒たちは実質的にグラフィックオーガナイザーを作成していることになります。CHAPTER 3で紹介した通り、利用するオーガナイザーの種類は回答する質問によって変わります。

記述的な質問では、「**アイデアマップ**」や「**記述式の表**」（図10-1）が最も適しています。

例：「マーケティングマネージャーの主な役割は何ですか？」

プロセスや因果関係を問う質問では、「**フローチャート**」が非常に便利です。

例：「法案がどのように議会を通過するのか説明してください」（プロセスを問う）

　　「マーガレット・サッチャーが1987年の選挙に勝った主な理由は何ですか？」（因果関係を問う）

比較する質問では、「**比較表**」や「**同異を表すベン図**」を使います。

例：「灯油とガスによるセントラルヒーティングの長所と短所は何ですか？」

「ウイルス性と細菌性の感染を比較・対比してください」

「針葉樹林の林業と落葉樹林の林業の方法の違いは何ですか？」

「程度を問う質問」は「比較する質問」と似ています。理由は後ほど説明します。

カテゴリーに見出しをつける：グラフィックオーガナイザーの各セクションに（または、カードを分類する各カテゴリーに）見出しを先に付けておきます。

例えば、「産業革命が起きた理由」がエッセイのテーマである場合、その理由の1つとして、「技術の進歩」を見出しにすることができます。「技術の進歩」の見出しに対して、「蒸気エンジンの発明」や「ジェニー紡績機の発明」などのカードを振り分けることができます。「資本投資」や「農業革命」も産業革命が起きた理由として挙げることができます。同様に、「資本投資」や「農業革命」の見出しに合うカードを生徒たちに配置してもらいます。

生徒たちをグループにしてカードを並べ替えてもらうと、自然にディスカッションが始まります。教師は各グループのカードの構成を見なが

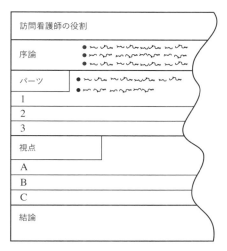

図 10-1：レポート構成の記述表

255

らコメントを伝えるなど、構成や内容の改善につながる提案をすると良いでしょう。

　これでようやくカードの構成は執筆に使えるようになります。生徒たちは、カードの順序を決めて、各カードのポイントを段落に発展させれば良いのです。このようなプロセスで進めたエッセイは論理的な文章になっているはずです。上手に並べることができていない生徒がいたら、手伝いながら6と7の段階に進めるようにしてください。6と7を省略する場合でも、8と9を含めることは必ず検討してください。

6　関係性を考える（リレーショナルシンキング）

　「産業革命が起きた理由」の各トピックを多面的な視点から見てみると、各部分が関係していることに気づきます。例えば、生徒たちは「資本投資」が「技術の進歩」に貢献したことに気づくかもしれません。つまり、2つのトピック（理由）はお互いに関係しているのです。

7　抽象的な思考を拡張する

　「学習するトピック（内容）やエッセイで求められていることは、以前に取り組んだ学習と関係しているだろうか？」のように、拡張して考えることを生徒たちに求めます。例えば以下のような質問です。

「以前にも同じようなエッセイを見たことがありますか？」
「見たことある場合、どのような部分が似ていますか？」
「『以前に勉強した内容』と『学習中の内容』に共通している原則はありますか？」

　抽象的な思考の拡張とは、全体像を見渡すような（とてもホリスティック）思考です。「産業革命が起きた理由」を大きく捉えて、つながって

いないように見える他のトピックと関連付けることができるかどうか、生徒たちに考えることを求めます。例えば、生徒たちは、「産業革命は人類の生活や仕事を変えた発展の1つに過ぎない」と気づくかもしれません。そして、石器の発達や農業の発明に似ていることに気づくようになるかもしれません。

　エッセイの構成を組み立てることは難しいスキルです。書き始める前に、計画をいくつか立てると良いでしょう。練習するときは、8の段階を省略しても良いのですが、9の段階は必ず取り組んでください。計画を上手に作ることができれば執筆が楽になります。計画が「便利なメモ」として役立つこともあります。段階的な計画のプロセスはビグスのSOLOに基づいています（Petty, 2009）。ビグスとコリス（Bigss and Collis, 1982）によると、関係性を考える思考方法と抽象的な思考方法を利用した時、生徒たちの成績はより高くなっていました。

　エッセイを書き始める前に計画を立てることが大切です。言いたいことがわからないとエッセイを書くことはできません。エッセイの序論では、主張の全体像を示します。また、エッセイで回答する「問い」を書いても良いでしょう。「問い」を序論で利用すると、途中の文章を柔軟に変更することができるので、序論で主張の全体像を書くよりも「問い」を書く方が生徒たちにとって書きやすくなるかもしれません。

8　書き方の枠組みを使ってエッセイを書き始める

　授業以外の時間でも取り組むことができる段階です。Approaches to generic skills teaching（https://geoffpetty.com/for-teachers/skill/）で書き方の枠組みの例を無料でダウンロードすることができます。

　語彙や段落の構成を事前に説明しておくと、書き方の枠組みがさらに使いやすくなるでしょう。下書きや修正を繰り返した生徒たちのエッセイは発表させた方が良いでしょう。発表の過程の中で、生徒たちはお互いに評価したり、編集し合うことができます。

257

9　メタ認知と橋渡し

　「1人でレポートを書くスキル」を獲得する上で、9の段階は必要不可欠です。ここまでの段階はエッセイの内容や問いに焦点を当てていました。生徒たちはエッセイの構成だけでなく、文章を書くスキルや計画するスキルも習得する必要があります。

　以下は、スキルの学習を確実にする質問の例です。

「これで計画が完成しましたね / エッセイを書き終わりましたね」
「どのようにして計画を作りましたか？ / どのようにしてエッセイを書きましたか？」
「なぜそのような計画にしたのですか？ / なぜそのような方法を使って書いたのですか？」
「最初のステップは何でしたか？　次のステップは？　……なぜそのように進めたのですか？」
「ここのステップを省略したらどのようになったと思いますか？」
「そのような書き方のプロセスは他のどこで使えるでしょうか？」
「そのような書き方は産業革命（歴史・経済など）だけに当てはまる方法でしょうか？」
「そのような書き方はエッセイを書く時だけに当てはまる方法でしょうか？」

　エッセイを書き終えたら、各段階で選択したプロセスやそのプロセスを選択した理由を書かせておくと良いでしょう。そして、次のエッセイを書く時の目標を設定します（CHAPTER11のラーニングループを参照）。次の授業では、エッセイを書く前に、生徒たちに目標を再確認させてください。エッセイを書く用紙の上に目標を書かせておくと、教師は各生徒の進歩や弱点がわかりやすくなります。

　カードの分類やアイデアマップの作成は「足場作り（scaffolding）」と呼ばれます。

CHAPTER 10　レポートや論文を書きやすくする方法

足場を少しずつ減らす

　以上、エッセイの計画と書き方を教える手順を紹介しました。このようなプロセスを生徒1人でできるようになってほしいと願っています。教師の補助がなくてもプロセスに従って書けるように、「足場」は徐々に減らすことが理想です。

おわりに：ベン図を使って「程度に関する質問」を考える

　ベン図（円形の図形が重なってできる図）は仮説の検証や程度に関する質問を計画するときに役立ちます。
　「第二次世界大戦が起きた原因として、ヴェルサイユ条約はどれくらい関係していますか？」
　「ヒトラーの権力が強くなった原因として武力行使はどれくらい関係がありますか？」
　「刑務所はどれくらいの効果を持っていますか？」

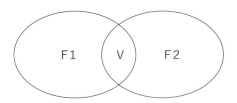

図10-2：程度を表現したいときに役立つベン図

　ヴェルサイユ条約の例で考えると、左の円はヴェルサイユ条約を示しており、右の円は第二次世界大戦が起きた原因を示しています。重なっている部分Vが関与の大きさを表します。F1は第二次世界大戦の原因と関係がないヴェルサイユ条約です。F2はヴェルサイユ条約と関係がない第二次世界大戦の原因です。

刑務所の例では、左の円は「刑務所の特徴」を示しており、右の円は「(期待されている)刑務所の機能」を示しています。刑務所の効果の程度は円が重なっている部分で示されます。F1は効果的ではない刑務所の特徴を示しており、F2は刑務所が提供していない効果的なことを示しています。このような足場がなければ程度に関する質問を作れない生徒もいます。

ケーススタディ

オーガナイザーを使って構造化する

オーガナイザーを使って「エッセイの構造の作り方」を教える方法を紹介します。例として、「オンラインショッピングがイギリスの小売業に与える影響」について調べる授業で考えてみましょう。「オンラインショッピングがイギリスの小売業に与える影響」に関する情報を集めてもらった後、教師が記述表を紹介します。

- トピックについて調べた後、3人ひと組になってA3サイズの用紙に記述表を作ります。最初に、項目(オンラインショッピングのサイトや支払い方法など)を決めて、次に、観点(客の視点、小売業者の視点、商店街に与える影響など)を決めます(ホリスティック分析など、異なる観点の分析方法は61ページを参照)。
- 序論と結論を上記(本章で説明した方法)の順番で書いてもらいます。
- 生徒たちが作業をしている間、教師は各グループを回ります。授業の最後では、各グループが作成した記述表の一部を他の生徒たちに紹介します。
- 教師は「これでエッセイの計画を作ることができました。どの

CHAPTER 10 レポートや論文を書きやすくする方法

ような方法で作ったのでしょうか？　なぜそのような方法を使っ
たのでしょうか？　記述表は他の場面でも使えるでしょうか？」
と尋ねて、「橋渡し」をします。

　記述表の作成は授業中の活動として楽しいだけでなく、レポー
トを書く時のメモになります。このケーススタディの授業は、「オ
ンラインショッピングという小売業」と「レポートの書き方」を
教える「ダブルデッカー（2層型）」の授業になっています（「2
層型の授業」の授業はCHAPTER13を参照）。

エビデンス

　CHAPTER13「スタディスキルとアカデミックスキルを戦略的に
活用するトレーニング」のエビデンス（350ページ）を参照してく
ださい。

参考文献　CHAPTER15の文献も参考にしてください。

無料で閲覧できるサイト　「meta-cognition」、「essay writting」、「Planning essays」で検索
してみましょう。

書籍と論文
S. Allison and A. Tharby, *Making Every Lesson Count* (Carmarthen: Crown House
Publishing, 2015).
ストラテジーの詳細を解説している良書。

J.B. Biggs and K.F. Collis, *Evaluating the Quality of Learning: The SOLO*
Taxonomy (Structure of the Observed Learning Outcome) (New York: Academic Press,
1982).
「理解とは何か」を理解することができる本です。本書はとても大きな影響を与えました。
Pettyのサイトに概説を掲載しています。

J.A.C. Hattie, "The 34th Vernon–Wall lecture: The role of learning strategies in today's
classrooms" (British Psychological Society, 2014).
ハッティが提案しているモデルを詳細に説明している本。低額でダウンロードが可能。

J.A.C. Hattie, J. Biggs and N, Purdie, "Effects of learning skills interventions on student learning: A meta-analysis" (*Review of Educational Research* 66(2):99–136, 1996).
アカデミックスキルや研究スキルの教え方を紹介している画期的な論文。Pettyのサイトに概説を掲載しています。

J.C. Nesbit and O. Adesope, "Learning with concept and knowledge maps: A meta-analysis" (*Review of Educational Research* 76(3):413–448, 2006).
他のメタ分析の本よりも読みやすい。

G. Petty, *Evidence-Based Teaching* (Oxford: Oxford University Press, 2009).
www.geoffpetty.com も参照してください。

CHAPTER 10 レポートや論文を書きやすくする方法

CHAPTER 11 学習を「チェック・修正」する方法

　CHAPTER 1 で紹介した「質が高い学習サイクル」と「協働的構成主義の考え方」を改めて考えてみると、学習の「チェック・修正」が大切な理由はすぐにわかると思います。学び始めたばかりの生徒たちは、学んでいるトピックを深く理解することができていません。概念の理解や「構成」を修正するためには、間違って記憶していることや抜けている知識を把握する必要があります。また、教師も「生徒たちが何をどれくらい理解しているのか」をチェックして、授業方法を修正する必要があります。

　学習の「チェック・修正」は他の章で多く組み込まれていました。例えば、CHAPTER 1 では、アイデアマップを作る時も「チェック・修正」を紹介しました。

　フィードバック、学習評価、形成的評価は以下のような誤解を招くため、私は「チェック・修正」という表現を使っています。

　⒜ 生徒が取り組んだ課題に対してコメントを書くこと（コメント後に生徒が直した回答はチェックしない）
　⒝ テストや課題を形式的に受けさせること
　⒞ 生徒が取り組んだ課題や作品に点数や成績をつけること
　⒟ 生徒の進歩を評価するために点数に関するデータを持っておくこと

　「体重を測り続けても牛を太らせることはできない」ということわざがあるように、生徒たちを評価し続けても効果はありません。上記の⒜から⒟の中に「チェック・修正（学習をチェックして、生徒たちが取り組んだ課題の回答と理解の両方を修正する）」と同じ効果は 1 つもありません。実際に、成績を何回も見せられると、少なくとも半数の生徒た

263

ちは到達レベルが下がることもあります（後で解説します）。

　本章で紹介する方法の目的は、「ゴールや到達基準は何か」、「どのようにすれば到達できるのか」、「生徒たちは何が良くできているのか（何ができていないのか）」、「どのようにすればもっと上手になるのか」を明確にして、生徒たちのパフォーマンスを向上させることです。生徒たちの成績を向上させるチャンスはたくさんあるにもかかわらず、なぜ生徒たちの点数を確認し続けるのでしょうか？

　「チェック・修正」では、生徒たちに以下のことを優先して取り組ませると良いでしょう。

(a) 提示された課題、ゴール、到達基準を十分に理解する。
(b) 到達基準を知るために模範解答例をよく確認する。
(c) 到達基準を満たすために必要な方法を検討する。
(d) 自分と他の生徒たちの回答を「チェック・修正」する。課題の回答を1人で改善する方法を「チェック・修正」から習得する。
(e) ペアや小グループで上記の(a)〜(d)のプロセスに取り組む。

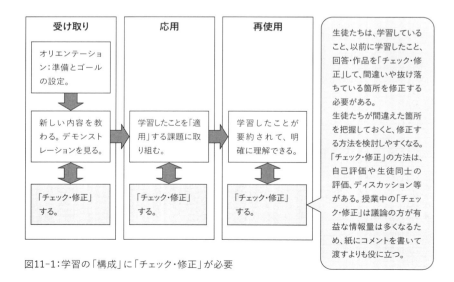

図11-1：学習の「構成」に「チェック・修正」が必要

CHAPTER 11　学習を「チェック・修正」する方法

さらに、

(f) 「チェック・修正」は、教師の教え方にも適用する方が良いでしょう。授業を「チェック・修正」することができれば、生徒たちの理解が弱い部分を補うことができるようになります。

「チェック・修正」を利用する目的は、成績表の記録ではありません。生徒たちの理解と学習を向上させることが目的です。「チェック・修正」は、授業方法の改善にもつながります。

よく見かける授業と優れた授業の比較

質が高い「チェック・修正」が生徒と教師に必要な理由を検証するために2つのケースを比べてみましょう。1つ目はよく見かける方法を使っている「ジャネット先生」のケースです。2つ目は「チェック・修正」を使っている「ティナ先生」のケースです。2人の教師は同じような教育歴を持っており、生徒たちのスキルに大きな差はないことが前提です。それでは、「グラフの描き方の授業」をそれぞれ見てみましょう。

ケーススタディ1

ジャネット先生の場合

1　エクセルでグラフを作る方法を板書しながら説明する。
2　いくつか質問をして生徒たちの理解度をチェックする。手を挙げた生徒が回答する。
3　グラフを描く課題を出題する。
4　生徒たちが課題に取り組んでいる間、教師は教室の中を歩き回って、必要に応じて支援する。例えば、「表の中に数値の単位が表記されているか確認してみましょう」など。

5 完成した生徒たちの課題を集めて、家に持ち帰って採点をする。

6 10段階で点数をつけて、「縦軸と横軸に指標を書く」、「good」、「きれいに描けている」などのコメントを書く。

7 採点した課題を次の授業で生徒たちに返却する。不完全だった箇所をクラスで話し合う。

　ジャネット先生のアプローチはとても一般的です。「何が問題なのか？」と戸惑う教師は多いかもしれません。では、次に紹介するティナ先生のクラスを見てみましょう。ジャネット先生と違う部分を見つけて、目的を考えてみましょう。

ケーススタディ2

ティナ先生の場合

1 「グラフの書き方」について知っていることを生徒たちに尋ねる。生徒たちの回答の中でも特に大切なポイントを板書する。

2 生徒たちは多くのことをすでに知っている。ただし、目盛りの選び方が理解できていなかったので、目盛りの選び方について解説する。不適切な目盛りが使われている例をいくつか見せて、「どこが間違っているのか」、「どのように修正すれば良いのか」を生徒たちに尋ねる。

3 良いグラフの基準を考えてもらう。生徒たちは2人1組のペアになって、「すべての軸に指標と単位が記載されている」などの基準を作る。2人で同意した基準を板書する。

4 グラフを作る課題をいくつか出題して、生徒同士でお互いに評価することを伝える。

5 生徒たちがグラフを作っている間、教師は教室を歩き回って、

CHAPTER 11　学習を「チェック・修正」する方法　　　　266

軸の基準を見てみましょう。あなたの表はどのようになっていますか?」と尋ねる。そして、生徒たちの回答から弱点を見つけて、支援する。

6 生徒同士で評価する前に、**3**で作った「基準」で自分のグラフをチェックしてもらう。

7 1つ目のグラフを集めて、生徒たちに(ランダムに)配布して、生徒同士で採点してもらう。

8 生徒たちは**3**の基準を見ながら、配られたグラフを採点して、鉛筆でコメントを書く。教師は教室を歩き回って、採点を支援する。

9 生徒たちにグラフを返却する。生徒たちは、コメントを読んで点数をチェックした後、グラフを改善する。評価が高くなかった生徒が2人いたので、グラフを作り直して次回の授業の最初に提出することを2人の生徒に伝える。

10「採点してわかったことは何か」を生徒たちに尋ねて、いくつかのポイントを説明する。

ティナ先生の授業方法は手順が多いのですが、**6**、**7**、**10**で必要な時間は長くありません。**1**は授業時間の節約になっています。ブラックたち(Black et al., 2003)によると、**1**と**2**を使った教師たちは、よく見かける授業方法を利用した時よりも多くの時間を節約することができていました。

ジャネット先生が早く教えることができたとしても、生徒たちの学習や理解のスピードも早くなることはありません。よく見かける方法では生徒たちはゴールがわからず、たくさん間違えてしまうのです。教師が生徒たちの間違いに気づいて修正するまでの間、同じ間違いを何回も繰り返していた生徒もいたかもしれません。よく見かける授業では、誤解

267

していることを修正するために練習と宿題がたくさん必要になるでしょう。そして、グラフが苦手な生徒たちは決して上手に作れるようにはならないでしょう。

2つの授業方法の違いは何でしょうか？　また、どのような考え方が授業方法に反映されているのでしょうか？

ジャネット先生：教える、テストをする、成績を付ける、そして、次に進むという授業方法でした。どのようにすれば良くなるのか、改善のヒントをいくつかのコメントで伝えていました。しかし、採点の主な目的は「できるだけ正確に成績を付ける」ことに置かれています。

ジャネット先生のような授業方法は、次のような考え方が根底にあります。「学習の質と量は生徒たちの才能や能力に基づいている。評価の目的は才能や能力を測ることであり、上手に学習できない理由は、才能、能力、知性の不足が原因である」。

ティナ先生：協働的構成主義に基づいて教えている教師であり、能力は生得的ではなく、学習によって獲得できると考えています。生徒たちが知っていることを把握して、間違いがあれば修正した上で生徒たちの学習を進めようとしていました。ティナ先生のような教師は「生徒たちにゴールをよく理解してほしい。そして、目標に向かって進みながら、肯定的かつ継続的で有益なフィードバックを自分自身に与えることができるようになってほしい」と望んでいます。

ティナ先生の評価の目的は、「ゴールを明確にすること」や「間違って学習していることや抜け落ちている知識を特定して修正すること」です。言い換えると、評価の目的は測定ではなく、改善です。学習したことが定着していない理由は、ゴールの誤解や練習不足です。ティナ先生のケースでは、自己評価や生徒同士の評価などのブースターが利用されていたことに注目してください。学力が低い生徒たちが多いクラスだった場合、ティナ先生はモデリングなど他のブースターも利用していたかもしれません。

CHAPTER 11　学習を「チェック・修正」する方法　　　　268

ゴール、メダル、ミッション

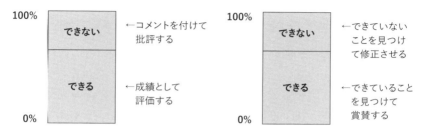

図11-2：よく見かける授業（教える、テストする、成績を付ける、そして、次に進む）

図11-3：優れた授業
（間違いを見つけて修正する）

　非常に影響力のある学術誌の中でサドラー（Sadler, 1989）は、生徒たちが学習の課題を終えた時、一般的な褒め言葉だけではなく、回答や作品の質に関するフィードバックを伝えることが必要と主張しています。

　さらに、サドラーは、1人で勉強する時や誰かに教えてもらう時、知っておくべきことが3つあると主張しました。本書では、知っておくべき3つを「ゴール」、「メダル」、「ミッション」と呼ぶことにします。

ゴール

　「ゴール」は生徒たちが目指す到達地点であり、優れた回答・作品の性質（どのような回答・作品が優れているのか）を示しています。例えば、具体的な目標、模範回答例、到達基準、評価基準が該当します。しかし、暗黙のルールもあるため、すべてを明示することは簡単ではありません。例えば、「レポートではスラングを使ってはいけない」、「アメリカ式の綴りを使ってはいけない」などのルールがあります。

メダル（上手にできたことや理解したことに関する情報）

　ゴールに向かう生徒たちの現在地（何がどれくらい達成できているの

か？）を示します。

- 上手にできたこと（上手にできなかったこと）に関する情報が該当します。成績や点数ではなく、有益なコメントが必要です。例えば、「良いグラフが描けています」や「10点満点中 9 点です」ではなく、「図の縦軸のラベルが正しく書けていますね」などです。
- プロセス（どのように取り組んだのか）に対するメダルであっても問題ありません。例えば、「エッセイの文章を論理的に組み立てていますね！」と伝えるメダルもあります。また、メダルは成果物（何をしたのか）に対しても与えても良いでしょう。例えば、「最初の段落で論点を上手にまとめていますね！」と伝えるメダルもあります。
- 総合成績や点数は「課題の何が上手にできているのか」のような詳しい情報を含んでいません。成績や点数を伝えていると、生徒たちは、到達レベルではなく、成績を気にするようになります。これらの話は後ほど詳細に説明します。

ミッション

ミッションとは、ゴールと現在地の距離を近づける方法であり、パフォーマンスの向上につながる具体的な目標です。

プロセスに関するミッション：「課題を提出する前に評価基準と比べてみましょう」

完成した課題に関するミッション：「軸にラベルがついているかどうか確認しましょう」

以下のこともミッションに含まれます。

- 提出した課題の修正や改善：「最後の段落を書き直してください。直し方が正しい理由も書いてください」
- 短い時間で達成できること（次の課題に向けて前向きでポジティブに伝える）：「次回はスペルを確認しましょう」と前向きでポジティ

CHAPTER 11　学習を「チェック・修正」する方法　　　　270

ブに伝えるべきなのに「スペルミスが多過ぎます」など、ネガティブなコメントになっていることが多くあります。

🗨 **考えてみましょう**
　ネガティブなコメントをポジティブなコメントに替えてみましょう。

プロセスに対するコメント
　ネガティブなコメント：「書き始める前に集めた情報が十分に構造化されていません（論理的ではありません）」
　ポジティブなコメント：「次回は、レポートを書き始める前に、集めた情報を論理的に組み立ててみましょう」

完成した課題に対するコメント
　ネガティブなコメント：「１つの段落に含まれる文章があまりにも長過ぎます」
　ポジティブなコメント：「段落を増やして文章を区切りましょう。内容が変わる時は必ず段落を変えましょう」

　ミッションは挑戦する価値があって、達成可能なことにするべきです。できることなら、課題のミッションだけでなく、プロセスのミッションも挑戦的で達成可能なことにする方が良いです。ポジティブなコメントはアドバイスのように聞こえるので、ネガティブなコメントよりも感情的にも受け入れやすくなります。

　「ゴール」「メダル」「ミッション」を図で示してみました（272ページの図11-4）。岩を転がしながら坂道を上ることが学習です。岩が見

た目よりも重くないことを願うばかりです。「メダル」と「ミッション」の考え方はPetty（2014）のCHAPTER 6 と56ページで詳しく説明しています。

　このような情報を伴う「チェック・修正」は、教師だけでなく、生徒同士の評価や自己評価でも実施することができます。最終的に１人で「チェック・修正」できるように、生徒たちは「チェック・修正」の方法を学ぶ必要があります。

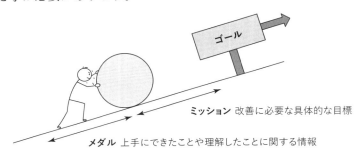

図11-4：現在と理想の差（ギャップ）を意識しよう

 参考情報
「ミッション」の重要性
　クルーガーとデニシ（Kluger and DeNisi, 1996）のメタ分析は、改善方法（ミッション）を伝えることによって初めてフィードバックが学習に役立つことを示唆しています。以下の方法も参考にしてください。いずれも、「ゴール」、「ミッション」、「メダル」が含まれています。

CHAPTER 11　学習を「チェック・修正」する方法

取り組んだ課題を1人で「チェック・修正」して改善する必要性

　サドラー（Sadler, 1989）によると、生徒たちは課題に取り組んでいる最中にフィードバックを自分自身に与えることができるようになる必要があります。自分にフィードバックができなければ、課題を達成することも、改善することもできません。ゴールを理解して、達成状況を1人で判断できるようにすることが大切です。図11-5を見てみましょう。

　ジャネット先生は生徒たちが完成させた課題に「美しいグラフを作りましたね」と書いて褒めていました。到達レベルが低い生徒がグラフの美しさを褒められた場合、ゴールは「作品を美しく作ること」と思うかもしれません。そして、グラフは正確に作れていないのに、「良いグラフが描けた」と思い込んでいるかもしれません。本当のゴールや到達基準を理解していなければ、自分の方法やプロセスが正しいかどうか評価することができません。不備があることに気づいたとしても、どのように修正すれば良いのかわからないため、改善することもできません。「グラフの目盛り

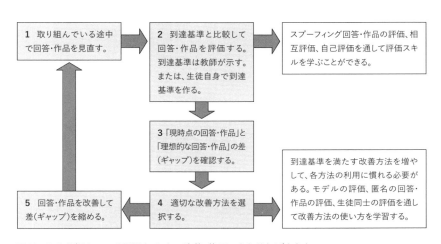

図11-5：取り組んでいる課題を1人で改善・修正できなければならない

が間違っていることはわかるけど、どのように修正すると良いのだろう？」と考え込んでしまうのです。自己評価スキルは、学習に必須な条件です。理由は図11-5のサイクルで示しています。

ゴールを見つけることは難しい

多くの生徒たちが目標や目的を誤解していることもあります。課題に取り組む目的、質問の意図、到達基準を誤解して間違った学習に時間を注いだ結果、目標と異なる方向に進んでしまうことがあります。違う方向へ進んでしまう原因は、良い作品を「上手に作る力がない」からではなく、「良い作品とは何かを理解していない」からです。「どのような作品が良いのか」を教える方法として、CHAPTER 7 で紹介したモデリングが最も効果的です。

議論を正当化する方法や実行可能なマーケティングプランなど、広く共有されている判断基準（質を保証する基準）をサドラーは「ギルドの知識（guild knowledge）」と呼んでいます。教師は生徒たちに「ギルドの知識」を知ってもらう必要があるのです。ゴールポストの場所を知らなければ得点は取れません。生徒たちは共通のゴールを知る必要があります。ゴールの設定はCHAPTER 7 を参照してください。

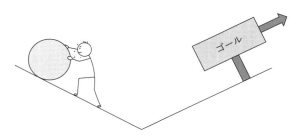

図11-6：目標を間違える

グレードを付けると学習の質が落ちる

　どのようなフィードバックが興味の維持や学習の向上に役立つのでしょうか？　ルース・バトラー（Ruth Butler, 1988）は、生徒たちに３つの課題を与えて、生徒たちが課題に取り組んだ後、フィードバックを与えました。対象者はとても優秀な生徒（上位25％）と学力が低い生徒（下位25％）でした。

　バトラーは３タイプのフィードバックのいずれか１つを生徒たちに与えました。

- コメントのみ与えるグループ（参加した生徒の1/3）
- グレードのみ与えるグループ（参加した生徒の1/3）
- コメントとグレードを与えるグループ（参加した生徒の1/3）

　各グループは学力の高い生徒と低い生徒が混在しています。

　３タイプのフィードバックを与え続けた結果、「コメントのみのフィードバック」（「メダルとミッション」に相当するフィードバック）を与えた生徒たちの成績は、他のグループと比べて約33％向上していました。しかし、「グレードのみのフィードバックを与えたグループ」と「グレードとコメントを与えたグループ」の成績はどちらも向上していませんでした。なぜでしょうか？　評価が付いた時、学力が低い生徒たちは「私には無理だ」と絶望的な気持ちになったのかもしれません。また、「やっ

図11-7：バトラーの実験(1988)

た！　B判定だ！　B判定ならコメントを読まなくても良いだろう。間違えたところを学習し直す必要もないだろう」と満足してしまうケースもあるようです。

　グレードを付けたことにより、成績が低かった生徒たちの課題に対する関心は低下していました。良いグレードが付いていた生徒たちの場合、課題に対する関心は維持されていましたが、教師が書いてくれた役立つコメントに関心を向けることはありませんでした。驚く結果だったでしょうか？

　生徒たちがゴールを目指して坂道を上る時、「よくできる」生徒たちは前に出て、「できない」生徒たちは後に下がる傾向があります。このようなことが起きる理由として、ブラックたち（Black et al., 2003）は、「『能力は学習して身につけることはできない。生まれ持った能力が変化することはない』というメッセージとして成績表を受け取っているからだ」と説明しています。つまり、生徒たちは、「私はいつも良い／悪い成績だから、この教科は得意だ／不得意だ」と考えるのです。バトラー（Butler, 1988）が示している通り、教師たちが意図していないメッセージによって、少なくとも半数以上の生徒たちは無力感を感じているのです。

　教師たちは生徒の回答・作品に評価を付ける必要があるため、これはとても深刻な問題です。いずれにしても、自分の学習の状況を知ることができなければ、生徒たちは今後の学習や将来の計画を立てることはできません。しかし、学習状況を得点化してグレード（A評価、B評価、C評価……）に分けた情報はどれくらい役に立つのでしょうか？　本当に必要な情報は、メダルやミッションのように、何がどこまで達成できているのか、現在地を伝える形成的な情報ではないでしょうか？

　コースによって異なりますが、フルタイムのコースであれば、総合成績の提示は1学期に1回か2回程度で十分かもしれません。場合によっては、さらに少なくても良いかもしれません。例外は、生徒が落第した時です。成績評価の問題に対処する他の方法は本章の最後で紹介します。

　グレードが付くことを生徒たちは望んでいるでしょうか。ブラックた

ち（2003）の研究によると、生徒たちは、赤ペンではなく、鉛筆で、読みやすくて、わかりやすい採点を求めていることを発見しました。さらに、「点数や評価が付かない方が嬉しい」と考えていることも報告しています。ブラックら（2003）の研究結果は教師たちをとても驚かせました。

メダルとミッションを使ったフィードバックは
到達度を批判するためではない

点数や評価を見て落ち込んだり舞い上がったりする問題をなくすためには、メダルとミッションのフィードバックを与えるとき、生徒たちの現在地（到達度）を評価せず受け入れることが必要です（272ページ図11－4）。学習の到達度に関係なく、「上手にできたこと」と「改善が必要なこと」を伝える必要があります。つまり、生徒たちの焦点が「自分の能力」ではなく、「取り組んだ課題」に当たるようにフィードバックを与えるのです。

考えてみましょう
カール・ロジャーズ（Carl Rogers）によると、学習を支援する際も「無条件の肯定的な関心」が重要です。「無条件の肯定的な関心」の重要性は60年以上前から強く主張されています。

ブラックたち（Black et al,）は、教師が与えるフィードバックも詳しく調べていました。ブラックたちの研究によると、形成的な評価を生徒たちに与える場合でも、教師たちは生徒たちの成績（クラス内の相対的な位置）に反応する傾向がありました。

277

- 学力が高い生徒たちはメダルが多く与えられる。

  しかし、ミッションは与えられない …… 学力がさらに向上しない。
- 学力が低い生徒はミッションが多く与えられる。

  しかし、与えられるメダルは少ない …… 努力や学習が認められない。

少し気になる例外もありました。教師たちは到達度が低い生徒たちに「空の褒め言葉」をかける傾向がありました。つまり、「何が上手にできているのか」を生徒たちに伝えていないのです。例えば、「ジョーさん、よくやったね！」、「今日はがんばったね、ピーターさん。えらいぞ！」などです。そして、到達度が低い生徒たちにミッションは与えられていませんでした。

到達レベルが最も低い生徒たちなのに「チェック・修正」の情報を与えていないのです。「何が良かったのか」や「何を修正すると良いのか」、１人で改善点を見つけて修正することは大変困難です。つまり、事実上、質が低いフィードバックによって、生徒たちの学習を妨げているのです。

「グレードを与えるフィードバック」と「有益な情報を与えるフィードバック」の心理的な効果の違いは、本章最後の図11−12 で整理しています。

授業中の「チェック・修正」

生徒たちにゴールを明確に理解させるだけでなく、質が高い「メダルとミッション」のフィードバックを与えるために私たちができることは何でしょうか？　忘れてはいけないことは、教師自身の教え方の「チェック・修正」です。教師も「チェック・修正」することによって教え方を調整する必要があります。授業「中」に利用できる「チェック・修正」の方法をいくつか紹介した後、授業「後」や授業「間」で利用できる方法を紹介します。

生徒たちは取り組んだ課題を自分で「チェック・修正」できるように

なる必要があります。「チェック・修正」は難しいスキルです。しかし、図11-8に示しているように、段階的に経験を積み上げることによって習得できるスキルです。

自己評価、生徒同士の評価、匿名の評価

図11-8は正確に評価するスキルを育む方法を示しています。課題に取り組んでいる時に自分自身で評価することができなければ改善につながらないので、自己評価の練習は大切です。基本的に、「メダル」と「ミッション」を与えて、ゴールを理解してもらう必要があります。

生徒たちが下手な回答・作品を提出しているとしたら、おそらく生徒たちは回答・作品を自己評価していません（自己評価することができない）。取り組んだ課題を自分で評価するスキルは重要であり、教師たちの時間の節約につながります。

e. 自己評価：課題に取り組んでいる時や課題を終えた後、自分の回答・作品を「チェック・修正」する。

d. 生徒同士でお互いの回答・作品を評価する：お互いの回答・作品を「チェック・修正」する。他の生徒たちは「どのように課題に取り組んでいるのか」や「どのようにして到達基準を満たしているか」を確認する。

c. 匿名化された回答・作品を生徒が採点する：課題・到達基準・達成方法に慣れてもらうために、「安全な空間」として匿名の回答・作品を利用する。

b. 匿名化された回答・作品を教師が採点する：考えていることを声に出しながら匿名の回答・作品を採点する。頻繁に見かける間違いの例を見せる。間違えなくて済む方法を教える。

a. 教師が模範解答例を解説する：課題に取り組む上で「何が必要なのか」「どのようにすれば到達基準を満たせるのか」を示す。

図11-8：あるトピックの学習を通して自己評価・改善の方法を獲得する階段

自己評価・改善の階段

　教えているトピックが難しい時は、図11−8の各セクション（a〜e）の方法を使ってみましょう（少なくとも１つ以上）。各セクションは上の段階に進む準備につながります。段階的に進めると、最終的に優れた自己評価・改善につながります。生徒たちはトピックの課題の回答や作品を１人で改善できるようになるはずです。

　トピックが簡単な内容であれば、ステップa〜cを省略しても問題ありません。生徒同士の評価と自己評価だけで良いでしょう。ただし、トピックが簡単な内容だったとしても、生徒同士の評価や自己評価が難しいと思われる場合は、１つ下の段階から練習させてください。

　自己評価のスキルを育む方法はデジタル学習やeラーニングなどで利用することも可能です。デジタルメディアで生徒同士が交流して相互評価できるのであれば、宿題として利用しても良いでしょう。Moodle やBlackboardなど、バーチャル学習環境（VLE）で利用することも可能です。もちろん、自己評価のスキルを育む方法を授業で利用することも可能です。以下では、教室や教室に近い環境で利用する方法を紹介します。

　下記で紹介する方法では、具体例、模範解答例、採点基準、到達基準、評価基準（グレードの基準）の中から１つ以上を使って評価することになります。

　わかりやすくするために、以下では到達基準を使った時を想定して説明します。

生徒同士の評価は本当に役に立つのか？

　「生徒同士の評価」は極めて効果が高いというエビデンスがあります。「生徒たちがお互いに誤った判断をするのではないか」と心配する教師もいます。しかし、参考になる解答例や採点基準がある場合、間違った判断はほとんどありません。「生徒同士の評価」から得られる利点は注目に値します。

- （生徒同士で評価することを事前に伝えている場合）生徒たちは他の生徒が自分の回答を見るとわかっているので、注意深く課題に取り組みます。また、相手の回答を採点する時も、結果を細かく確認されるだろうと考えるので、慎重に採点します。

- 採点の判断基準を尋ねられる可能性があるため、公正に採点できるように、生徒たちは採点基準を詳しく確認することになります。判断が難しい場合、教師が提示した模範解答例を注意深く確認しながら採点するでしょう。

- 他の生徒の回答、採点基準、模範解答例を通して、生徒たちは別の取り組み方を理解することがあります。つまり、「ミッション」で取り組んだ自分の方法よりも他の方法が優れていることがあります。

  - 正しく判断してくれるかどうかわからないクラスメイトが採点するので、生徒たちは戻ってきた回答に書き込まれているコメントや点数が採点基準や到達基準と一致しているかどうか、隅々まで確認します。「なぜ、ファビアンさんは問題（2）の回答を不十分と判断したのだろう？　採点基準では……」。そして、話し合った結果、「自分は何をするべきだったのか」、「実際に何をしていたのか」、「ギャップを埋めるために何をしたら良いのか」を明確にすることができます。つまり、自分に「メダル」と「ミッション」を与えていることになります。さらに、ゴールの理解も深めることができます。

- 以上のように、生徒たちは課題と回答の検証を少なくとも3回は実施していることになります。自分の回答や採点を真剣に見るので、課題の目的と到達基準について生徒同士で熱心に話し合うことになります。

- 生徒同士の話し合いは到達基準を超えることがあります。例えば、「歴史のエッセイでは『やばい』とか、俗語を使ってはダメなんだよ」「どうして？」のように、生徒たちは対話を通して「ギルドの知識」を学習することがあります。

このような学習プロセスの効果は驚異的です。ジャネット先生のケースと比べてみましょう。生徒たちはジャネット先生が採点した答案用紙を受け取った後、10点満点中7点であることを確認した生徒は「十分だ！」と考えて、ジャネット先生のコメントを読みませんでした。いくつかの実験によると、模範解答を与えて生徒同士で回答・作品をお互いに評価させると、生徒たちの到達度は2倍になったという結果が出ていました。このような結果は驚くべきことではありません。詳細はビグスとタング（Biggs and Tang, 2011）を参照してください。

　生徒たちがグループになってメンバー間で助け合いながら評価する場合や自己評価する場合でも同様の効果があります（以下で説明します）。

　生徒たちが完璧な評価をしていなかったとしても問題ありません。教師が生徒全員の評価を訂正する必要もありません。生徒たちは採点基準を注意深く確認しながら評価するので、問題はあまり起きません。判断に迷った時は教師に判断を求めてくるでしょう。人間のすべての出来事と同じように、間違った判断を発見した時に正しい判断の学習ができるのです。もちろん、教師たちの熟練した採点能力も必要です。

　それでは、「自己評価の階段」を詳しく見ていきましょう。今、到達基準や達成方法の理解が難しい課題に取り組んでいるとしましょう。例えば、学習したことを記録する課題などが相当します。以下の方法を使うと、生徒たちは自己評価と自己改善のスキルの習得につながる階段を上ることができるようになります。

a. 教師が模範解答例を解説する

　課題の内容を生徒たちに説明した後、到達基準と模範解答例をいくつか紹介します。方法はCHAPTER 7で紹介した通りです。「優良」、「中程度」、「不十分」の3種類の模範解答例を使うと良いでしょう。模範解答例がどのように到達基準を満たしているか（満たしていないか）を丁寧に解説してください。もう1つの方法は、生徒同士でお互いに説明する方法です（CHAPTER 7で紹介しています）。

b. 匿名化された回答・作品を教師が採点する

　課題と到達基準を説明した後、到達レベルが高くない課題を1つ紹介します（取り組んだ生徒の名前はわからないように消しておきます）。そして、「良くない箇所はどこなのか？」や「どのようにすれば改善できるか？」を生徒たちに考えてもらいます。次に、到達基準を使って、考えていることを声に出しながら生徒の前で採点します（黒板や動画を利用します）。

　以上の2つの手順により、到達基準の使い方や評価方法を生徒たちに正しく理解させることができます。「ええっ！　到達基準を満たしていると思ったのに、先生はもっと詳しく書かないといけないと言っている！」と考えるはずです。

　上記は「認知的葛藤」が生徒たちの到達基準や評価方法の理解を促している1つの例と言えるでしょう。「自分の評価」と「教師の評価」がズレていた場合、課題で求められていることや到達基準の理解を更新しなければなりません。このような方法は生徒たちの学習を強く促すため、生徒たちは具体的な理解から抽象的な理解へ進むことができるようになります。

c. 匿名化された回答・作品を生徒が採点する

　不完全な回答を匿名化した上で生徒たちに配布して、到達基準を使って採点してもらいます。次に、教師が採点した結果を生徒たちに見せます（CHAPTER 7のモデリングを参考）。生徒たちに採点してもらう時、評価内容を書き直せるように鉛筆で書くことを勧めてください。自己評価や生徒同士の評価のときも同様に鉛筆を使う方が良いでしょう。

　匿名化された回答・作品を利用するメリットは、エゴ（自我）が関与せず全員で同じ回答・作品を検証できることであり、クラス全体でディスカッションすることが可能になります。自己評価や生徒同士の評価では、各生徒間で違う課題を評価するため、ディスカッションが難しくなります。匿名化された回答・作品を利用して評価する場合、生徒全員に対して「3行目の後にコンマは必要ですか？」などの質問をすることが

283

できます。

　匿名化された回答・作品はプリントだけでなく電子ファイルで提示しても問題ありません。回答・作品が短い（小さい）のであれば、プレゼンテーションソフトを利用して提示しても良いでしょう。

　次に説明するように、２人１組のペアや複数名のグループで確認する雪だるま式チェックを使って匿名化された課題を採点させても良いでしょう。ただし、３つの目的を忘れないでください：①「課題が何を求めているのか」を理解させる、②「到達基準の意図」を理解させる、③「到達基準を満たすために必要な方法」を理解させる。ペアやグループで課題に取り組ませると、生徒たちは議論しながら進めるため、効率的に「チェック・修正」ができるようになります。

　不完全な回答・作品を利用する方法に反対する教師もいます。しかし、残念ながら、生徒はいつも不完全な作品（自分の作品）を見ているのです。不完全な回答・作品を生徒から遠ざけることはできません。生徒たちに必要なものは、間違いを見つけて正しく修正できるスキルです。「間違いを見つけて正しく修正するスキル」は「自己評価・改善の階段」で習得できるスキルです。

ペアで回答・作品を評価する

　生徒たちは２つの匿名化された回答・作品を交互に採点します。その際、採点する生徒も採点された生徒もお互いに意見を伝え合います。

　生徒A「ここにコンマがあるけど、ピリオドにするべきだと思う」
　生徒B「ええっ？　そうかな？」

　回答・作品を採点した後、評価した回答・作品を交換して、評価の相違点や判断が難しかった箇所を話し合っても良いでしょう。

グループで回答・作品を評価する

　匿名化された回答・作品の評価を１つずつ担当します。生徒は考えて

いることを声に出して説明しながら担当した回答・作品を評価します。1人の生徒が説明している時、他のメンバーは発表している生徒の説明を聞きます。

「ピタゴラスの定理を使っていることを書けばよかったと思う。他はOKかな」
「2乗する計算を忘れているよ」

評価の結果について、賛成や反対を伝えることもできます。意見が一致しない時は、さらに話し合います。

グループ内の評価が終わった後、評価が難しかったところを尋ねて、必要に応じて評価を支援します。そして、教師の評価を生徒たちに紹介します。

別の方法として、匿名化された回答・作品を各自で同時に評価した後、評価した回答・作品を交換してグループ内のメンバー同士でチェックすることも可能です。意見が違う箇所はグループ内で話し合って評価を決定します。

雪だるま式チェック

雪だるま式チェックは124〜125ページで紹介しています。生徒たちは匿名化された回答・作品を1人で評価します。次に2人1組のペアになって、それぞれの評価を比較した後、自分の評価を改善します。次に、4人1組になり、お互いの評価を比較した後、再び評価を改善します。評価の意見が分かれた時はグループ内で話し合います。

最後に、教師の評価を生徒たちに見せます。そして、判断が難しかった箇所を尋ね、判断が難しかった生徒の苦手なところを明確にします。

他の人たちが取り組んだ回答・作品を見ることにより、別の取り組み方を知ることができます。また、生徒同士の話し合いでは、到達基準に関する視点の違いや改善別の方法など、様々な考え方を知ることができます。回答・作品を匿名化することは、課題の性質と到達基準を明確に

伝える上で役立つ方法です。

d. 生徒同士でお互いの回答・作品を採点する

匿名化した回答・作品の評価で評価方法を生徒たちが理解したら、次は、自分や他の生徒たちの回答・作品でも評価・改善できるようになっているはずです。しかし、評価の理解を深めるために、ペアやグループの議論を含める必要があるかもしれません。

評価する方法

自己評価や生徒同士の評価では、鉛筆の利用を前提にしています。eラーニングの場合、文字を緑色に変える機能やコメント機能を使うことができます。評価ではなく、「どのように改善すると良いのか」に関するコメントを書いてもらう方法もオススメです。

上記の「匿名化した回答・作品」の評価と同じように、生徒同士の評価もグループや雪だるま式チェックで実施することができます。

課題に取り組んでもらった後、生徒同士で評価するプロセスを繰り返す方法もあります。例えば、数学の授業で問題（12問）を出題したとしましょう。問題は徐々に難しくなっていきます。2人1組のペアになって4問を解かせます。4問を解き終えたら、お互いの回答を評価させます。そして、次の4問を解かせて、再びお互いの回答を評価してもらいます。このように進めると、生徒たちは慎重に課題に取り組むようになります。私の教師経験上では、ひどい回答だったとしても生徒たちは遠慮なく教師に提出します。しかし、回答を渡す相手が他の生徒である場合は躊躇することがあります。もちろん、CHAPTER 5で説明したように、生徒同士の評価では全員で納得して決めたルールが絶対に欠かせません。ルールを作らなかった場合、けんかが始まるかもしれません。

CHAPTER 11　学習を「チェック・修正」する方法

もし生徒たちがルールを守らなかった場合、生徒同士の評価は省いても問題はありません。その代わりに、到達基準や達成する方法をよく理解させるために、「匿名化した回答・作品」の評価の時間を増やして各自で評価させると良いでしょう。グループやペアで評価させても問題ありません。グループやペアで評価させる場合、他の生徒たちと話し合って「チェック・修正」するという利点が得られます。

　生徒同士の評価では、理解度や評価スキルを１人で「チェック・修正」するところからスタートします。つまり、生徒同士の評価は自己評価の準備につながっているのです。自己評価が上手にできるようになると、生徒たちは自己評価しながら自分の回答・作品を改善することができるようになります。自己評価は自己改善の前提条件です。自分の回答・作品を評価できることは、自分で自分を成長させるために必要なことなので、上記の方法を使う価値は十分にあります。

e. 自己評価（自己改善の唯一の手段）

　自己評価は２人以上でも問題ありません。２人ひと組のペア、グループ、雪だるま式チェックで自己評価することも可能です。方法は以下の通りです（285ページも参照してください）。

１人で自分の回答・作品を評価する

　生徒たちは到達基準や模範解答例だけを求める傾向があります。しかし、到達基準や模範解答例だけでは「他の生徒たちの回答・作品の視点を知る」ことはできません。生徒たちが自分の回答を評価する時、「ここに図を入れていたら、もっとわかりやすくなったのかな？」など、考えていることを声に出して評価している様子をお互いに見ていると、他の生徒たちの自己評価の視点を学ぶことができます。

　ペア、グループ、雪だるま式チェックで「匿名化された回答・作品」を評価することもできるので、自己評価のスキルとして「チェック・修正」する機会を提供することになります。

試験対策として最も効果的な勉強方法の１つは、過去の試験問題の回答を使って自己評価させることです。過去の問題を使って自己評価させると、各生徒のゴール、メダル、ミッションが鮮明になります。

自立する

　a〜eのステップをいくつか飛ばしたとしても（課題が簡単な場合はステップをいくつも飛ばすこともあるでしょう）、最後まで上り切ることができれば、自分で自分の回答を改善するスキルが身についています。課題が求めていること、到達基準、課題の達成に必要な様々な方法が理解できているはずです。ここまで来れば、生徒たちは１人で改善できるようになっているので、教師はひと休みできるかもしれません（冗談です！）。支援が必要なケースが減るだけでなく、評価も楽になるはずです。

自己評価や生徒同士の評価が上手にできない場合はどのようにすると良い？

　あきらめないでください。上手に評価できるように教え続けてください。良い回答・作品を作るためには、「良い回答とは何なのか」や「良い回答を作る様々な方法」を学び、回答・作品を作っている時に「チェック・修正」する方法を知る必要があります。つまり、自己評価は生徒たちに必要不可欠なスキルの１つです。自己評価は流行っている授業方法ではありません。評価で難しいことや困ったことが起きた時は、クラス全体で話し合いましょう。練習を重ねると、少しずつ上手に評価できるようになります。

学習するときに役立つ他の
「チェック・修正」の方法

　以下の３つはディラン・ウィリアム（Williams, 2011）が提案した方法です。

教師に尋ねる前に３人の友達に尋ねる
(See three before me：C3B4Me)

　授業中、教師に助けを求める前に、３人の友達に相談することを生徒たちに求めます。

紙コップで理解度を示す

　各生徒に３色の紙コップ（赤色・黄色・緑色）を渡します。授業中、生徒たちは自分の理解度を表す色の紙コップを机の上に置きます。

赤色：何をすれば良いのかわからない。
黄色：何となくわかった気がする。しかし、自信がない。
緑色：よくわかった。他の生徒にも説明できる。

　教師は黄色い紙コップを出している生徒たちに「わからないところはどこかな？」と聞いて、緑色の紙コップを出している生徒に説明してもらいます。黄色や赤色が多く置かれていて、教師が必要と判断した時は、次のような指示を出してください。「赤色の紙コップを出している人は先生のところに来てください。黄色い紙コップを出している人は緑色のコップを出している人に教えてもらいましょう」。

トピックやサブトピックを学習した後に「チェック・修正」する

理解を深める診断的質問

例を使ってわかりやすく説明してみます。
正しい記述はどれでしょうか？

A. 長方形の面積は「長さ×高さ」で求めることができる
B. ２平方メートル＝２メートル×２メートル
C. 正方形の面積は１辺の長さの２倍
D. 面積は長さと同じ単位（センチメートルやメートル）を利用する
E. 長方形の場合，周囲の長さより面積の方が必ず大きな値になる
F. 面積とは、図形が占める２次元の空間を平方の単位
（例：cm²・m²）で表した大きさである。

上記の問題は生徒たちが学習してきた「面積」のトピックに関する問題であり、記述内容の正誤が問われています。生徒はA：○、B：×、C：×、D：×、E：×、F：○、などの回答を出します。問題は６問なので、回答は64通りです。問題が４問であるなら回答パターンは16通りです。したがって、生徒たちが鉛筆を転がして回答した時に全問正解する確率は多肢選択問題よりも低くなります。

診断的質問を利用したい場合、上記の面積の例題のように、授業で説明したトピックに関する正誤の文章をいくつも作る必要があります。正しくない文章は、過去の生徒たちの誤答や誤解に基づいて作ってみてください。黒板に文章を５つか６つ提示して、「どれが正しいのか」や「どれが間違っているか」を１人で考えさせます。そして、隣の生徒とペアになってもらった後、回答を見せ合い、違っている回答について話し合ってもらいます。

CHAPTER 11　学習を「チェック・修正」する方法

最終的な回答が決まったら、各文章の正誤を親指で示すように生徒た
ちに指示します。文章の内容が正しいと思う時は親指を上に立てて、間
違っていると思う時は親指を下げます。生徒たちの親指の方向を見るだ
けで、生徒たちがどれくらい理解しているのか、また、誰が理解してい
ないかを把握することができます。そして、数人の生徒たちに正誤の理
由を尋ねてみましょう。生徒たちの説明から理解度を確認することがで
きます。多くの生徒が理解できていない場合、ポイントを教え直す必要
があります。

　何を誤解しているのか知りたい時はアサーティブな質問が役立ちます。

教師：「アンディさん、どうしてDは間違っていると考えたの？」

アンディ：「面積はメートルではなくて、平方メートルで測るから」

教師：「アンディさんの意見に賛成の人はいますか？」

　ハーバード大学で物理を教えるエリック・マズール（Mazur, 1997）は、
ピアインストラクションと命名した同様のテクニックを使っています。
ピアインストラクションの方法を使った場合、生徒たちの学習効率は約
2倍になるため、今では世界中の高等教育で広く利用されています。ピ
アインストラクションでは、最初に教師が新しい情報を生徒たちに伝え
ます（約15分）。次に、教えた情報に関する診断的質問や文章を提示して、
上記のような手順で回答を求めた後、話し合ってもらいます。マズール
は生徒全員に「クリッカー」という電子ツールを与えていました。クリッ
カーの回答ボタンを押すと、回答はマズールのコンピュータに送信され
て、各回答の正誤の数が画面に表示されます。そして、また15分間の
授業をした後、次の診断的質問を出します。

　教えた直後に理解度を診断する正誤の文章は、小課題として出題する
ことも可能です。例えば、多肢選択問題を利用することができます（以
下参照）。

１分で要約を作る

以下は上記で紹介した方法の改訂版です。

1　生徒：教わった情報の「要約」と「よくわからない箇所」を１〜２分で書く。

2　教師：要約の例（キーポイントを書くなど）を生徒たちに示す。

3　生徒：教師が提示した例を参照しながら、自分や他の生徒の要約を改善する。

4　教師（追加オプション）：生徒たちが書いた要約を回収して、次の授業で「よくわからない箇所」を改めて教える。

学習したことや理解できなかったことを書いて
次の目標を決める

　看護、経営、教育など、専門家を育てるときに利用されている方法です。また、年少の学習者たちに適用することも可能です。

　毎回の授業後や週末に、学習したことや理解できなかったことを２〜３行で書いてもらいます。大切なポイントに注目させるために、質問をいくつか与える方法も良いでしょう。

- 今日の授業で必要な物はすべて持ってきましたか？
- グラウンドルールを守ることはできましたか？
- 学んだこと・わかったことは何ですか？
- 最も難しかったことやよくわからなかったことは何ですか？
- 新しい目標に向かって順調に進んでいますか？
- 次の新しい目標を作りましたか？

　上記のような質問の有無にかかわらず、生徒たちが学習したことや理解できなかったこと書き終えたら、次回の授業で達成したい個人的な目

標を必ず書かせてください。目標を書くと、生徒たちは書いた目標を達成しようと考えるようになります。

　ブラックとウィリアム（Black and Wiliam, 1998）によると、上記のような方法を利用した場合、生徒たちの計算スキルの到達レベルは、利用しなかった時と比べて約2倍になりました。

間違いを見つけて修正する方法

　次に紹介する方法は、教師や仲間によって発見された誤解・誤答に向き合うことを求める方法です。このような方法は「チェック」だけでなく、厳密な「修正」を生徒たちに求めます。

ラーニングループ

　次のような評価表は、一般的な評価で頻繁に利用されていますが、工夫次第でどのような評価でも利用することができます。目標の到達基準を明確にするために、課題を始める前に評価表を生徒たちに提供してください。294ページの表は、レポートを書く課題で利用した評価表の例です。このような評価表は、実用的な課題や学術的な課題に利用することも可能です。特に、レポートの執筆やサッカーの審判など、練習を繰り返す必要がある課題で役に立ちます。

　このような評価表を使ってラーニングループを進める場合、課題用紙の上に空欄を2つ設けておきます（図11-9参照）。次に、空欄に前回の課題で決めた目標を書いてもらいます。目標を記入したら、目標の達成を目指して課題に取り組んでもらいます。生徒たちが課題に取り組んだ後、教師は生徒たちの達成レベルを評価します。

　もっと簡単に利用できる方法が他にもあります。例えば、課題に取り組む前に、取り組んだことがある課題を思い出してもらいます。そして、「前回の課題で学習したことは何ですか？　今回の課題では何に気をつ

レポートの評価表　タイトル:	氏名:	
到達基準	自己評価	教師の評価
文章の内容はエッセイで議論する「問い」に合っていますか?		
賛成と反対の理由が書かれていますか? ・エッセイで主張したいこと(命題)は何ですか? ・要点や結論は何ですか?		
主張を支持する十分な根拠、例、図を挿入しましたか?		
賛成・反対の主張がありますか?　両方の主張を評価していますか?		
結論はタイトルと関連していますか?　結論に正当性はありますか?		
このエッセイに必要な改善点は何ですか?		
次回のエッセイを書く時の目標は何ですか?		

けると良いでしょうか?」と尋ねます。チェックした課題を生徒たちに返却する時は、教師のフィードバックを生徒たちが読む時間、自分の回答を修正する時間、次の目標が設定できる時間を確保しましょう。

間違えた回答や下書きを修正する

　楽しい作業とは思えないかもしれません。しかし、間違えた回答を修正することにより、生徒たちの理解は深くなり、誤解を解くことができます。「最終的に必ず正解できる・理解できる」ことを知っていれば、生徒たちは勉強に対して前向きな気持ちになります。また、生徒たちは修正することを嫌う傾向があるので、最初から慎重に課題に取り組むよ

CHAPTER 11　学習を「チェック・修正」する方法

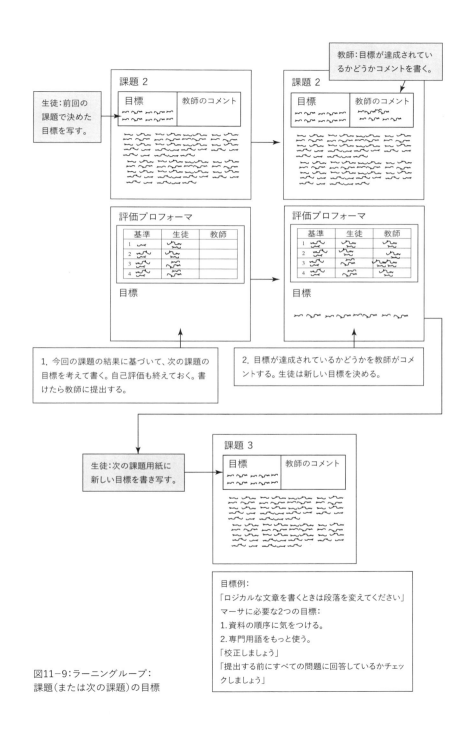

図11-9:ラーニングループ:
課題(または次の課題)の目標

うになります。不注意による間違いは見逃しても問題ありません。しかし、基礎的な誤解・間違いを修正することは大切です。修正は以下の手順で進めます。

1 レポート、作文、練習問題、プリント、クイズ、小テストなどの課題に取り組んでもらいます（総合的な課題や冊子型のコースワークなども含む）。

2 生徒たちの課題を教師が評価します（または、回答を自分で評価する。生徒同士で回答をお互いに評価する）。

3 生徒たちを少人数のグループに分けて、間違えた箇所をお互いに教え合ってもらいます。もちろん、教師が支援しても問題ありません。間違えた箇所から「何を間違えているのか」を特定して、誤解の修正を支援します（例えば、「間違っていると判断された理由は何でしょうか？」と尋ねるなど）（学力が高い生徒が各グループに 1 人ずつ配置されるように教師がグループを作ると良いでしょう）。

4 生徒たちは自分の回答や作品を修正します。正しく修正できたかどうかを確認する 1 つの方法は、練習問題やクイズの出題です。また、前回の授業で間違えていた問題だけを解かせると良いでしょう。間違えていた問題の解き方を他の生徒に説明してもらう方法もあります。

　前ページの方法は他の方法と同様に、使い過ぎると良くありません。「間違えた問題をすべて直しなさい」と言われたら、生徒たちは意欲を失って授業が辛くなるかもしれません。しかし、間違えた問題の回答を修正させる方法を十分に活用していない教師もいます。生徒たちに修正する方法を正しく理解してもらうために、少し違う場面で利用する機会も必要かもしれません。グループが協力的であれば、修正する方法はとても楽しい活動になります。

CHAPTER 11　学習を「チェック・修正」する方法　　　　　　　296

マスタリーテスト（熟達度テスト）

　重要な知識やスキルの習得を確認したい時に役立つ方法です。次の学習に進む準備ができているかどうかを評価・確認することができます。ただし、マスタリーテストは、課題の梯子（CHAPTER 1 図1‐5）の下段に相当する簡単な課題や練習に限定して利用する方が良いでしょう。

1　トピックを教えた後（練習問題や宿題に取り組んでもらった後）、3〜5分程度で終わるシンプルなクイズやテストを出題して、最も重要なポイントやスキルを確認します。

　クイズやテストの例：
　・重要な知識やスキルを思い出してもらう質問
　・簡単な計算問題
　・以前に何回も練習した実技的スキル
　・以前の授業で扱った問題

2　模範解答例や採点基準を与えて自分の回答を採点してもらいます。

3　間違えた問題と間違えた理由を生徒たちに考えてもらいます。数学の場合、解答を隠して同じ問題を解いてもらうと良いでしょう。

4　合格の最低点は、例えば70〜80％です（重要な知識を問う簡単なテストの場合）。最低点に満たない生徒たちは、2〜3日後に再テストを受けてもらいます。ただし、最初のテストで間違えた問題に類似した問題だけでテストを構成します。再テストを自分で採点させた後、3のプロセスを繰り返します。

　マスタリーテストは浅い学習を促したい時に役立ちます（Lai and Biggs, 1994）。しかし、生徒たちを深い学習に導くためには、他の課題や評価が必要です。「何」を問う問題だけでなく、「なぜ」を問う問題も有効かもしれません。生徒たちが大切なことを理解しておらず、暗記しているだけになっていないか、注意が必要です。

ネオトラディショナルやネオトラと呼ばれている教師たちによると、成績を向上させる最も良い方法は「実践的なテストを繰り返すこと」です。例えば、クリストドゥル（Christodoulou, 2016）は、形成的評価の改善を提案しており、簡単な小テストと多肢選択問題のテストを紹介していました。しかし、各テストで見つかった誤答や誤解を修正する方法は紹介していませんでした。

問題を作って生徒同士で評価する

1　少人数のグループになって問題をいくつか考えます。次に、問題の正解と採点基準を作ります。異なるテーマを各グループに与えて様々な問題を作ってもらう方法でも問題ありません。
2　教師は各グループが作った問題・回答例をチェックします。そして、問題をグループ間で交換してもらいます。
3　各グループは、1 で作った問題を別のグループに渡します。問題を受け取ったら、問題を各自で回答します。各自で回答を終えたら、グループ内で相談しながら、全員が賛成する回答を作ります。
4　問題を作成したグループに回答を渡します。問題を作成したグループは受け取った回答を採点して、「何をどのように改善すると良いのか」を回答したグループに説明します。

ローゼンシャインたち（Rosenshine rt al., 2016）によると、問題作成は生徒の理解をとても深くしていました。

問題作成と「登山すごろく」

マスタリーテストよりも簡単に実施できる活動です。ここでは15歳前後の生徒を対象にしたゲームを紹介します。改編は簡単なので、難易度を高くして上級者対象の課題に調整することも可能です。

最初に、生徒たちをいくつかのチームに分けて、2～3週間前の授業で教えた内容のサブトピックを各チームに1つずつ与えます。各チームは与えられたサブトピックの重要な知識に関する問題（3～4問）と解答例を作ります。教師が問題と解答例チェックした後、各チームは図11-10のようなカードを作ります。

 参考情報
ウィリアムとリーヒ（William and Leahy,2015）によると、生徒たちが問題と回答例を作り、お互いに解いてもらった結果、学力が大きく向上しました。

　問題を作る時はパソコンのワード機能の表を使います（縦と横を同じ長さに設定します）。問題を作った後、表を紙にプリントして、切り分けてカードにします（必要であればサブトピック別に色を変えると良い

問題　マスタリーテストの主な特徴を2つ書いてください。 回答　重要な知識をテストする方法。 ブルームのタクソノミーの下段に相当する。 学習を終えていることが前提になっている。	問題　マスタリーテストが一般的なテストと違う点を2つ書いてください。 回答　以前の学習を思い出してもらうことが目的。 最終的に全員が合格する。 点数ではなく合格を目標とする。 ブルームのタクソノミーの下段に相当する。

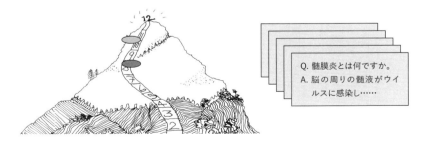

図11-10:登山すごろく

でしょう）。手書きでカードを作成しても問題ありません。紙を使わず、パソコンで電子版にすることもできます。

2人1組のペアになって、問題と解答を各自で考えてカードに書きます。可能であれば、すべてのサブトピックを扱いましょう。問題カードを作り終えたら、カードに書いてある問題をペアの相手に出題します。相手が正解したら、山の絵の上に置いているコマを1マス進めてください。マス数はカードと同数にしておくと良いでしょう。相手が間違えた場合は、「間違えたカード」として別の場所に置いて、正解を確認してもらいましょう。山頂の1マス手前に「ベースキャンプ」があり、「間違えたすべての問題カード」に再チャレンジします。ゲームの目的は早く山頂に到着することではなく、登山チームの2人が山頂に到着することです。

とても楽しいゲームであり、目的も明確です。登山すごろくをゲームとして利用するだけでなく、マスタリーテストの準備として利用することも可能です。

ノートを比較する：
ノート、アイデアマップ、グラフィックオーガナイザー

グラフィックオーガナイザーが学習にとても役立つことはCHAPTER 3で紹介しました。グラフィックオーガナイザーはノートの代用として利用することもできます。

1　生徒は、ノート、概念マップ、グラフィックオーガナイザーを1つ選んで作成します。

2　3人ひと組のグループになって、作ったノートやグラフィックオーガナイザーをお互いに見せ合ってもらいます。そして、「どのようにすると改善できるか」をお互いに提案します。

3　ノートやグラフィックオーガナイザーのモデルを生徒たちに見せます（以前の授業で利用したノートやグラフィックオーガナイザーを再利用すると時間と手間が省けます）。

CHAPTER 11　学習を「チェック・修正」する方法

図11-11：苦手な箇所を把握・克服する方法：日本版

4 教師が提示したモデルと自分のノート（グラフィックオーガナイザー）を比較して、違いを見つけて、話し合います。そして、自分のノート（グラフィックオーガナイザー）の改善点を提案してもらった後、他の生徒のノート（グラフィックオーガナイザー）の改善点を提案します。
5 生徒同士の話し合いの中で出た意見を参考にしてノート（グラフィックオーガナイザー）を改善します。

以下の２つの方法はウィリアム（William, 2011）の著書Embedded Formative Assessmentで紹介されている方法です。

苦手な箇所を把握・克服する方法：日本版

日本の学校で広く利用されている方法です（図11-11）。１単元あたりの授業回数は14回です。

1 14回のうち12回の授業で１単元の内容を教えます。
2 12回目の授業を終えた後、短い診断テストやクイズを出します。
3 テスト（クイズ）は採点するのではなく、生徒の苦手な箇所を確認します。
4 13回目と14回目の授業は３の苦手な箇所を理解・克服する活動に当てます。

結果に責任を持たせる協同学習

　生徒たちが取り組んだ課題は個別に採点・評価されることが一般的です。グループで取り組んでいた場合でも同様です。以下では、個別の採点・評価と異なる、別の採点・評価方法を紹介します。ほとんど利用されていない方法ですが、上手に利用することができれば約4倍の効果があります。

1　生徒たちをいくつかのグループに分けます。友達同士のグループにならないように、教師が生徒たちをグループに分けると良いでしょう。外側の座席から1、2、3、4、1、2、3、4と番号を付けるとランダムに分けることができます。各生徒に番号を付けた後、同じ番号で集まってグループを作ります。

2　各グループに課題を出題します。課題を終えた後、小テストを各自で受けることを伝えます。そして、グループの得点は事前に以下の中から1つ決めておきます。
　・グループ内で最も低かった点数をグループの得点にする。
　・グループ内の全員で平均した点をグループの得点にする。
　・グループ内の「最も低かった点数」と「2番目に低かった点数」で平均した点をグループの得点にする。

3　課題に取り組んでもらった後、小テストに備えることを伝えます。

4　生徒たちが小テストを終えた後、教師が小テストを採点します。

5　グループの得点を発表します。

　上記の方法は生徒同士の助け合いを強く促します。ただし、ケンカにならないように、楽しい雰囲気で取り組ませることが大切です。1人の生徒が低い点数だった場合、グループ内の説明や支援が不十分だったことを伝えて、グループ内の生徒たちで責任を共有してもらいます。

CHAPTER 11　学習を「チェック・修正」する方法

生徒たちの回答を評価する

　コメントだけを書く方法がベストです。得点・評価（A判定〜E判定）・達成度（％）を書くと、生徒たちは学習や理解を進めていくことに興味を失ってしまうだけでなく、他の生徒と自分の評価の差を気にするようになります。教師たちは、生徒たちの自己満足ではなく、生徒たちが課題に集中することを求めているはずです。

間違いの種類を記号で示す
　語学の教師たちの間で一般的に利用されている方法です。他の教科でも利用することができます。文章の課題を評価する時、間違っていることを示すコードを余白に書き込みます。ただし、間違っている場所や間違っている内容は詳細に書きません。
　欧米でよく使われている記号は以下の通りです。

　　S：スペル（spelling）の誤り
　　T：時制（tense）の誤り
　　SVA：主語と動詞の一致（subject-verb agreement）に問題がある
　　P：句読点（punctuation）の誤り
　　／：ここで使っている語は不要

　生徒たちは、教師が付けた記号を見て、間違えている箇所を確認・修正します。なぜ間違えている場所や詳細を書かないのでしょうか？　理由は、「何を間違えたのか」や「どのように修正すれば良いのか」を理解して校正するスキルを身に付けてほしいからです。生徒たちに自分の間違いを慎重に探させて、修正する方法を考えさせると最も効果的です。
　上記のような方法で学習する時、誤答や解答の元になった概念を修正する機会を得る可能性があるため、教師が生徒たちの文章を修正するよりも効果は高いかもしれません。

「グレードを与える」フィードバックと「ゴール、メダル、ミッション」を与えるフィードバックの比較

　図11-12はAssessment in Education 誌に掲載されたブラックとウィリアムグレード（1998）の論文「Assessment and classroom learning」の要約です。

グレードを与えるフィードバック
例：測定された結果はコレです。

有益な情報（ゴール、メダル、ミッション）を与えるフィードバック
例：あなたが目指すゴールはコレです。
例：あなたが得意/苦手なことはコレですね。
例：より良くなる方法はコレです。

フィードバックの特徴

生徒を比較するフィードバック。生徒同士で競わせる。標準化された点数と生徒の点数を比較する。（意図していないのに）生徒がお互いを比較するような成績、点数、コメントを送る。

明確な評価基準とゴールがある。「何がどれくらい達成できているのか」を示している。メダル：何が上手にできていたのか。ミッション：どのようにすると改善することができるか。

自尊心に与える影響

緊張を与えるため、生徒たちは自尊心を守ろうとする。自尊心を守るため、リスクや挑戦を避けようとする。成績が優秀な生徒たちは自尊心が上昇する。

生徒たちは、受け入れられている、努力が認められている、評価されていると感じる。自尊心やコミットメントが高くなるため、課題や授業に積極的に参加するようになる。

生徒たちが獲得する学習方法

不適合な学習方法
浅い学習に近い学習方法を与えることになる。生徒たちの関心は成績の点数に向いており、深い学習や理解から遠ざかっている。生徒たちは、暗記、楽な学習、コピーで学習を終えようとする。生徒たちは、「理解」できたかどうかではなく、「正解」かどうかを気にする。

効果的な学習方法
深い学習に近い学習方法を与えることになる。生徒たちの関心はゴール、到達基準、ミッションに向いている。深く理解することを目的としているため、質が高い学習をしていることになる。成績の比較ではなく、自分の努力から自信が生まれているので、リスクや挑戦を受け入れる余裕がある。

学習や努力に対する考え方

不適応的で非難的な考え方
「間違えることは恥ずかしいことだ」
「努力はダサい」「能力が重要。生まれ持った能力は努力しても変わらない」
外発的動機づけ：ご褒美がなければ勉強しない。

非難的ではない考え方
「努力は大切。学習すれば成長できる」
「間違えたことから有益なフィードバックが得られる」
内発的動機づけ：学習することが目的になっている。

学力が低い生徒たちに与える影響

興味、努力、持続性、自己肯定感、自信、積極性が低下する。「学習性無力感」が生じることもある。「何をしても失敗するだろう」と考えるようになる。生徒たちは傷ついて引きこもり、傷つくことを恐れて、教師や学校を拒絶する。学習に対して敵意を持つようになる。学習は他の人のためにあると考える。

興味、努力、持続性、自己肯定感、自信が高くなる。「リソースフルネス（困難な状況でも臨機応変に対応して解決しようとする考え方）」を学習する場合もある。例えば、「困難から抜け出す道は必ずある」、「解決策を見つけることができれば対処できる」、「学習は、時間、努力、正しい学習方法の利用、が大切」など。学習そのものが目的であると考えている。

図11-12：「評価を与えるフィードバック」と「ゴール、メダル、ミッションを与えるフィードバック」の比較

CHAPTER 11　学習を「チェック・修正」する方法

逆向き設計のテスト

採点基準を作った後でテストを実施する方法です。

1　テスト用の問題を生徒たちに渡します。
2　グループを作った後、各問題の採点基準を作ってもらいます。
3　各グループの採点基準を共有・比較させて、最終的な採点基準を
　　クラス全体で決定します。
4　生徒たち全員にテストを受けてもらいます。
5　採点基準に沿って自分以外の回答を採点した後、回答用紙を返却
　　します。
6　意見が異なる箇所について議論した後、回答を各自で改善しても
　　らいます。

　一般的な基準（「グラフの軸にラベルを付けている」、「文献を引用し
て意見の根拠を示す」）は、実際に生徒たちが受けるテストの採点に適
用できないことがあります。到達基準の理解を深めたい時に上記の方法
はとても役に立ちます。

エビデンス

CHAPTER11　学習のチェック・修正のエビデンス

　最も信頼できる情報源はエビデンスの集約から得られます。
（CHAPTER14で説明します）。したがって、次の３つのエビデンス
をトライアンギュレーションする（様々な視点から捉える）こと
が大切です。
質的研究の要約
　フィードバックの重要性は世界的に認められており、本書392ペー

305

ジ以降の参考文献でも広く紹介されています。批判的ではない
フィードバックは人間性心理学の専門家から強く支持されています。
認知心理学も情報が豊富なフィードバック（ゴール、メダル、ミッ
ションを与えるフィードバック）を重視しています。

量的研究の要約

　ハッティとティンパリー（Hattie and Timperley, 2007）、ブラッ
クとウィリアム（Black and William, 1998）は、ゴール、メダル、
ミッション（このような用語は使っていません）の理解が必要だ
と主張しています。このような情報があると、生徒たちの学習は
大きく改善します。ゴール、メダル、ミッションを与える人は教
師以外でも問題ありません。ハッティによると、生徒たちの理解に
関するフィードバックは、授業方法を調整・改善する時にも役に立
ちます。Education Endowment Foundation（EEF）のツールキット
でも、学習の改善に関するフィードバックを重視しています。ディ
ラン・ウィリアム（Dylan William）は、形成的評価（チェック・
修正）の効果的な使い方を説明した本を出版しているので参照す
ると良いでしょう。

授業が上手な教師に関する研究

　本書392ページ以降の参考文献によると、優秀な教師たちは情報
が豊富なフィードバック（ゴール、メダル、ミッションを与える
フィードバック）を生徒たちに与えていました。レモフ（Lemov,
2015）は優秀な教師たちのフィードバックの方法を紹介しています。

　「チェック・修正」の方法は注目すべき可能性があります。「チェッ
ク・修正」を活用している教師は少なくありません。本章で取り上
げた方法をいくつか利用してみると、良い結果が得られるでしょう。

CHAPTER 11　学習を「チェック・修正」する方法　　306

参考文献 CHAPTER15の文献も参考にしてください。

無料で閲覧できるサイト 「formative assessment」、「feedback」で検索してみましょう。評価の目的は生徒がゴールを理解して、メダルとミッションを獲得することです。メダルやミッションのようなフィードバックを生徒同士で与え合うことも可能です。

The power of feedback ジョン・ハッティのフィードバックに関する動画。

J. Chizmar and A. Ostrosky, "The one-minute paper: some empirical findings" (*The journal of Economic Education,* 29(1): 3–10, 1998).
www.semanticscholar.org. でタイトルや著者名を検索してみましょう。

QCA, "Assessment for Learning: Using assessment to raise achievement in mathematics: A research report" (2001).

R. Sadler, "Formative assessment and the design of instructional systems" *(Instructional Science,* 18: 119–144, 1989).
サドラーの論文は見落とされる傾向があります。とても素晴らしい論文です。

書籍と論文
J. Biggs and C. Tang, *Teaching for Quality Learning at University (4th Edition)* (Maidenhead: McGraw-Hill, 2011).

P.J. Black and D. William, "Assessment and classroom learning" (*Assessment in Education: Principles, Policy and Practice,* 5(1): 7-74, 1998).
QCA (2003) も参照してください。
概要はウェブサイト「Inside the Black Box: Black and William」に記載されています。

P.J. Black et al., *Assessment for Learning: Putting it into Practice* (Buckingham: Open University Press, 2003).

R. Butler, "Enhancing and undermining intrinsic motivation: The effects of task-involving and ego-involving evaluation on interest and performance" (*British Journal of Educational Psychology,* 58(1): 1-14, 1988).

W.M. Carroll, "Using worked examples as an instructional support in the algebra classroom" (*Journal of Educational Psychology,* 83(3): 360-367, 1994).

D. Christodoulou, *Making Good Progress?* (Oxford: Oxford University Press, 2017).

A. N. Kluger and A. DeNisi, "The effects of feedback interventions on performance: A historical review, a meta-analysis, and a preliminary feedback intervention theory" (*Psychological Bulletin,* 119(2): 254-284, 1996).

B. Rosenshine et al., "Teaching students to generate questions: A review of the intervention studies" (*Review of Educational Research,* 66(2): 181-221, 1996).

J.A.C. Hattie and H. Timperley, "The power of feedback" (*Review of Educational Research,* 77(1): 81-112, 2007).

P. Lai and J.B. Biggs, "Who benefits from mastery learning?" (*Contemporary Educational Psychology,* 19(1): 13-23, 1994).

E. Mazur, *Peer Instruction: A User's Manual* (New Jersey: Prentice Hall, 1997).

G. Petty, *Teaching Today: A Practical Guide*(5th edition) (Oxford: Oxford University Press, 2014).

D. William and S. Leahy, *Embedding Formative Assessment* (West Palm Beach: The Learning Sciences, 2015).
「チェック・修正」の実用的なアイデアが掲載されています。課題の梯子の利用方法を強く推奨しています。

D. William, *Embedded Formative Assessment* (Bloomington: Solution tree, 2011).

CHAPTER 12 学習した内容の再使用とトピックの再学習

　教え続けていると、生徒たちは混乱することがあります。「末端の関連情報」と「重要なこと」の区別が難しくなるのです。「木を見て森を見ず」のような状態です。構造化されていない情報を記憶に留めることは極めて難しいため、教師は、生徒たちの理解が十分に構造化されているか確認する必要があります。学習を深めることは必要であり、授業で扱ったトピック内のさまざまな情報と他のトピックを関連付けるなど、授業で扱った情報のつながりを強くすることも必要です。教えたことを関連付けていけば、生徒たちは学習したことを他の場面で利用できるようになります。

　本書を執筆するにあたり、25年の教師生活を振り返ると、たくさん間違えていたことに気づいて胸が痛くなりました。教師たちは本章で紹介している方法をほとんど利用していません。私も利用していませんで

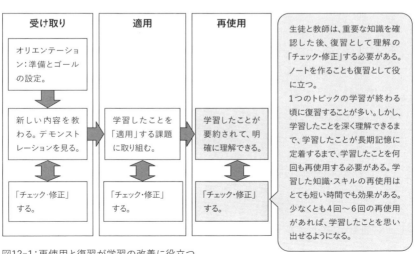

図12-1：再使用と復習が学習の改善に役立つ

した。しかし、本章で紹介している方法を使ってみると、多くの生徒たちの学習が向上しました。

助けて！　教えても忘れる！

「教える」とは「栓が抜けている浴槽に水を注いでいるようなものだ」と考えたことはないでしょうか？　私の同僚は以前に次のようなことを言っていました。「エドワード2世について教えている間に、生徒たちはエドワード1世のことをすっかり忘れているんだよ」。このような問題に対応できる解決策はあります。何世紀も前から提案されている方法であり、少ない時間で学習できる方法です。しかし、実践している教師は多くありません。

「クッキーのレシピを読んでみると、小麦粉とバターの比は3：2と書いてあります」。このような例を使って数学の授業で「比」を教えるとしましょう。生徒たちを2つのグループに分けて、それぞれ「比」のトピックを教えます。両グループの生徒たちの学力に大きな差はありません。教え方と授業時間（2時間）は同じです。ただし、1つだけ違いがあります。

1　集中して教えるグループ：
　「比」の授業を1回（120分）にまとめて教える。
2　間隔をあけて教えるグループ：
　120分を4回の授業に分けて、「比」を毎回30分だけ教える。残りの時間は別のトピックに当てる。

　他の条件は2グループ間で同じ。

「どちらのグループがよく学習できたと思いますか？」と聞くと、教師も生徒も「第1グループ」と答えます。1つのことに集中して学習する方が混乱しなくて済むという理由です。しかし、実験の結果によると、

CHAPTER 12　学習した内容の再使用とトピックの再学習　　　310

グループ2の方が圧倒的によく学習していました。

学習する時間の間隔をあける分散学習（spaced practice）の実験は数多く実施されており、結果の概要はハッティ（Hattie, 2008）の著書に掲載されています。分散学習で教えた生徒たちの成績（グレード）は平均して1段階以上も向上していました。このような素晴らしい結果が出ているにもかかわらず、授業で扱うトピックの分割は現在も注目されていません。分散学習の効果は何十年も前から知られています。しかし、現在も多くの授業カリキュラムは最後まで集中学習で計画されています。

学習時間の間隔を空けたり学習内容を分けて教える方が生徒たちは内容をよく記憶しており、学習が深まる可能性も高くなります。分散学習はどのようなテーマやトピックでも効果的です。別の実験をもう1つ紹介しましょう。

生徒たちは、複数の画家と各画家の作風を学習することになっていました。集中学習グループは1回の授業で画家と作風を集中的に学習します。分散学習グループは授業回数を分けて画家と作風を何回も学習しました（集中学習グループと分散学習グループの学習時間は同じです）。そして、両方のグループの生徒たちに授業で紹介しなかった作品をいくつか見せて、作者を尋ねた結果、集中学習のグループよりも分散学習のグループの方が的確に作者を当てることができていました。このような結果は深い学習や学習の転移があったことを示唆しています。

なぜ分散学習は効果的なのでしょうか？　理由の1つとして、頭の中が不要な情報で満たされないようにする脳機能が挙げられます。不要な情報のオーバーフローを防ぐ脳機能は「忘却」と呼ばれており、自動的に機能します。忘却とは、脳のデフォルトのオプションであり、何かを学習しても、すぐに消してしまいます。別の日に同じ情報に出会っても、やはり消えてしまうのですが、消えるスピードは前よりも緩やかになります。時間をあけて同じ情報に約6回出会うと、学習した情報は緩やかに消えてしまうのですが、長期記憶の中に残るようになります。

以前に学習したことを思い出す時間や学習したことを再使用する時間

がとても短くなるので、再学習はとても効率なプロセスなのです。

学習と忘却の曲線

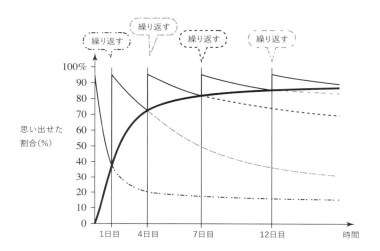

図12-2：忘れる様子を示している曲線に注目してください（傾斜が次第に緩やかになっています）。

分散学習をどのように利用すると良いでしょうか？

- トピックを1回でまとめて教えるのではなく、時間をあけて（数日後や数ヶ月後に）教える授業計画を立てる（ブルーナーの螺旋型カリキュラム（spiral curriculum）を検索してみましょう）。
- 以前に学習したことを再び授業で利用する。例えば、「ヘンリー1世とヘンリー2世の統治方法で似ている点と違う点は何ですか？」といったように、今日の授業で教えた知識と以前に教えた知識の類似点と相違点を比較する（私のお気に入りの方法です）。このような学習は生徒たちの学習の転移を促します。
- 宿題を繰り返し出して、以前に学習したトピックの重要なポイントを思い出せるようにする（313ページの「教室で試してみましょう」

を参照）。

- 授業した日から長い時間が経った後でも、授業で教えたトピックに関する宿題や課題の提示を恐れない。
- 生徒たちが回答したら即フィードバックを送るよりも遅らせて送る方が良いケースもあります。フィードバックを遅らせると、生徒たちは（教師のフィードバックを深く理解したいので）自分の回答を見直すことがあります。フィードバックで回答の改善を求めているのであれば、生徒たちは学習したことを見直す必要があるため、学んだことを再び利用することにつながります。
- 以前に宿題として課した各トピックのプリント（問題集）から問題を1問ずつ抜粋する。

教室で試してみましょう

多くの生徒たちは、「試験の直前にノートを読むこと」が復習になると考えているようです。効果的な学習方法は、記憶している大切なポイントを「チェック・修正」することです。このような方法を取り入れると、学習効果は最大化するだけでなく、学習時間と労力を最小限に抑えることができます。また、浅い学習に集中した退屈な試験勉強から教師や生徒たちも解放されます。

学習する、隠す、思い出す、チェックする、繰り返す

新しいトピックの学習に役立つポイントとスキルを最初に決定しましょう。本当に必要な情報だけを選んでください。例えば、大切なポイントをプリントにまとめるなど、生徒たちに大切な情報が伝わるように準備しましょう。そして、生徒たちに以下の手順を紹介します。

- **学習する**：重要な資料を見るなど、ノートや本を読んで理解す

ることに努めてもらう。

- **隠す**：ノートや本を閉じる。資料も見えないように表面を隠す。少し休憩する。
- **思い出す**：書いてあった大切なことを思い出して、すべてを紙に書いてみる。
- **チェックする**：思い出したことをノート、本、プリントと比べて、確認する。「正しく記憶していたことは何か？」「忘れていたことは何か？」「間違えて記憶していたことは何か？」
- **繰り返す**：しばらく時間が経った後（別の日が望ましい）、上記の手順を繰り返す。学習したことが定着するまで上記の手順を繰り返す。

　このような作業を宿題として出します。採点する必要はありません。確認として、次の授業の最初の3分間で小テストを実施するだけで良いでしょう。可能であれば、マスタリーテスト（CHAPTER11参照）を利用すると良いでしょう。3分間の小テストがあることを事前に生徒たちに伝えておきましょう。

　RARやホールクラスインタラクティブティーチング（Petty, 2009）では、重要なポイントを6回も復習します。理由を考えると驚くことではありません。トピックの細部は重視しません。学習したことを再び利用する場面は、一般的に、①1回目の授業の最後、②2回目以降の授業の冒頭、③約5回目の授業の最後、④約20回目の授業の最後です（例えば、複数回の授業で1つのトピックやサブトピックの授業を終えた後）。さらに、⑤学習したことを再び利用する機会を宿題で用意します（約2回程度）。

　1回目の宿題はトピックを教えているときに与えます。2回目の宿題は次の学期以降に与えます。宿題では、以前に学習した内容を復習できるように工夫された問題が出題されます。学習したことを再び利用する

段階では、教師が再び教えるのではなく、生徒が自分で学び直すことを求めます。

本章で紹介する方法の目的は、構成、理解、転移、反復、チェック・修正を使って5回分の復習を確実にすることです。

- **構成**：重要なポイントや基礎知識を生徒たちに特定してもらいます。そして、重要なポイントや基礎知識を中心にトピックを理解させて、生徒たちに知識の構造を作ってもらいます。つまり、「木を知るために森を見る」です。トピックの中に含まれている複数の知識や概念の関係性を把握させることが大切です。知識・概念を構造化した理解は長期記憶に残ります。

- **理解**：理解したことを自分の言葉で表現するように促すと、生徒たちは、それぞれ持っている情報と学習したことをつなげようとします。学習したことを再び利用させる際は、概念の関係性、類似点、相違点を強調して、トピックに関する「何」だけでなく、「なぜ」も強調して問うと良いでしょう。CHAPTER 1 で説明したように、知識を再び利用させる目的は深い学習につなげるためです。単純に時間を空けて思い出させたり記憶をチェックするだけでは不十分です。

- **転移**：学んだことが頭の中で別々に記憶されている場合、他の学習内容とつながることはなく、他の場面で学習したことを活用することもできません。学習の転移に向けた授業が必要です。転移は簡単にできることではなく、終わりはないのですが、転移によって学習はとても強化されます（CHAPTER 9 参照）。類似点と相違点を探す課題や「以前の授業でこのような知識や情報を見たことはあるかな？」という質問は転移を促します。転移を促すことにより、教科全体は、個々の知識の寄せ集めではなく、一貫性があるストーリーとして理解できるようになります。

- **反復**：学習の時間を空けて何回も学習内容に出会わせると（少なくとも約6回程度）、学習した内容が長期記憶に送られます。学習内

容に親近感が持てるように工夫したり、問題を解く練習を重ねることも学習を深める上で必要です。

- **チェック・修正**：「生徒たちの学習」と「教師の授業」の両方に「チェック・修正」が必要です。生徒たちが作ったノートの質も確認してみましょう。段落の最後やページの左右に余白を残しておくと修正しやすくなります。

生徒たちのノート作成が大切

現在はデジタル社会なので、手書きのノートは時代遅れに見えるかもしれません。しかし、ノート作りが学習に大きな効果を与えることは様々な実験で何回も確認されています。ノート作りとは、教師の板書を写すことではありません。理解したことを自分の言葉で表現することが大切です。

ノートを作る時、トピック全体を理解した上で知識を「構成」することが大切です。授業中にノートの「チェック・修正」をする時間があると、特に効果的です。しかし、ノート作成に授業時間を割く教師は少ないかもしれません。ノート作成ではなく、以下のような（効果が小さい）方法がよく利用されているようです。

教師が要約する：トピックの大切なポイントやトピックで扱った知識・概念の「構成」を教師が示すことは生徒にとって役立つことかもしれません。しかし、それだけでは不十分です。前述した通り、復習しなければならないのは生徒たちです。教師ではありません。

教師がノートを作って与える：生徒たちは努力しなくて済むので望んでいるような効果は得られません。教師が作成したノートを提供すると、誤った安心感を持たせることになります。ノートを作ることに効果はありますが、完成したノートをもらうことに効果はありません。（生徒に与えるノートなどは、CHAPTER 8 で紹介したように、精読する活動を

含めていれば効果的です。協働的構成主義的な方法は CHAPTER 7 で紹介しています)。

　良い教科書や資料があれば、CHAPTER 8 で紹介した「解説せずに教える方法」を授業や宿題で使ってみましょう。協働的構成主義に基づいている方法なので、生徒たちは楽しく学習できるだけでなく、教師の労力も少なくて済みます。

　大切な部分にハイライトやアンダーラインを引いて要約することはとても効果的な活動です。生徒たちのノートの質を嘆く教師は少なくありません。ノートの質に関する問題の解決策は、教師の説明をすべて書き取らせることではなく、空欄を埋めるプリントの配布でもありません。CHAPTER 7 で紹介した「思考プロセスのモデル」を教えることが解決策になります。

　ノートを作る時間を設けることは大切です。ノート作成は理解・学習の中心です。生徒たちがノートを作っている間、何を書いているのか見て回ると、教師として必要なフィードバックが得られるかもしれません。作ったノートの質が低くても最初は気にしてはいけません。以下で紹介するフィードバックを利用してノート作成の改善を支援してあげてください。「質が高いノート」は「質が悪いノート」から始まります。

　生徒たちのノート作成から 1 週間以上の時間が経過した後、教師が自作したノートを生徒たちに配布します。そして、大切なポイントに下線を引かせるなど、生徒自身のノートの改善を宿題にすることができます。教師のノートを手本として渡すことは、生徒たちがノートを作成している時に伝えない方が良いでしょう。手本がもらえることを伝えた場合、「先生のノートを待っていれば良いだろう（ノートを一生懸命に作らなくても良い）」と考えてしまう生徒がいるかもしれません。

　以下で紹介する方法は313〜314ページで紹介した 5 つの復習方法と一緒に利用することができます。特に、授業で利用すると効果的です。

　「再使用」の段階の目的は、学習したトピックに再会させることではありません。生徒たちの理解度の「チェック・修正」が主な目的です。

317

理想的な「再使用」の方法はCHAPTER 9で紹介しているのですが、本章でも「再使用」の方法を追加でいくつか紹介します。

　数学の場合、計算過程に注釈を入れた解答例の作成を生徒たちに求めると良いでしょう。注釈の記入を通して、どのように解くと良いか、なぜそのような方法が妥当なのかを説明させるのです。数学は計算するだけではないため、数学の教師は多くのことを生徒たちに求めることになります。

授業中の復習とノート作成

質問に基づいたノート作成の方法と構造化したノート作成の方法

　CHAPTER 6の「ゴールを設定する」で紹介したように、授業の開始時に鍵になる質問を1〜2つ出します。トピックの解説は質問を中心に進めます。クラス全体でディスカッションしたり、生徒たちの意見を黒板に書かせたりします。教師の意見を含めても問題ありません。次に、板書した意見を見ながら、「何が足りないか？」や「どのようにすると良くなるのか？」をアサーティブな質問で生徒たちに尋ねます。そして、板書に書いてあることを参考にしながら各自でノートを作成してもらいます。作成したノートではなく、ノートを作るプロセスに効果があることを忘れないでください。したがって、ノートを作る時間を授業中に設けておくことは大切です。授業時間中にノートを作ることができなかった場合、後述する「宿題」で補うことができます。質問ではなく、大切なポイントを中心に構成したノート、先行オーガナイザー、グラフィックオーガナイザーを利用することもできます。大切な情報が抜け落ちないように、ある程度まで構造化されたノートを生徒たちに与える方法もあります。構造化されたノートを作る方法は雪だるま式チェックを利用すると良いでしょう（以下で説明します）。

CHAPTER 12　学習した内容の再使用とトピックの再学習　　　318

教師が生徒たちと一緒にノートを作る

　生徒たちと一緒にノートを作る方法は、雪だるま式チェック（CHAPTER 5の124〜125ページ）の後に実施すると効果的です。

グラフィックオーガナイザーや視覚的なノートを作る

　グラフィックオーガナイザー（CHAPTER 3）はノートを作る時に役立つ強力なツールの1つです。グラフィックオーガナイザーは多くのトピックで利用することができます。必要であれば、説明を書き足すことも可能です。ノートが作りやすいように、先行オーガナイザーをアウトラインとして与えても良いでしょう。授業で学んだことをフローチャートや樹形図で整理する方法もあります。クオリティラーニングブースターを組み込んだ授業方法（29〜30ページ）も参照してください。

　ポスター、パンフレット、スライドショー、ウェブサイトの図表として作成させても良いでしょう。パソコンを使うと、オンライン上で共有できるため、生徒同士でお互いを評価することができます。

雪だるま式チェック

1　各生徒に「大切なポイント」と「大切と思った理由」を書いてもらいます。修正できるように、段落の間や余白を十分に空けるように伝えておきましょう。手が止まっている生徒がいたら、キーポイントや質問を与えて、それらに沿ってノートを作るように伝えてください。

2　2人1組のペアになってもらった後、ノートをお互いに見せ合います。そして、ノートを改善します。

3　4人1組のグループを作ります。再びノートをお互いに見せ合います。そして、ノートを改善します。

4　「大切なポイント」と「大切と思った理由」を各グループに尋ねます。グループを指名するのではなく、グループの中にいる生徒を指名して回答させてください。抜け落ちている部分があれば、

319

教師がコメントを付け加えます。クラス全体でノートを修正した後、次の学習内容に移り、1から繰り返します。

雪だるま式チェックはグラフィックオーガナイザーを作る時も役に立ちます。生徒たちの作成をサポートしながら、「生徒たちが何を理解しているのか」や「何を理解していないのか」を把握することができます。

授業時間の中で文章を読み直す

授業の概要をまとめた資料やプリントを生徒たちに配布します。大切な箇所にアンダーラインを引いてもらった後、教師がその箇所をチェックします。そして、クラス内でディスカッションを始めます。詳細はCHAPTER 8の「解説せずに教える方法」を参照してください。上記で説明した雪だるま式チェックで進めることができます。

グラフィックオーガナイザーを使って復習する

授業の最初に先行オーガナイザー（CHAPTER 6参照）の図を生徒たちに渡します。そして、授業の最後に、先行オーガナイザーの図に戻って、思い出せることを尋ねます。思い出せたことについて話し合った後、気づいたことや詳細な情報を各自の先行オーガナイザーの図に書けるように、2〜3分間の時間を残しておくと良いでしょう。書き終わったら、次に進んで同じ方法で進めます。

以下の方法を利用すると、生徒たちはノートを上手に作ることができるようになります。

実技的なスキルを復習する

今から説明する方法をすでに利用している教師は多いかもしれません。何かに取り組んでもらった後、1人の生徒の作品の周りに生徒たちを集めます。そして、その生徒の作品を見ながら「何をすれば良くなるのか」や「なぜ必要なのか」を考えてもらいます。このような話し合いをした後、

実技的なスキルに関するノートを作ってもらいます。そして、次回の授業の冒頭で質疑応答を通して授業内容を思い出させると良いでしょう。

専門用語と基礎知識のリストを作る

　これから教える専門用語と基礎知識のリストを生徒に渡します。各用語の下に余白があり、説明を書くことができます。授業で扱うトピックに限定するのではなく、各単元で扱うすべての専門用語と基礎知識をリストアップしましょう。専門用語の意味を調べた後でも修正できるように、鉛筆で記入させてください。授業の最後に、授業で扱った専門用語や原則を説明する課題を生徒たちに与えます。これまでと同じように、説明する課題があることを事前に伝えておくと、生徒たちは授業をよく聴くようになります。

　テストやクイズを出して専門用語や基礎知識を思い出せるような機会を作ることも大切です。前章で紹介したように、不完全な例を用いて「チェック・修正」する機会もあると良いでしょう。

浅い学習で得た知識を再使用する

授業以外の時間でノートを作る・復習する

　授業でノートを作ったり復習した後に追加して利用できる方法であり、授業で学んだことを6回くらい出会わせることができる方法です。

　マルツァノら（Marzano et al, 2001）は宿題に関する研究を調査した結果、「宿題に明確な目的を持たせるべきであり、授業内容と深く関連していて、宿題に取り組む価値を持っていなければならない。そして、保護者を宿題に巻き込んではいけない」と言っています。また、マルツァノらの研究によると、教師がコメントを付けて宿題を返却すると、自己評価や仲間同士の評価よりも効果が高くなります。

資料を読んで復習する宿題：詳細な内容を補足する

　授業中に説明できなかった詳細な内容を解説している資料を生徒たちに渡します。そして、資料を読んだ後、大切な箇所に印を付けてもらいます。このような方法で学習させると、生徒たちは詳細な内容を学ぶことができるだけでなく、大切なポイントと詳細な箇所の関連性も理解することができます。補足資料を渡す方法は全国的に優れた結果を出している多くの学校で利用されているようです。

学習内容の要約をプリントの裏面に書く

　文献などを読む時、以下の方法をアレンジして利用しています。インターネット上の資料を印刷したプリントを配布して、読んでもらった後、大切なポイントに印や下線を付けるように指示します。そして、用紙の裏面に大切なポイントの要約を自分の言葉で書くことを求めます。

　さらに、次の授業の冒頭で印や下線を付けた箇所を生徒たちに尋ねて、「チェック・修正」します。教師が印と注釈を付けたプリントをインターネット上に掲載して、生徒たちに各自で比較させても良いでしょう。また、教師が印と注釈をつけたプリントを配布して、生徒たちの復習用の資料として使う方法もあります。

　教えたいことが多過ぎて授業時間が足りない場合（教師のほとんどがそうですが……）、上記の方法の利用を検討してみてください。アクティブラーニングの時間も確保できるでしょう。

例題を利用して学習する

　算数・数学などの科目では、以前の授業で扱った例題を解かせて、考えたことを注釈として付ける課題が効果的です。回答のプロセスに1つずつ解説を付けてもらった後、次回の授業の最初に、回答のプロセスを他の生徒に説明してもらいます。各個人の教科書を利用する場合は、注釈を教科書に書き込ませるか、付箋を利用させると良いでしょう。

CHAPTER 12　学習した内容の再使用とトピックの再学習　　　　　322

解説せずに教える方法：宿題版

　自宅にいる生徒たちに解説することはできないので、CHAPTER 8 で紹介した「解説せずに教える方法」を宿題として利用する方法があります。

浅い学習の危険性

　浅い学習で記憶した情報の確認は必要です。しかし、記憶しているかどうかの確認だけでは不十分です。また、記憶を確認する方法は面白くありません。クイズを出す時間を作ることが難しい上に、学習したことを確認する楽しい活動を授業時間外で設けることも簡単ではありません。記憶している情報の確認などではなく、「深い学習」と「学習の転移」につながる工夫をする方が良いでしょう。課題が面白くなり、学習した内容を思い出す機会や再び利用する機会を合わせて作ることができます。また、小テストやクイズが多くなると生徒たちは精神的に辛くなってしまうことも覚えておいてください。

理解を深める方法と学習したことを転移させる方法

類似点と相違点

　類似点と相違点を考えさせることは厳密な研究によって高い効果が示された方法の１つです。なぜ効果が高いのでしょうか？　類似点と相違点を考えさせる方法は、２つの概念・知識を比較させたい時に利用することができます。本章で紹介する方法は、「授業で学習中の内容」と「以前に学習した内容」を比較したい時に役立ちます。例えば、ある国の王様の統治方法を学んでいる時、以前に学習した別の国の王様の統治方法と比べることができます。円グラフや棒グラフを学習している場合、図を利用して類似点と相違点を考えることができます。

　学習した各トピックをリンクさせると深い学習につながるだけでなく、学習したことを他の場面で適用できるようになります。例えば、第一次

世界大戦と第二次世界大戦の問題は、生徒たちが考えている以上に類似点がたくさんあるかもしれません。また、分数の計算方法は割合の計算で利用できることに気づくかもしれません。

　類似点や相違点で比較する方法は脳の働き方と関係しています。オレンジを知った赤ちゃんが次にレモンを知った時、脳の中にレモンのファイルを新しく作ることはありません。オレンジとレモンの類似点と相違点に気がついて、「レモンはオレンジと形が似ているけれど、オレンジは甘くてレモンはすっぱい」とファイルの情報を更新するのです。情報の重複を防ぐことができるので、オレンジとレモンを別々に分けて記憶するよりも、類似点や相違点で比較する方が効率的に知識や概念を作ることができるのです。「オレンジの皮は硬い」という事実は学習している情報なので、レモンを初めて見た時に改めて皮の硬さを学ぶことは非効率です。レモンの概念にオレンジの概念を利用する方が効率的です。

　類似点や相違点で比較する方法は、学習の転移を促します。例えば、料理にレモンの皮を使ったことがあれば、「オレンジの皮も使えるかもしれない」と考えるかもしれません。もちろん、このような推論がいつも正しい結果につながるとは限りません。しかし、正しくない結果になった時、脳内の「類似点や相違点」のファイルが更新されます。コンピュータの世界でも、メモリの容量を節約するために大きな画像ファイルを圧縮する際に同じような方法が使われています。つまり、脳の構造や働き方を利用しているため、類似点や相違点で比較する方法に大きな効果があるのかもしれません。

　学習の転移は簡単ではありません。転移を意識して丁寧に教える必要があります。学習は転移させなければ意味がありません。なぜなら、多くの場合、学習したことを教わった文脈の中だけで使う傾向があるからです。学習したことを慣れない場面や新しい問題で利用することは苦手なのです。転移がなければ学習した知識は限定的です。学習の転移は教科をとても魅力的にするだけでなく、教科全体の関係性の把握につながるので、生徒たちは理解しやすくなります。

CHAPTER 12　学習した内容の再使用とトピックの再学習

類似点と相違点を比べる課題の例

　以下の類似点と相違点を図で書いてください。

- 浸透と拡散

- 暗喩と直喩

- エネルギー保存と運動量保存

- 筋肉を構成している3種類の筋線維

- ナポレオンとヒトラー

- マクベスとマクベス夫人

「以前の授業で扱った『小売り店』の中で顧客のニーズに合わせた対
　応方法の類似点と相違点は何ですか？」

「学習した詩の技法の使い方はオーデン、ラーキン、シェイクスピア
　の詩でどのように違っているでしょうか？」

　ベン図、スパイダーダイアグラム、同異表などを利用して類似点と相
違点を図式的に表現させると高い効果があります（CHAPTER 3 参照）。

　これまでと同じように、クオリティラーニングブースターは類似点や
相違点の図表を作る時に役立ちます。例えば、2人1組のペアになってお
互いの図表（類似点や相違点）をチェックしてもらいます。そして、教師
が提示したモデルと比較しながら自己評価してもらいます。CHAPTER 3
で紹介したグラフィックオーガナイザーのピンポン（やりとり）を利用す
ることも可能です。クオリティラーニングブースターを利用すると、採
点の手間が省けるため、採点が不要になるケースもあります。

学習を転移させる他の課題

　CHAPTER 9 「学習したことを適用する」の最後で紹介したアイデア
は、学習の再使用や学習の転移で利用することも可能です。学習の転移
の促進に役立つ課題は以下の通りです。

- 似ている点や接点を探す。

- 関連しているトピックの類似点と相違点を探す。
- 普遍的な原則を探す。
- 学習しているトピックに適用できる原則を考える。

ミックスされた課題

新しく何かを学習する時、以前に学習したことを再び使用することは難しくありません。例えば：

- 外国語を学習している時、以前に学習した台所に関する単語を利用しながら、新しい動詞の文法を学習する。
- 電気に関する授業を進めている時、以前の授業で学習した「力とエネルギーの物理学」を利用して、重りを持ち上げるモーターの効率を計算する。
- 首相の仕事について学習する時、以前の授業で学習した「議会の役割」に関する知識を利用する。
- データベースの学習を進める時、以前に生徒たちが作成したウェブサイトを利用してデータベースの仕組みを説明する。

ミックスされた課題は授業の中に含める必要があります。新しく学習しているトピックと以前に学習した内容が関連していない時は、創造的な思考と計画が必要です。新しく学習する内容が過去の学習の上に成り立っている教科（例えば、数学や科学など）であっても、学習したことを再び利用する機会が計画されていなければ、生徒たちは学習した内容を忘れてしまう可能性があります。

テストに備える

試験問題で優れた回答を書けるようにするためには、回答の練習が必要です。多くの教師たちは練習問題を解かせた後、すぐ採点してしまう

CHAPTER 12　学習した内容の再使用とトピックの再学習

傾向があります。即採点して結果を返す方法は効果的ではありません。CHAPTER11で説明したように、生徒たちは自分の回答に対して以下の3つを知る必要があります。

ゴール：問題が求めている回答（内容、回答の長さ、回答の詳しさ）はどれくらいなのか？
メダル：正しく回答できていることは何か？
ミッション：何を改善すると良いのか？

上記の情報を与える最も良い方法は、生徒たちが問題を解いた後で教師の模範解答例を見せて比較させることです。

以下のような方法で回答を「チェック・修正」すると効果的です。

模範解答例や採点基準があると、各問題で求めていることを明確に理解することができます。また、自分の回答と模範解答例を比較することにより、正しく回答できている箇所や改善が必要な箇所を把握することができます。回答に点数が付いていなかった時、「自分の回答はどれくらいできていたのか」を知りたくなるので、模範解答例と自分の回答を比較して違いを熱心に探すようになります。

多肢選択問題の場合でも同じ方法を利用することができます。しかし、

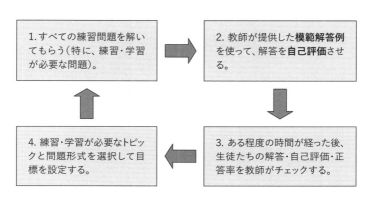

図12-3：テストに備える

多肢選択問題の場合、不正解だった時の理由を説明する方が良いかもしれません。

　教師が作成したノートや図表などを生徒たちに渡すと、生徒たちはそれらを保管し続けます。ノートや図表を貰い続けていると生徒たちは「どうせ先生が後で見本をくれるだろう」と考えて、ノートや図表を雑に作るようになるので、ノートや図表を渡す方法は使い続けない方が良いでしょう。

フィードバックで復習する他の方法

　CHAPTER11では、学習したことを再び利用する方法や復習する時に簡単に利用できるアクティブな「チェック・修正」の方法を紹介しました。特に、形成的テスト（クイズ）、模範解答例を使った生徒同士の評価、問題作成、登山すごろくはとても役に立つ方法です。

　今学期だけでなく、前学期に学習した知識を利用させる宿題を出すことも忘れないでください。

エビデンス

CHAPTER12　学習した知識の再使用と再学習のエビデンス

　最も信頼できる情報源はエビデンスの集約から得られます（CHAPTER14で説明します）。したがって、次の３つのエビデンスをトライアンギュレーションする（様々な視点から捉える）ことが大切です。

質的研究の要約

　分散学習は認知科学から生まれました。CHAPTER15のすべての基本的な参考文献で肯定的に紹介されています。学んだことを長

期記憶に留めるためには学習したことを何回も再使用しなければなりません。ダンロスキー（Dunlosky, 2013）によると、本章で紹介した「学習する、隠す、思い出す、チェックする、繰り返す」は、試験勉強において高い効果があります。一方、学習を深める際、難易度が高い課題の必要性は強調していませんでした。

量的研究の要約

ハッティ（Hattie, 2009）は、「分散学習」と「学習の転移」に高い効果があることを認めています。また、ダイレクトインストラクションも効果的な方法であり、学習の再使用が確実に含まれていることを説明しています。

マルツァノら（Marzano et al., 2001）は、ノート作成とグラフィックオーガナイザーに高い効果があることを報告しています。「類似点と相違点」を比較する学習も高い効果がありました。

授業が上手な教師に関する研究

レモフ（Lemov, 2015）は、「優秀な教師たちは学習を再使用する方法を多く見つけている」と報告しています。また、エアーズら（Ayres et al., 2004）の研究によると、（16〜19歳の生徒を教えている）優秀な教師たちは、本章で紹介した「質問に基づいたノート作成」や「ノートを作成する宿題」を実施していることがわかっています。

以上の複数の情報源から、本章で紹介した方法は教室で試してみる価値はあります。

参考文献　CHAPTER15の文献も参考にしてください。

無料で閲覧できるサイト　「spaced practice」、「long-term memory」、「study skills」、「transfer」、「similarities and differences method」、「revision method」で検索してみましょう。

書籍と論文

J. Dunlosky "Strengthening the Student Toolbox" (*American Educator,* 37(3):12–21, 2013).
初回の学習よりも復習時の学習に焦点を当てている(いくつかのポイントが省略されている)。
残念ながら、学習の転移はほとんど説明されていない。

J. A. C. Hattie, *Visible Learning: A Synthesis of Over 800 Meta-Analyses Relating to Achievement* (London: Routledge, 2008).

R. Marzano et al., *Classroom Instruction that Works* (Alexandria, VA: ASCD, 2001).
宿題の章を参照してください。

G. Petty, *Evidence-Based Teaching* (Oxford: Oxford University Press, 2009).
第20章を参照してください。

G. Petty, *Teaching Today* (5th Edition) (Oxford: Oxford University Press, 2014).
第23章を参照してください。

CHAPTER 12 学習した内容の再使用とトピックの再学習

CHAPTER 13 スタディスキルとアカデミックスキルを戦略的に活用するトレーニング

スタディスキルやアカデミックスキルをCHAPTER 7 とCHAPTER10で紹介しました。CHAPTER13では、スタディスキルやアカデミックスキルの教え方を詳しく紹介します。教えている教科や評価方法によって異なるかもしれないのですが、良い成績を目指したい時、以下の5つのスキルは必要です。

- 分析するスキル（CHAPTER 3 参照）
- 評価するスキル
- 難しい文書を読んで理解するスキル
- 初めて見る問題を解くスキル
- エッセイやレポートのような長い文章を書くスキル

シラバスに記載した内容を教えるだけで十分と思うかもしれません。しかし、各教科で求められるスキルや評価するスキルを教えると、生徒たちの学習レベルは大きく向上します。興味深いことに、上記のスキルによって生徒たちは深く考えることができるようになるため、学習内容の理解も深くなります（Hattie, Biggs and Purdie, 1996）。

リフレクション
スタディスキルを教えることはできない？：
いいえ！ 教えることは可能です！
2000年のイギリスとウェールズのナショナルカリキュラム（政

府が定めた教育基準）はジェネリックスキル（特定の分野に限らず、すべての人に必要な汎用性があるスキル）の育成を含めていました。

しかし、ジェネリックスキルを受け入れた教師は少なく、「スキルを教えることは不可能。知識だけを教えれば良い」と主張する教師や教育関係者が出てきました。教師たちの意見に同調する認知心理学者たちも現れて、「学習内容に関する知識（宣言的知識）が多いほど、執筆や評価が上手になる」と主張しました。「知識が多いほど上達する」という主張は間違っていません。

しかし、「知識をたくさん教えることがアカデミックスキルを伸ばす唯一の方法だ」という主張は言い過ぎです。このような結論は、本書の最終章で説明している通り、経験的な根拠と一致しません。もちろん、スキルを教えることは簡単ではありません。スキルを練習するだけでは上達しないので、正しい使い方も生徒たちに教える必要があります。次のケーススタディで教え方の例を紹介します。

ケーススタディ1

精読スキルを教える

「精読」とは、文章を丁寧に読んで深く理解するスキルです。

生徒のニーズから始める：アリス先生は、生徒たちが注意深く読んでいないことに気がつきました。試験問題の中に理解度を問う問題があり、今まで読んだことがない問題文を理解して解答しなければなりません。読解が必要な問題になると、生徒たちの成績はいつも良くありませんでした。読解の宿題を出してみると、教科書の理解も難しい様子でした。そこで、アリス先生は精読スキルを教えることにしました。

スタディスキルを教える時は、教科や評価で必要なスタディスキルを

CHAPTER 13　スタディスキルとアカデミックスキルを戦略的に活用するトレーニング

最初に特定することが必要です。必要なスキルを継続して体系的に教えることをジョン・ビグスは「構成の調整（constructive alignment）と呼びました。つまり、育成したいスタディスキルに合わせて授業を調整するのです。当然な方法ですが、多くの教師たちはほとんど利用していません。多くの場合、授業計画はシラバスに書かれている内容の網羅です。網羅的に教える教師たちは「スタディスキルが弱い理由は知能の低さにある」と考える傾向があります。「スタディスキルの使い所がわかっていない」とは考えません。例えば、ある生徒は、テキストを読んでいる途中で難しい箇所に当たると「わかりません（難しすぎる……私は賢くない……）」と言って読むことをやめてしまうことがあります。上手に読む方法（スタディスキル）は、読むことが苦手な生徒たちの文章理解を助けるはずです。

注意深く読む方法

概要を把握する　著者の主張を理解するために2回読む。特に、題名、図表、最初と最後の段落に注目する。

助けて！　理解できないところがある！　難しい箇所は2～3回読み直す。意味がわからない言葉は辞書を使って調べる。辞書で調べてもわからない時は該当箇所に「?」を付けて読み進める。すべて読み終えたら、難しい箇所に戻って読み直す。

大切なところに下線を引く　下線の箇所は全体の約10%程度にする。多くても20%。後から消せるように鉛筆を使う。

キーポイント・アイデアマップ・図表などを使って要約を作る　下線を引いた箇所を読み直して、本当に重要なことが要約にすべて含まれているかどうか確認する。

最初に読んだ時よりも理解が深くなっているはず！

図13-1：精読の方法を教えるプロセス

アリス先生はスタディスキルの本を参考にして、精読に必要な作業を段階的に分割して教えることにしました。そして、以下のようなプリントを作成しました（注：生徒たちの精読スキルを育成する手続きを示しています。スキルが現れる順番を示している図ではありません）。

　アリス先生は、精読スキルを使うことができるトピックを探すために、授業計画を見直しました。そして、3つのトピックを選んで2～3週の間隔を空けて各トピックスを扱うことにしました。最初に、テキスト（授業で扱うトピックを説明している資料）を丁寧に読んでもらいます。テキストは短いので、下線を引きながら要約を作る作業に必要な時間は約5分です。このように進めると、生徒たちはトピックの概要を把握できるだけでなく、精読スキルも学ぶことができます。このような方法は「ダブルデッカー（2層式）授業」や「ダブルデッカー課題」と呼ばれています。

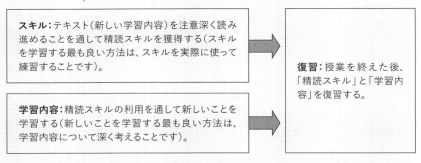

図13-2：ダブルデッカーの授業（ダブルデッカー課題）：スキルを授業の中で利用しながら、スキルと新しいトピックを同時に教える

　スキルの効果的な学習方法は、スキルを実際に利用して、練習を重ねることです。そして、知識の効果的な学習方法は、学習した内容について深く考えることです。ダブルデッカーの授業は、2つの「効果的な学習方法」を同時に提供するため、とても効率が良い授業方法です。「精読するとき、大切な箇所に下線を引いて要約するサブスキルも必要だ」とアリス先生は気づきました。担当している生徒たちの学力であれば、

どちらもできるだろうと判断して、下線と要約のスキルも一緒に教えることにしました。

　クラスの学力は多様なので、アリス先生は各クラスの学力に応じて教え方を調整しました。あるクラスでは、下線を引くスキルを先に教えて、次に、要約するスキルを教えました。そして、最後に精読の方法を教えていました。下線を引いて要約するサブスキルもダブルデッカーの授業で教えています。詳細はケーススタディ（342〜343ページ）を参照してください。

　アリス先生はダブルデッカーの授業（3回分）の他に、テキストの一部を読んで要約する宿題を計画していました。完成させた要約をアリス先生の要約と比べて自己評価をしてもらった後、次回の精読の時に達成したい目標を設定してもらう計画です。

スキルの必要性を明確にする：学力が高いクラスでは、精読スキルを紹介する前に、細胞分裂に関する短いテキスト（A4サイズ1枚以下）を読ませるところから始めています。生徒たちに短いテキストを読んでもらった後、「わかったことは何ですか？」と生徒たちに尋ねます。アリス先生が予想した通り、生徒たちは「内容が難しかった」と言っており、細胞分裂をほとんど理解していないことがわかりました。そこで、アリス先生は「テキストを何回も読みましたか？」、「難しいところは読み直ししましたか？」と尋ねたところ、多くの生徒たちは「読み直していない」と答えていました（学力が高い数名の生徒たちは「読み直した」と答えていました）。現在の生徒たちの読み方では難しいテキストを使うことは困難な様子です。そこで、アリス先生は、精読スキルの資料「注意深く読む方法」を配布して、各段階を説明した後、各段階が必要な理由を生徒たちに尋ねて考えてもらうことにしました。そして、精読スキルの方法に従って、もう1回、細胞分裂のテキストを読んでもらいます。精読スキルを使ってテキストを読むと、前回よりも深く理解できるようになったことに生徒たちは驚きました。

335

改めて細胞分裂について質問した結果、前回よりも良い回答が返ってきました。クラス全員が精読する方法の効果に納得していました。しかし、生徒たちは若干の修正をアリス先生に求めました。生徒たちが「注意深く読む方法」と呼ぶことを希望したので、アリス先生はタイトルを変更することにしました。精読する方法のタイトル（「注意深く読む方法」）は後で付けたタイトルです。当初のタイトルは「深く理解するために詳しく読む方法」でした。

メタ認知：授業の最後では、アリス先生は授業で読んだトピックの大切なポイントを要約しました。つまり、ダブルデッカー（２層式）の授業（図13－２）の下の層の確認です。次に、上の層（精読スキル）を再確認しました。

　アリス先生：授業でテキストを何回も注意深く読み直しましたね。注意深く読むために何をすると良かったでしょうか？
　生徒１：大事なところに下線を引く！
　アリス先生：テキストを読んだ後、確かに下線を引きましたね。「最初」にしたことは何でしたか？
　生徒２：最初は読んだけど……大雑把に読みました。見出し、最初の行、最後の行を見ながら。図も見ました。
　アリス先生：どうして最初に大雑把に読むことにしたのでしょうか？なぜ下線をすぐ引かない方が良いのでしょうか？
　生徒３：少し読んでみないと、何が重要なのかわからないから。
　アリス先生：そうですね。最初から下線を引きながら読んでいたら、どのようになっていたでしょうか？
　生徒４：下線を引き過ぎていたかもしれない……。
　生徒５：大切ではない部分にも下線を引いていたかも。
　アリス先生：そうですね。最初に全体像を捉えて、大切なところを何回も読み直して、基礎的なことを理解した後、キーポイントを把握す

ると理解しやすくなりましたね。

　このような手順で精読プロセスの理解を段階的に進めます。これは「チェック・修正」に相当するプロセスです。アリス先生は、ステップを1つ飛ばしたらどのようなことが起きるのかなど、間違えた時の結果にも注目させていました。

　上記のプロセスは「メタ認知」と呼ばれています。メタ認知は生徒たちの学習に大きな影響を与えます。メタ認知が身に付くと、「学習のプロセス」や「考えていること」を客観的に捉えることができるようになります。メタ認知は、「『考えていること』や『取り組んでいること』について考えること」を意味しています。

　次に、アリス先生は各段階の要約の方法を生徒たちに説明しました：「キーポイントを理解するために2〜3回読み直してください。そして、何について書かれているのか、少なくとも概要を理解しましょう。難しい箇所は何回か読み直して、必要な場合は、後で再び読み返しましょう。次に、大事な箇所に下線を引きながら再び読み直します。最後に、テキストの内容を自分の言葉で要約してみましょう」

橋渡し（学習の転移を教える）：スキルを教えた後の段階は、学習の転移を促す「橋渡し」です。アリス先生は「『注意深く読む方法』は他のどのような場面で利用することができますか？」と尋ねて、CHAPTER 5で紹介した「アサーティブな質問」を使ってクラス全体でディスカッションすることにしました。

　先生：インターネットの記事を読む時も「注意深く読む方法」は利用できるでしょうか？
　生徒6：使えません。オンラインの記事に下線は引けないよね。
　先生：本当に？
　生徒7：プリントアウトしたら、文章に下線を引けるよ。

先生：そうですね！　文書をコピーして文書編集ソフトに入れると画面上でも下線を引けるようになりますよね。

次に、アリス先生は精読スキルを利用しない場面について尋ねました。

アリス先生：文書が簡単で短い時も「注意深く読む方法」を使いますか？

生徒8：使わないかな。理解しやすい文章だったとしても、文章が長い時は、大切な箇所を見つけやすくするために、「注意深く読む方法」を使うかも！

最後に、生徒たちは「注意深く読む方法」の資料に以下の情報を追加していました。

「注意深く読む方法」は、**配布された資料・テキスト**だけでなく、**オンラインの記事**（読みたい箇所を印刷する、コピーして文章編集ソフトに張り付ける）や、**図書館の本**を読む時にも利用できる。「注意深く読む方法」を使って図書館の本を読む時は、読みたい部分をコピーする。しかし、テキストの内容が簡単で短い場合は役に立たないかもしれない。

ラーニングループ（次回の目標を決めて学習する）：「注意深く読む方法」を使ってテキストを読んだ経験を思い出してもらいながら、もっと上手に読む方法を生徒たちに考えてもらいます。とても個別的な作業であり、まさにメタ認知です。そして、精読スキルシートに目標を書いてもらった後、シートをファイルに保存します。シートは次回の授業で（テキストを読む時に）再び利用します。

大切なことは、「新しい内容の学習」と「精読スキルの学習」を同時に進めていたことです。そして、授業の多くの時間は新しい内容の学習に費やされていました。次回の授業では、精読スキルに慣れているので、精読スキルを教える時間は前回よりも少なくなるはずです。

アリス先生の授業の場合、精読スキルを教えることだけではなく、難しいテキストに出会った時に、望ましくない（習慣的に選択してしまう）読み方をやめさせることも1つの目的でした。望ましくない読み方は何回も繰り返されて身についている方法であり、試験の時など、時間に追

われている時やストレスが高い時に選択してしまう方法です。望ましくない読み方が身についているため、アリス先生は、1回読むだけでは理解できない（何回も読む必要がある）ことを強調したのです。時間は少し必要ですが、慣れてくると、生徒たちは必要な時に精読スキルを利用するようになるでしょう。

授業後の練習：精読スキルを磨くためには時間が必要なので1回の授業だけでは不十分です。そこで、アリス先生は、プリントに下線を引く宿題、テキストの要点を箇条書きにする宿題、アイデアマップを作って要約する宿題を出しました。宿題に取り組む前に、精読スキルシートに書いた目標も確認させていました。このような方法はラーニングループと呼ばれています。ラーニングループはCHAPTER11を参照してください。

　生徒たちに精読してもらった後、下線を引いたテキストと箇条書きで要約したプリントを生徒たちに配ります。生徒たちは配布されたプリントを見ながら、精読のプロセスを自己評価して、「下線を引くスキル」と「要約するスキル」を「チェック・修正」します。

　次の授業では、雪だるま式チェックも利用します。短いテキストが配布された後、生徒たちは「注意深く読む方法」を使ってテキストを読み進めます。最初は1人でキーポイントに下線を引きながら要約を作ります。次に、2人1組のペアになって、お互いの下線と要約を比較します：「どこに下線を引いているのか？」「どちらの要約が良いのか？」。そして、4人1組のグループになって、お互いの下線と要約を読み合った後、グループで1つの要約を作ります。難しい箇所があった場合、アリス先生はクラスでディスカッションを始めることもありました。また、「注意深く読む方法」について話し合うこともありました。

　考えていることを声に出しながら説明するモデリング（CHAPTER 7参照）を使って、精読スキル、下線を引くスキル、要約するスキルを教えることも可能でした。しかし、アリス先生は、モデリングを使いませんでした。もちろん、他のスキルを教える時はモデリングを使っていま

す。優秀な教師たちは、教える時に利用する方法を生徒たちの理解度に合わせて調整します。生徒たちが精読スキルを練習する時、アリス先生は「メタ認知」と「橋渡し」のプロセスを通して、以下のように授業を要約・整理していました。

「『注意深く読む方法』を使ってテキストを読みましたね」
「どのような方法で読みましたか？ どうしてそのような方法で読むと良いのでしょうか？ 手順の１つをスキップしていたらどのようになっていたでしょうか？」
「『**注意深く読む方法』は他にどのような場面で利用できますか？**」
「もっと上手に読むことができるように、**目標を決めましょう。**『注意深く読む方法』を使ってテキストを読んだ時、難しいと感じたことは何でしたか？ どのようにすれば上手に読むことができるでしょうか？」

「メタ認知」と「橋渡し」を繰り返すことは不要と考えるかもしれません。しかし、生徒たちにとって初めて読む長い文章は負担が大きく、生徒たちは内容の意味を理解することばかりに集中してしまう傾向があります。ワーキングメモリに余裕がなくなるので、教わった精読スキルの手順を利用する余裕もなくなります。したがって、短い期間のうちに、生徒たちの焦点を学習内容だけでなく、スキルの復習に移すことも大切です。授業でスキルを復習する時間は数分程度ですが、目標を設定して練習を重ねることにより、精読スキルはさらに向上します。

スキルを１人で利用する：「注意深く読む方法」の利用を毎回の授業で促していたら、生徒たちは自発的に正しく「注意深く読む方法」を使えるようになりません。そこで、アリス先生は、利用を促すことを少しずつ減らしました。

精読スキルを練習する初期の段階では、アリス先生は精読スキルのシー

トをファイルから取り出させて、前回の精読時に決めた目標で読むことを指示していました。そして、手順に沿って、テキストを注意深く読んでもらいました。後半の段階では、授業でテキストを与えた後、注意深く読むことだけを生徒たちに伝えます。そして、生徒たちが精読のプロセスに従ってテキストを読んでいるかどうかをチェックします。1～2分後、生徒たちを観察していると、下線を引いていない生徒たちがいることに気づきます。アリス先生は生徒たちの作業を一旦止めて、「『注意深く読む方法』の手順に従って読んでいる人は何人いますか？」と尋ねます。その後、クラスでディスカッションを始めます。いくつかのスキルは上手に利用できるようになるまで多くの練習が必要です。理想的な方法は、必要に応じてスキルを上手に使うことができるように、「精読スキルのシートの利用」や「教師の声掛け」を少しずつ減らすことです。

　精読に必要な手順はアリス先生が作った手順だけではありません。しかし、アリス先生が作った手順があれば、「自分で読み方を考えなさい」と言われるよりも早く精読スキルを習得することができるでしょう。上手な読み方を知りたいと思っても、生徒たちだけで上手な読み方を見つけることは簡単ではありません。精読スキルは他の教科でも利用することができます。しかし、授業計画は見直す必要があるでしょう。

リフレクション

　17歳の優秀な生徒たちに下線を引く課題を初めて出題した時、生徒たちは、「but」や「and」だけを残して、ほぼすべての文章に下線を引いていました。文中にとても重要なbutがあったのですが、生徒たちは下線を引いていませんでした。下線を引く課題は、文書全体を理解することも同時に求めているため、私が想像していた以上に難しい課題であることを思い知りました。

ケーススタディ2

他のスキルを教える

　アリス先生は、授業の準備をする時に以下の観点から教えるスキルを決めていました。

- 教科の特徴・性質
- 評価方法
- 前年の生徒たちが苦労していたスキル
- スムーズに次に進むために必要なスキル（アウトラインだけを教える）

　上記の4つの観点から考えた結果、以下のスキルを必要最小限のセットとして定めました：下線を引く、要約を作る、概念マップを作る、精読スキル、分析的思考、評価的思考、論文（レポート）執筆。これらのスキルも精読スキルを教えた時（322ページのケーススタディ1）と同じような方法で教えました。

1　特に重要なサブスキルが多い場合や学力が低いクラスの場合、サブスキルを分けて教える。
2　生徒たちが我流のスキルに満足している場合、教師が提案するスキルの学習が必要であることを説明する。生徒たちが利用している方法は不十分であることや、より良い方法があることを例示しながら解説する。
3　スキルのモデリングが望ましい場合、また可能な場合、モデリングをする。
4　利用するスキルの概要をスキルシートに書く。生徒たちにラーニングループの目標を書いてもらう（CHAPTER11のラーニングループを参照）。

CHAPTER 13　スタディスキルとアカデミックスキルを戦略的に活用するトレーニング

5　ダブルデッカーの授業（ダブルデッカー課題）でスキルを練習してもらう。授業で次のような質問を使って「メタ認知」と「橋渡し」を促す。

「どのようにスキルを利用しましたか？」

「このような方法は他の場面でも使うことはできますか？」

「改善に向けて、自分で目標を考えて、スキルシートに書いてください」

6　ダブルデッカーの授業（ダブルデッカー課題）を繰り返す。ラーニングループや雪だるま式チェックを利用してスキルを練習する。宿題も利用するなど、可能な限り練習の回数や時間を増やす。支援を少しずつ減らしながら、1人でスキルが利用できるように自立させる。

生徒たちが取り組んだ課題や作品を使ってスキルを教える

　上記のようなプロセスや手順を教える他に、生徒たちが取り組んだ課題・作品の「チェック・修正」を通して、スキルの使い方を改善させる方法もあります。例えば、生徒たちが書いたエッセイの「チェック・修正」を通して、「エッセイを書くスキル」を上達させることができます。

　良いエッセイとして評価する基準（評価表）を作って生徒たちに渡します。そして、自己評価がしやすくなる（教師からフィードバックも得られる）ラーニングループ（CHAPTER11参照）を利用して、改善に向けた目標を決定します（教師が目標を決めても良いでしょう）。

　多くの教師たちは、生徒たちのスキルを改善するために課題や作品を評価しています。確かに、生徒たちが取り組んだ課題・作品を評価するだけでも効果はあります。しかし、取り組んだ課題・作品を改善させる最も良い方法の1つは、スキルの使い方（スキルをどのように使うと良

いのか）を教えることです。多くの教師たちは使い方を教えていません。また、取り組み終えた課題・作品の質が低かった時、教師たちは「生徒たちの能力が低いから質が低いのだろう」と考える傾向があります。実際は教え方が不十分なのです。

スキルを伸ばす時に役立つスキルシートと評価表は著者のサイトから無料でダウンロードすることができます（https://geoffpetty.com/for-teachers/skills/）。スキルシートと評価表を利用して数学の問題の解き方を教える例を1つ紹介します。

数学の問題を解く：何をすると良いのかわからなくなった時に取り組むこと

図13−3の「問題を読む」から始めます。何をすると良いのかわからなくなった時は、すべての手順に慣れるまで、図13−3のプロセスを時計回りに進んでみましょう。

問題の解き方のリフレクション

教師は最初に1人で問題を解いておきましょう。授業では、生徒に以下のような質問をします（または、生徒が自分に問いかけます）。

- 「**どのような方法で問題を解きましたか？**」図13−3の中で役に立った方法は何ですか？　役に立った理由は何ですか？
- 「**どのような方法を使うと問題は解けたでしょうか？**」問題を解けなかった時：どのような方法を利用すると解けたでしょうか？　そして、解けると考えた理由は何でしょうか？　問題が解けた時：他にどのような方法が役に立つでしょうか？
- 「**利用した方法が他の問題でも役に立ったことはありますか？**」図13−3の方法を使って問題を解いた場合、同じ方法を使って解けた

CHAPTER 13　スタディスキルとアカデミックスキルを戦略的に活用するトレーニング　　　344

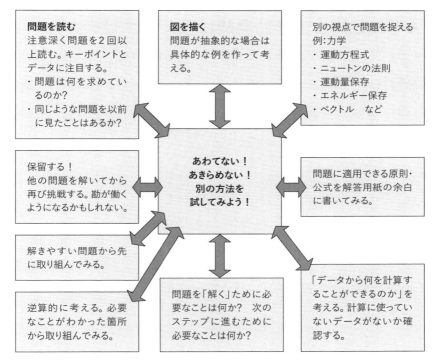

図13-3：数学の問題を解く

時と解けなかった時のケースを生徒たちに尋ねてみましょう。
- 「どのような条件の時に役立つ方法ですか？」視点を変えることは大切です。例えば、問題を読むとき、図を描くと別の視点で考えることが可能になります。

生徒たちの前で問題の解き方を見せる

図13-3を参照しながら問題を実際に解いて見せると効果は大きくなるでしょう。考えていることを声に出して説明しながら（途中で解答に行き詰まる演技も含めながら）、図13-3を使っている様子を生徒たちに見せてあげてください。詳細はCHAPTER 7のモデリングを参照してください。

スキルと解き方を効果的に教えるエビデンス

　本章で紹介した「戦略的に活用するトレーニング」や「スキルの教育」に関する研究はハッティ、ビグス、パーディ（Hattie, Biggs and Purdie, 1996）のレビュー論文が最も包括的です。ハッティたちのメタ研究の概要は著者のサイト「Further reading」の254ページに掲載しています。

　以下では、メタ研究でわかった大切なことをいくつか紹介します。

どのような方法やスキルが生徒たちの
学習の到達レベルを最も向上させるのか？

　最も効果が高かったスタディスキルのプログラムは、構造的支援（structural aids）と帰属トレーニング（attribution training）を含めていました。

構造的支援

　構造的支援（structural aids）とは、学習内容の構造と学習の目的を示す方法です。研究結果によると、スタディスキルの使い方を教えるだけでなく、スタディスキルを「いつ使うのか」や「なぜ使うのか」も教える必要があります。構造的支援は以下のようなスキルとオーガナイザーを含んでいます。

- 学習内容からキーポイントを引き出すスキル。大切な箇所に印をつける、下線を引く、注釈をつけるなどのスキルも含まれる。
- 概念マップ（アイデアマップ、スパイダーダイアグラムなど）を作成するスキル（CHAPTER 3 参照）。
- 先行オーガナイザー：授業内容の概要を事前に紹介する（CHAPTER 6 参照）。
- ノートを作るスキル：学習したことを要約する（CHAPTER 7、

CHAPTER 8 、CHAPTER13参照）。

　多くの教師たちは「下線を引くなどのスキルは簡単なので教える必要はない」と考えるかもしれません。しかし、研究によると、16〜19歳の学力が高い生徒でも大きな効果がありました。学力が高い生徒でも、このようなスキルを丁寧に教えることは必要です。

帰属トレーニング
　ポジティブな帰属トレーニング（positive attribution training）とは、学力の高さの原因をコントロールできないこと（IQ、能力、運など）に求めるのではなく、コントロール可能なこと（努力、時間、練習、方法を正しく使う、わからないときに助けてもらうなど）に原因を求めるように教えることです。この分野の先駆者である心理学者のキャロル・ドゥエック（Carol Dweck, 2012）は成長型マインドセット（growth mindset）という考え方を提案しています。

最も効果的なプログラムではスタディスキルを どのように教えているのか？

　担当する教科（コース）の学習に役立つスタディスキル・思考スキルを特定して、「何を教えるのか」を決定することが大切です。ハッティ・ビグス・パーディの報告によると、スキルの教育で最も効果的だった方法は以下の通りでした。

- 新しいことを教える時、必要なスキルも一緒に教える（ダブルデッカーの授業／課題を利用する）。授業内容と分けてスキルを個別に教える方法はダブルデッカーの授業／課題よりも効果が低い。スキルを教える時に利用する課題は、現実的で、他の課題に組み込むことが可能で、教科と明確に関連している必要があります（アリス先生が精

読スキルを教える時、細胞分裂のトピックを扱った理由は、細胞分裂を後で教えることになっていたからです。他のスキルを教える時も練習用の教材は後の授業で扱うトピックに基づいて選んでいました）。

- スキルの「重要性」と「使い方」を教える。

- 「スタディスキルを上手に使うことはできたのか？」を生徒に自己評価させる。もちろん、教師の評価も役に立ちます。自己評価させた後、最も難しかったスタディスキルについて再学習します。自己評価する時間は、スキルを教える前、教えている途中、教えた後に組み込むことができます。

- 生徒たちが積極的にスキルを学習する機会がある。生徒たちにスキルの使い方を説明するだけでなく、実際にスキルを使ってもらう機会が必要です。

- 概要を把握する読み方、ノートの作り方、大切な箇所に下線を引く方法、アイデアマップの作り方など、様々なスキルが必要な課題を用意する。課題に取り組む時、このようなスキルを同時に利用することが多い課題や、1つのスキルだけで回答できる課題は滅多にありません。しかし、スキルを初めて教える時は個別に分けて教える必要があるかもしれません。

- 明確な目的を持たせた上で、「どのようなスキルを使うのか」、「いつ使うのか」、「なぜ使うのか」を各生徒に判断させる。スキルを使う課題は教えている各教科に合わせて選択してください。例えば、配布したプリントで学習する、レポートを書くなどです。

- スキルを使って学習した後、スキルの使い方を自己評価させる。そして、再びスキルを利用する時の改善目標（ゴール）を設定させる。ハッティ・ビグス・パーディたちの報告によると、「メタ認知」の重要性が強調されていました。生徒たちにメタ認知させるプログラムの効果は、メタ認知を利用しなかったプログラムと比べて約2倍の効果がありました。ノートの作り方のスキルをメタ認知することは、

CHAPTER 13 スタディスキルとアカデミックスキルを戦略的に活用するトレーニング

348

学習内容の復習と明らかに異なります。

- 最も優れたプログラムでは、学習したスキルを別の場面で利用することを促す「橋渡し」が使われていました。例えば、両生類のノート作成で改善方法を教えるとき、他のトピックを学んだ時に作ったノートや別の教科で作ったノートも参考にしながら改善方法を考えてもらいます。そして、「キーポイントを取り出すこと」の重要性も考えてもらいます（学習したことを他の学習に適用できるようにするため、「橋渡し」と呼ばれています）。
- 上記の方法でスタディスキルを教わった生徒たち（スキルを戦略的に活用するトレーニングを受けた生徒たち）は、他の方法を利用した生徒たちよりも学習到達度が大きく向上していました。教師と生徒にとって時間と労力を投資する価値があったと言えるでしょう。

　本章のケーススタディでは、授業の中でスキルを教える方法を紹介しました。2つ目のケーススタディで紹介した教え方（アリス先生が利用した教え方）は他のスキルを教える時にも役立ちます。

　読み方のスキルを練習する機会を与えるだけでは生徒たちのスキルは成長しません。まったく成長しない生徒もいます。読み方のスキルの使い方をガイドしながらスキルを練習させる必要があります。ガイドの必要性は読み方のスキルだけに限りません。他のスキルでも同様です。本章で説明したように、スキルの教育は新しく学習している内容の中に組み込む必要があります。スキルを正しい方法で教えると、とても高い効果が得られます。スキルの教育に対して批判的な人は、スキル教育の効果の高さを受け入れる必要があるでしょう。

　効果的にテキストを読むスキル、レポートを書くスキル、評価的思考などのアカデミックスキルを生徒たちに教えなかった場合、「発見学習」という最悪の学習方法を生徒たちに提供していることになります。ガイドがない発見学習は効果的ではないことが広く知られています。

エビデンス

CHAPTER13　スタディスキルとアカデミック スキルを戦略的に活用する トレーニングのエビデンス

　最も信頼できる情報源はエビデンスの集約から得られます（CHAPTER14で説明します）。したがって、次の3つのエビデンスをトライアンギュレーションする（様々な視点から捉える）ことが大切です。

質的研究の要約

　本章に関するエビデンスは現在も議論の的になっています。認知科学の専門家たちは以下の4つを高く評価しています：スキルのモデリング、複雑なスキルを分割して1つずつ教える、メタ認知（「自分が考えていること」について考えること。本章では、理解度やスキルの使い方について考えました）、難しい課題に生徒たちが取り組む時は「足場」を用意する。これらはすべて本章で紹介した方法です。一方で、生徒たちのスキルは（どのような領域でも）生徒たちの知識に制限されることを忘れないでください。

　「スキルを教えることはできない（Christodoulou, 2014）、知的スキルを育成する唯一の方法は、知識を増やすことである」と解釈している教師がいるようです。しかし、このような主張をしている認知科学者を私は1人も知りません。例えば、ウィリンガム（Willingham, 2009）は以下のように主張しています。「認知科学において、この研究結果から導ける結論は単純明快です。私たちは、生徒に批判的思考を実践させながら、同時に、知識を獲得させなければならないのです」。つまり、ウィリンガムは、授業の中にスキルの教育を組み込むことを推奨しているのです。認知科学の研究論文を読んでみると、スキルの教育に焦点はまだ当たっていな

いようです。

量的研究の要約

ハッティ、ビグス、パーディ（1996）は「learning to lean」の
スキル（学習に必要なスタディスキルやアカデミックスキル）は
教えることができると主張しています。「現実的な文脈の中でスキ
ルを利用する方法」が最も効果的であり、スキルの教育を受けた
生徒たちの学習到達率は大きく向上することも示されています（論
文の概要は著書のサイトに掲載しています）。

授業が上手な教師に関する研究

エアーズら（Ayres et al., 2004）によると、優秀な教師たちは、
知的スキルが必要な課題（難易度が高い課題）を出題していました。

スタディスキルやアカデミックスキルに関する決定的な結論は
現在も明確ではありません。しかし、教科や評価に必要なスキル
を特定して、本章で紹介した方法でスキルを教えて効果を検証し
てみる価値はあります。

参考文献　CHAPTER15の文献も参考にしてください。

無料で閲覧できるサイト　「study skills」、「thinking skills」、「critical thinking」、
「comprehension strategies」で検索してみましょう。

スキルの教育に関する記事が著者のサイト（www.geoffpetty.com）にいくつかあります。教師
たちからコメントも寄せられています。スタディスキルや思考スキルなどの授業を検証したハッ
ティ、ビグス、パーディ（1996）は、新しいトピックを教える時にスキルの教育も組み入れる方
が良いことを強く主張しています。概要は著者のウェブサイトで無料ダウンロードできます。

K. Ericsson, R. Krampe and C. Tesch-Romer, "The role of deliberate practice in the
acquisition of expert performance" (*Psychological Review*, 100(3): 363–406, 1993).
能力は単に遺伝によるものではなく、「チェック・修正」をしながら特定の方法で習得できる
ものであると主張している論文です。

J.A.C. Hattie and G.M. Donoghue, "Learning strategies: a synthesis and conceptual model" (*NPJ Science of Learning 1,* 2016).

書籍と論文
P.C. Abrami et al., "Instructional interventions affecting critical thinking skills and dispositions: A stage 1 meta-analysis" (*Review of Educational Research,* 78(4), 1102-1134, 2008).

P.C. Abrami et al., "Strategies for teaching students to think critically: A meta-analysis" (*Review of Educational Research,* 85(2), 275-314, 2015).

D. Christodoulou, *Seven Myths about Education* (London: Routledge, 2014).

D.F. Halpern, "Assessing the effectiveness of critical thinking instruction" (*Journal of General Education,* 50(4), 270-286, 2001).

J.A.C. Hattie, J. Biggs and N. Purdie, "Effects of learning skill interventions on student learning: A meta-analysis" (*Review of Educational Research,* 66(2): 99-136, 1996).

S. Johnson and H. Siegel, *Teaching Thinking Skills* (London: Continuum, 2010).
「思考スキルは教えることは可能か?」というテーマを賛否両方の立場で紹介しています。しかし、量的研究は大幅に無視されています。

R.J. Marzano, "A Theory-based Meta-analysis of Research on Instruction" (Aurora, Mid-continent Research for Education and Learning, 1998).
メタ認知の重要性に関する強力なエビデンスを紹介しています。

J. Mannion and N. Mercer, "Learning to learn: improving attainment, closing the gap at Key Stage 3" (*The Curriculum Journal,* 2016),

D. Moseley et al., *Framework for Thinking: A Handbook for Teaching and Learning* (Cambridge: Cambridge University Press, 2005).

C. Peltier and K. Vannest, "A meta-analysis of schema instruction on the problem-solving performance of elementary school students" (*Review of Educational Research,* 87(6): 899–920, 2017).

R.D. Renaud and H.G. Murray, "A comparison of a subject-specific and a general measure of critical thinking" (*Thinking Skills and Creativity,* 3(2): 85–93, 2008).

PART 3

エビデンスを調べる

CHAPTER 14 教育分野のエビデンスを選択する

　優れたエビデンスでも欠陥はあります。その他のエビデンスはもっと欠陥があります。しかし、このような難しい道を上手に渡り歩く方法は存在します。

　完璧なエビデンスやアドバイスは存在しません。しかし、エビデンスという情報源は他の情報源よりも強く信頼することができます。これから説明するように、多くの場合、質が高いエビデンスと質が低いエビデンスを見分けることは可能です。質が高いエビデンスは教育の改善につながる方法を豊富に示唆します。そして、効果が高くない方法からあなたを引き離してくれるでしょう。また、質が高いエビデンスを参照した結果、多くの時間と労力を大幅に節約することができるでしょう。

　理論的に効果が期待できる方法や他の教師たちの優れた方法があったとしても、同じような結果が必ず得られるという保証はありません。最終的に信頼できることは、プロの教師として積み上げてきたあなたの経験です。「このような方法は私や生徒たちに良い影響を与えるだろうか？」と自分に問いかけてください。

　そして、初めて利用した時に上手にできなかったとしても、諦めないでください。教育の効果はとても複雑なので、取り入れた方法の効果がわかるまで約5回の実施が必要です。また、80%の効果を得たい場合は約25回の実施が必要です（Joyce and Showers, 2002）。

　優れた教え方を学習することができれば、どのような教師でも「エキスパート」になれます。詳細は本章の後半を参照してください。

　教育方法を提案している研究の数は膨大です。研究の中から、最も効果的な方法をどのようにして選択すると良いでしょうか？　私は、3種類の研究結果の概要を読んで結論が一致している部分を探す方法を推奨

しています。最も効果的な教育方法に関する主要なエビデンスは、「質的研究」、「量的研究」、「優秀な教師を調べたフィールドリサーチ」です。詳細は後ほど紹介します。3つの異なる情報源が共通して支持していることを探す方法はトライアンギュレーションと呼ばれています。トライアンギュレーションは報道や科学などの分野でよく利用されている方法です。

「どのような方法を試すと良いのか？」を把握することができれば、教師と生徒たちに最も役立つ方法を選ぶことができるようになります。そして、授業で2〜3回使用した後、生徒たちにとって効果的な方法だったのか判断してください。判断する時は自分自身の経験に基づいたプロフェッショナル・ジャッジメントを信じるべきです。

教育方法に関する本を読んでみると、トライアンギュレーションを利用して書いている本は少なく、バイアスが目立ちます。ここから、エビデンスの種類についてもう少し詳しく見てみましょう。

効果量を調べた研究：量的エビデンス

量的研究、効果量を調べた研究、ランダム化比較試験（Randomized controlled trials: RCTs）は「効果的な教え方」を知りたい時に役に立ちます。教育分野では多くの人たちがRCTをゴールドスタンダードと考えているようです。RCTは「とりあえず試してみる」研究方法であり、「理論は置いておこう。そのような教え方に効果はあるのか？」という疑問に基づいています。

ある教え方の効果を検証したい研究者がいたとしましょう。効果を検証したい教え方は「トピックを要約するアイデアマップの作成」です。最初に、研究者は、アイデアマップの作成方法（効果を検証したい方法）を教師に教えます。そして、生徒たちを対照群と実験群の2グループに分けます。

実験群と対照群に「事前テスト」を実施して、これから教えるトピッ

355

クについて生徒たちが知っていることを確認します（おそらく生徒たちは何も知らないでしょう）。次に、実験群と対照群の生徒たちに対して、同じ授業時間、同じ担当教師、同じ方法、同じ資料を使って授業を実施します。ただし、実験群の生徒たちはトピックを要約する時にアイデアマップを使っており、対照群の生徒たちは従来の方法（例えば、教師が要約するなど）を利用しています。実験群はアイデアマップという「介入」を経験するグループであり、対照群は実験群の比較対象として設置されたグループです。

トピックを教えた後、実験群と対照群に「事後テスト」を実施します。事前テストと事後テストの差が「どれくらい効果があったのか」を示す

図14-1：教え方の効果を検証する方法

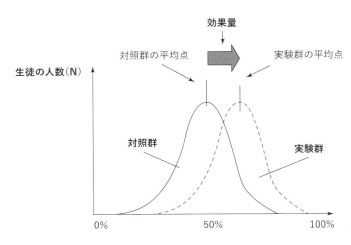

図14-2：教え方の効果を検証した結果

指標です。テストの結果は図で示すことができます（図14−2）。研究論文に掲載されている優れた研究の場合、各グループの参加者数は小さくありません。多くの場合、100人以上の生徒や複数のクラスが実験群や対象群に参加しています。 各得点の人数（N）をグラフで記すと、図14−2のような結果が得られます。中程度の点数だった生徒が最も多く、高い点数や低い点数だった生徒はどちらのグループも少なかったことがわかります。このような分布は図14−2で示しているようなベル型の曲線になります。

　アイデアマップの実験で得られた結果が図14−2だったとしましょう。対照群の平均点は約45点であり、実験群では約65点でした。そして、実験が適切に設計されているのであれば、平均値の差の原因はアイデアマップにあると考えることができます。

　そして、成績の差はアイデアマップの効果を示す指標として利用することができます。効果を示す指標は「効果量（effect size）」と呼ばれています。

効果量は何を測っているか？

　「実験群は対照群よりも約20点分の学習ができていた」と言うと誤解を招くことになります。テストの難易度を２倍にして同じ実験を実施した場合、生徒の点数は半分になり、平均点の差も半分になります（実験群と対照群の差は20点ではなく10点になります）。

　では、「効果量」は改善の程度の強さをどのように示しているのでしょうか？　統計学者たちは標準偏差（standard deviation）を単位として表現することにより、テストの難易度の表現の問題をクリアしました。

　標準偏差は統計学の教科書で必ず解説されているはずです。標準偏差を単位として利用すると、実験群と対照群を公平に比較することができます。例えば、評価がAからGまで（１から９まで）のグレードに分かれているイギリスの全国学力テストで考えてみましょう（実験で以下のような結果がわかっていたと仮定します）。

効果量「0.5」の教育方法で教えられた生徒たちはグレードが1つ上がる。効果量「1.0」の教育方法で教えられた生徒たちはグレードが2つ上がる。

「学習したことをアイデアマップで要約する方法」の効果量は1.0だったとしましょう。効果量1.0はグレードを2つ上げるので、グレード「C」の生徒がアイデアマップを利用すると（実験群に入ると）、評価はグレード「A」に上昇します。「1.0」の効果量は明らかに大きな効果を持っていることがわかります。
[訳者補足：データが正規分布に従う場合、平均値±1.0標準偏差の中に全データの68％が入ります（平均値の左右に34％のデータを含む）。例えば、平均点50と標準偏差15のデータが正規分布に従う場合、平均値±1.0標準偏差の範囲（35点から65点の間）に全データの68％が入ります。「効果量1.0」は実験群と対照群の平均値の差が標準偏差15と同じなので（下記の式を参照）、対照群の平均値が50点だった場合、実験群の平均値は65点です。

効果量＝（実験群の平均値－対照群の平均値）/ 標準偏差

1.0 ＝（実験群の平均点65 – 対照群の平均点50 ）/ 標準偏差15

「学習したことをアイデアマップで要約する方法」以外の条件は2群間ですべて同じであるため、50点だった生徒が「学習したことをアイデアマップで要約する方法」を利用すると65点に上昇すると考えられます。実験群と対照群に生徒が100人ずつ参加していた場合、実験群で平均点（65点）と同じ得点だった生徒（実験群の中で50番目の成績だった生徒）は、対照群の中で16番目に成績が高かった生徒と同じ得点になります（点数が最も低い人からカウントした場合84番目に得点が高い]。

「グレードが2つ上がる」という表現はとても雑な言い方です。正確に表現すると、アイデアマップで要約する方法の効果量が1.0だった場合、実験群の平均的な生徒たちは対照群全体の84％（＝50％＋34％）よりも高い成績だったことになります。別の言い方をすると、100人中50位だっ

た生徒が効果量1.0の教育方法を受けると16位（上位16％）まで上昇します。効果量が0.5だった場合、実験群の平均的な生徒は対照群全体の69％（＝50％＋19％）よりも高い成績だったことになります。

アイデアマップの効果量「1.0」は明らかに大きい値です。しかし、効果量は1回限りの実験から得た結果です。慎重に実施した実験だったとしても、結果は偶然だった可能性があります。このような問題を解決するために、統計学者たちは過去20年以上にわたるアイデアマップの効果に関する実験結果をすべて集めて平均化しました。このような効果検証系の実験は、世界各国の様々な学力レベルの生徒を対象にして実施されています。

そして、統計学者たちは膨大な数の実験結果から平均的な効果量を算出しました。統計学者たちは、小さな実験の結果を集めて組み合わせることにより、事実上、とても大きな実験結果を作り出したのです。研究結果をまとめた論文はリサーチレビュー（research review）、リサーチシンセシス（research synthesis）、メタスタディ（meta-study）と呼ばれています。「メタスタディ」は「『複数の研究』を研究する」という意味です。

リサーチレビューを書く時、専門家たち（大学教員たち）はアイデアマップに関する実験や解説などをシステマティックに検索します。リサーチレビューの論文では、アイデアマップを利用して学習した時の効果量が示されています。そして、質が高くない実験は、レビューの対象から外されます。レビューの対象から外される条件は2つあります。

1つ目の条件は、学術誌以外の論文です。不十分な研究デザインで実施された実験が学術誌に掲載されることはないため、レビューの対象にすることはできません。2つ目の条件は、専門家たちの基準です。統計学者たちとアイデアマップの専門家たちは、学術誌に掲載された実験の研究デザインを厳密に検証します。専門家たちが設けた基準を満たさない場合はレビュー対象に含まれません。研究者たちは高度な評価基準を設けて研究論文をレビューしており、基準に達していない場合は掲

359

載を拒否します。却下されている研究論文の数は膨大です。

　ネスビットとアデソープ（Nesbit and Adesope, 2006）は概念や知識のマップ（アイデアマップ）を使った学習のリサーチレビューを書いています。ネスビットとアデソープのレビュー研究によると、アイデアマップが最も適切に作成された場合、効果量は1.0でした。前述した通り、効果量1.0はとても高い値です。「アイデアマップを使った生徒たちの学習効果」は「他の方法を使った対照群の生徒たちの学習効果」の約2倍です。ネスビットとアデソープは、最も高い効果量につながるアイデアマップの使い方を発見しています。例えば、詳細な情報ではなく、重要な情報の記憶や理解をする時にアイデアマップが役に立つことを報告しています。

　優れたレビュー研究は効果的な方法の概略を紹介しています。しかし、具体的な使い方は書かれていません。概念や知識のマップ（アイデアマップ）の利用に関するリサーチレビューは多数あります。リサーチレビューは1年で何千本も発表されており、すべて読むことは難しそうです。

 リフレクション
　ハッティ（Hattie, 2008）は教育の効果を効果量で判断する時、次のような基準を提案しました：「0.2 は小」、「0.4 は中」、「0.6 は大」。ただし、学術誌に掲載されている効果量は、トレーニングを受けた教師が実施した時の効果量であることを忘れないでください。ウィリアム（William, 2009）は、報告された効果量と同じ結果を得るためには、実践コミュニティ（本章の後半を参照）で約2年の経験を積む必要があることを報告しています。効果量は教育の効果を大まかに把握する目安ですが、教育方法を比較する唯一の手段であり、教育効果を知る唯一の方法です。以下の表は、2017年9月にジョン・ハッティ教授から私信で提供していただいた効果量です。

ジグソー法	1.20	完全習得学習(マスタリー・ラーニング)	0.57
学習した知識を統合する戦略	0.93	模擬試験	0.54
学習したことを転移する戦略	0.86	生徒同士の教え合い	0.53
他の生徒に支援を求める	0.83	協同学習 vs 競争型学習	0.53
クラスディスカッション	0.82	下線を引く/印をつける	0.50
要約する	0.79	ノートの作り方	0.50
計画的な練習	0.79	質問	0.48
記憶術	0.76	小グループの学習	0.47
フィードバック	0.70	コンピュータ支援教育(CAI)	0.47
深い動機づけとアプローチ	0.69	スタディスキル	0.46
ゴール目標を立てる	0.68	帰納的な授業	0.44
解き方を教える	0.68	模範解答例	0.37
アウトラインと変容	0.66	校長・スクールリーダー	0.32
概念マップ	0.64	資金管理	0.21
自己評価のために水準を設ける	0.62	インターリーブ学習	0.21
分散学習 vs 集中学習	0.60	能力によるグループ編成	0.12
メタ認知ストラテジー	0.60	浅い動機づけとアプローチ	-0.11
ダイレクトインストラクション	0.60		

効果量研究の統合

　幸運なことに、私たちの代わりにリサーチレビューやメタスタディを読んで効果量の平均値を算出している学会がいくつかあります。つまり、私たちが計算しなくても効果量の平均がわかるのです！　ハッティによると、概念マップのリサーチレビューをすべて統合した結果、概念マップの平均効果量は0.64でした。概念マップを使用した研究がすべて含まれているにもかかわらず、とても高い値です。

　効果量を調べる利点の１つは、教育方法、教え方の戦略、テクニックなど、生徒たちの学習に影響を与える要因が比較可能になることです。

そして、最も効果的な方法を特定することができます。実際のところ、効果量を調べることは教育効果の比較や効果的な方法を特定する唯一の方法です。量的研究は、教育方法の効果を特定する方法として最も確実です。

膨大な研究の要約やレビューしている研究は量的研究だけではありません。質的研究でも同じようにレビューされています。リサーチレビューの研究は個々の研究よりも信頼性が高くなります。

メタ分析は、関連する研究結果を統合する方法です。特定のトピックで実施された個々の研究をすべて把握して結果を統合します。
ロバート・J・マルツァノ（Marzano）　www.marzanoresearch.com

効果量を調べた研究に対する批判

ウィリアム（William, 2016）は「効果量は問題があるので信頼できない。効果量だけで判断するべきではない」と警告しています。ウィリアムは「Best evidence review of research」を教師たちに進めています（効果的な教育方法を特定しているだけでなく、効果がある理由を説明しています）。しかし、実際のところ、効果の理由を説明している記述は多くありません。

効果量を調べた研究の主な問題点は以下の４つです。①介入期間が短い（２〜３週間程度）。②テストが標準化されていない場合、低いレベルの学習（浅い学習）だけ測定されている可能性がある。③テストが標準化されている場合、技術的な理由により、生徒の学習が過小評価されてしまう。④10歳〜12歳よりも年齢の低い生徒を対象にしている場合、高学年の生徒を対象にした時よりも高い効果量が得られやすい。

効果量の研究が批判される例として「自己評価」の研究が挙げられま

す。「自己評価は様々な方法で教えるのだから、方法が異なる研究結果の統合は、りんごとオレンジを合わせるようなものだ」という意見があります。

しかし、「自己評価」の定義が一致しておらず、様々な方法で教えていたとしても、効果量が高いのであれば、「自己評価」は多くの場面で有効です。むしろ、適応性が高い方法であることを示唆しているため、教室で試す価値は十分にあります。実践の方法が多様であることは利点であり、問題ではありません。さらに、優れたメタスタディは、方法が優れている理由を説明していたり、効果が最大になる方法を提案していることもあります。

「同じ教育方法の効果を調べていたとしても、研究間で方法に大きな違いがある場合、効果量は安定しない」という批判的な意見も見かけます。しかし、各研究の効果量は安定しており、学力レベルなどの影響はほとんど受けていません。

効果量を調べた研究は、3つの評価基準で厳密に検証すると良いでしょう。評価基準があると他の方法と比較することができるので、より良い方法を見つけることができます。

- 1つ目：質的研究で効果が示唆されており、高い効果量が示されている。例えば、「フィードバック」や「要約」などが該当します。
- 2つ目：優秀な教師たちが実際に利用している（効果量が高い教え方を利用している）（Petty, 2009）。例えば、「挑戦的な課題」や「クラス全体のディスカッション」などが該当します。

3つ目の評価基準は効果量の値です。効果量を調べた研究とメタ分析研究の信頼性が低い場合、ランダムな結果になるはずです。例えば、サイコロを振って出た目を足し続けるケースで考えてみましょう。サイコロを振った回数が多いほど「出た目の和の平均」は6や1に偏るのではなく中間の数字（期待値3.5）になります。サイコロと同じように、ラ

ンダム化比較試験の結果が安定していなかった場合、研究を続けると、効果量は中程度になると考えられます。

しかし、実際は逆の様相を示しています。効果量を調べた研究は3つの評価基準で厳密に検証すると良いでしょう。評価基準があると他の方法と比較することができるので、より良い方法を見つけることができます。

科学的な確実性を追求している研究者たちが見ると、効果量は弱点が多い指標かもしれません。しかし、効果量は教師たちの役に立つ指標です。効果量を知ることができれば、「教室で試す価値がある教育方法かどうか」を判断することができるのです。効果量が大きい教育方法を1〜2年ほど実施した結果、生徒たちの学習は大きく向上しました（William, 2009参照）。

ただし、効果量を調べた研究だけで教育方法を選んだ場合、役に立つ可能性がある多くの方法を見落とす可能性があります。効果量を調べた研究だけでクリティカルに判断し過ぎてはいけません。つまり、あなたと生徒たちにとって「何が効果的なのか」を考えることが大切です。

効果量は地図に似ているかもしれません。教室で役に立つ（かもしれない）教え方を示してくれます。ただし、地図は完璧ではありません。しかし、地図を捨ててしまったら何が残るでしょうか。良い教育方法を探す時、直感、先入観、偏見で選択することになります。流行っているアイデアに夢中になっている教師から熱心に勧められた方法を使ってしまうかもしれません。または、あなた自身の経験で教育方法を模索することになるでしょう。地図はある方が良いのです（迷わなくて済みます）。

ただし、地図を信頼し過ぎてはいけません。あなたと生徒たちの問題を解決してくれるかもしれない（効果量が高い）教育方法を何回か試してみてください。試した後は、改善点を探すなど、より良い授業になるように調整してみましょう。それでも効果がなかった場合、選択した教え方を破棄して別の教え方を試してみましょう。

CHAPTER 14　教育分野のエビデンスを選択する

バイアスの問題

多くの研究結果を要約した研究は、自分自身や他者のバイアスの克服に役立ちます。例えば、以下のようなバイアスがあります。

確証バイアス：自分の意見や考え方を裏づける情報を検索・選択して記憶する傾向があります。自分の意見と合わない情報は避けたり忘れたりします。左派の人たちはガーディアン（自由主義的な日刊紙）を、右派の人たちはデイリー・テレグラフ（保守主義的な日刊紙）を読んでいるかもしれません。自分の意見、考え方、教え方を維持する方が楽なのです。

集団浅慮：学校の同僚全員が生徒の能力でクラスを分けることに賛成している時、反対意見を表明することは簡単ではありません。人間は部族的な生き物であり、周りと同調することを好みます。

Doc ショッピング：自分の意見や考え方に賛同してくれる専門家を探したり引用したりする傾向があります。自分と同じ意見や考え方を巧みな表現で説明している科学者（**doc**tor：博士号を取得している人）や資料（**doc**ument）をインターネット上で見つけることは難しくありません。しかし、実際は、世の中のほとんどの科学者たちや資料はあなたの意見や考え方を支持していない可能性があります。このような問題（自分と同じ意見や考え方の人を探したくなる傾向）は、多くの人たちが持っています（程度の違いはあります）。

では、バイアスに偏った意見や考え方（妄想の海に漂う意見や考え方）を見てみましょう。

根拠として選択した情報源を比較する

「**このような方法が私に合っている**」：なるほど。しかし、他の方法を使

365

うと今よりも上手に教えることができるのではないでしょうか？　完璧に教えることは不可能です。教え方は他にもたくさんあります。

「**他の教師たちも同じ方法を使っている**」：集団浅慮に該当します。イギリスの教室で最もよく使われている質問方法は、最悪な質問方法の1つです（CHAPTER 5 参照）。

調査機関が推奨している方法：学校を調査・評価する公的機関を持っている国はいくつかあります。しかし、調査機関の意見は教師たちが想像しているほど指示的ではありません。例えば、イギリスはOFSTED（Office for Standards in Education）という教育水準局を設置しており、学校を監査しています。幸いなことに監査のハンドブックに明記されている通り、教え方は指示していません。

OFSTEDは教育の成果を求めており、特定の教育方法の利用は求めていません。教師が教え方を決めて良いのです（素晴らしいですね！）。一方で、「OFSTEDが求めている教育方法を知っている」と主張する人たちがいます。出会う機会があった時は「なぜ知っているのか」尋ねてみてください。信頼できる回答が聞けたことは1度もありません。

OFSTEDはベストプラクティスを紹介しています。しかし、紹介されているベストプラクティスはOFSTEDの経験に基づいて作成されているため、バイアスの問題をクリアしていません。クリストドゥロウ（Chiristdoulou, 2014）はOFSTEDが紹介しているベストプラクティスに対して強く批判しています。

学術誌に掲載された研究論文

広く知られている学術誌に掲載されている研究論文を情報源とする利点は、専門家たちの審査を受けていることです。同じ分野の専門家たちが匿名で研究論文を審査しているのです。研究が学術誌に掲載されていないのであれば、おそらく審査を受けていません。

個々の研究論文は私たちが求めている情報を提供してくれます。しかし、求めている研究論文を見つけるためには、高度な検索スキルが必要です。図書館の司書に手伝ってもらうと良いでしょう。

研究論文の問題点は、各研究論文によって意見が異なることです。ある提案を支持している研究論文がある一方で、反対の結論を書いている研究論文もあります。また、教師はとても忙しいので、教育方法に関する研究論文を読む時間は作れないかもしれません。運が良ければ、あなたに代わって研究論文を読んでリサーチレビューを書いている専門家がいるかもしれません。リサーチレビューは上記で説明した通りです。

学術誌に掲載された量的研究の研究論文

教育方法の効果を知る唯一の方法は、これまで説明してきたように、教師と生徒を対象に、厳密な設定で検証することです。また、メタスタディやリサーチレビューは個別の実験研究よりも高い信頼性があります。

認知心理学研究の研究論文

認知心理学研究は、心理学実験に基づいて、教え方の理論を提供してきました。しかし、最近は認知心理学者が実際に教室で実験を実施するケースも増えています。個々の研究論文を読むよりも認知心理学研究のリサーチレビューの結論を読む方が役に立つ情報を多く得られるでしょう。認知心理学研究の優れたリサーチレビューはブランスフォードら（Bransford et al,. 2000）の研究論文です。認知心理学で紹介されている理論は授業作りの役に立つアイデアを多く与えてくれます。本書で紹介している協働的構成主義に基づいた方法は認知心理学の研究に基づいています。

専門家が書いた本・推薦した本

専門家たちもバイアスを持っている可能性があります。出版前に内容が編集されることはあっても、他の専門家に匿名で「審査」されることはありません。専門家たちが推薦した本は他の本よりも信頼できる（役に立つ）と思うかもしれません。しかし、推薦した専門家たちはバイアスの問題をクリアしているでしょうか？　「推薦した専門家たちが好む意見、考え方、実践」を裏づけることが書かれているので推薦している可能性もあります。

文献に裏づけられたアドバイス

自分の意見を正当化するために文献を引用することがあります。引用した文献が個々の研究だった場合、逆の主張をしているエビデンスを見落としている可能性があります。引用されている文献がリサーチレビューの場合は高い信頼性があります。引用されている文献の中に、メタスタディ（meta-study）、メタ分析（meta-analysis）、ベストエビデンスシンセシス（best evidence synthesis）、システマティックレビュー（systematic review）という用語があるかどうか確認してみましょう。

ブログ、ウェブサイト、ソーシャルメディア、新聞記事など

著者たちの主張の根拠を見極めてください（例えば、リサーチレビュー、研究論文、著者の個人的な意見のうち、どれなのか判断する）。自分の意見や主張を守りたい時、反対意見を支持している不十分な研究や極端な意見を見つけて正しく批評するトリックが利用されます。間違いを指摘して詳しくない読者に自分の意見が正しいと信じ込ませるのです。反対意見を歪めて提示した上で反論する方法は「わら人形論法（straw man argument）」と呼ばれています。

多くのソーシャルメディアや新聞記事は示唆に富んでおり、有益な情報や新しい情報を提供しています。しかし、システマティックレビューはソーシャルメディアや新聞記事よりもはるかに高い信頼性があります。

残念ながら、ソーシャルメディアで注目を集める方法は、議論を煽る意見、怒り、世論に対して批判することなどです。リサーチレビューを要約してX（旧Twitter）やブログに載せてもソーシャルメディアで注目されることはありません。発見したことが驚くような内容でなければ尚更です。

しかし、広く知られていることに対して「間違っている」とブログやSNSで主張すると、多くの注目を集めることになります。つまり、ソーシャルメディアは人々を誤った方向に導く強力なバイアスがあると言えるでしょう。フォローしているソーシャルメディアには気をつけてください。

CHAPTER 14 教育分野のエビデンスを選択する

エビデンスとして参照する情報源は３つ：
トライアンギュレーション

　最も信頼できる情報は量的研究のレビュー論文と質的研究のレビュー論文です。私は、ここにもう１つ、フィールドリサーチ（field research）を付け加えたいと思います。フィールドリサーチとは、「優秀な教師たちは生徒たちの学習を改善するために何をしているのか」を調べる研究や「エキスパート教師」を調べる学術的な研究です。多くの量的研究のレビュー論文は質的研究の結果を含んでおり、質的研究のレビュー論文も量的研究の結果を含めているため、図14－3のように３つの情報源を明確に分けることはできません。

　次ページの図14－4は各エビデンスの研究方法の長所と短所をシンプルに整理した一覧です。無条件で信頼できる情報源は１つも存在しないことに注意してください。すべての研究方法に長所と短所があります。上記の３つのエビデンスの１つだけに焦点を当てて批判する専門家たちや長所を無視して批判する専門家たちは、自分が推奨している方法の短所に注意を向けようとしません。このような選択的な完璧主義は不公平です。しかし、残念ながらよく見かけます。

　私が推奨している方法は、ジャーナリストたちと同じように、複数の情報源を参照することです。質的研究で推奨されており、高い効果量を持っていて、優秀な教師たちが利用している方法は教室で試す価値があ

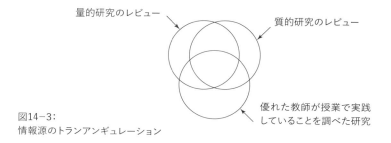

図14－3：
情報源のトランアンギュレーション

369

ります。特に、教師や生徒たちが抱えている問題を解決する可能性があるなら教室で試してみるべきです。ある教育方法を試した3校のうち2校が効果を認めている場合も試してみる価値があります。

Evidence-Based Teaching (2009) でもトライアンギュレーションのアプローチを使いました（私の著書です）。私にとってトライアンギュレーションは珍しい方法ではありません。トライアンギュレーションは多くの分野で利用されている方法です。例えば、気候変動に関する政府間パネル（IPCC）もトライアンギュレーションに似た方法を採用しています。教育の分野では、EEF（Education Endowment Fondation）やEPPI-Centre（The Evidence for Policy and Practice Information and Co-ordinating Centre）もトライアンギュレーションに近い方法を利用してアドバイスを提供しています（382〜384ページを参照）。

しかし、エビデンスや研究の活用を主張している組織の中には、エビデンスや研究の使い方を丁寧に説明していない機関がいくつかあります。

	長所	短所
量的研究のレビュー	・効果量の比較ができるため、教室で利用したい方法に優先順位を付けることができる。 ・教室で効果を検証している。生徒たちを対象にして検証している。 ・因果関係を示すことができる。	・効果量を完全に信頼することはできない。 ・指標は学習成果に限られていることが多い。
質的研究のレビュー	・学習プロセスを理論的に理解することができる。 ・効果の理由を説明する時に役立つ。	・研究は実験室のような（教室ではない）環境で実施されることが多い。 ・教育方法の効果を比較することができない。
優れた教師が授業で実践していることを調べた研究：フィールドリサーチ	・調査対象の教師は優れた成果を長年出し続けている。 ・教室で効果を検証している。生徒たちを対象にして検証している。	・フィールドリサーチは少ない。優秀な教師たちが利用している方法を他の教師も採用することは簡単ではない。 ・「優れた教師たちの何が良い結果につながっているのか？」を特定することは難しい。

図14-4：教育研究の比較

CHAPTER 14　教育分野のエビデンスを選択する

信頼できる結論を得るためには、トライアンギュレーションやトライアンギュレーションに類似する方法を利用することが必要最低限の条件です。

エビデンスとして選択する情報源を比較する

　以下の表は完全ではないので参考にする程度に留めておいてください。あくまでも平均的な例であり、実際はもっと良い（もっと悪い）かもしれません。表の上の５つの基準を利用して情報源を評価すると、より公平に判断することができます（注：星の数が多いほど「良い」ことを意味しています。空欄は星がゼロという意味です）。

教育分野で信頼できる情報源

　いくつかの組織や研究者たちは、エビデンスを体系的に選別して生徒たちの学習到達度に良い影響を与える要因を発見しています。バイアスを避けながらエビデンスをすべて探し出しているため、上記の組織や研究者たちの報告は、教師たちにとって最も信頼できる情報源です。洗練された方法も使ってトライアンギュレーションを利用しているため、時間をかけて読む価値は十分にあります。

　ただし、記載されている内容は、原則、戦略、方法など、表面的な説明に留まっていることが多く、本書のように詳しい手順はほとんど記載されていません。完全ではありませんが、以下で紹介する優れた組織や研究者のリストを参考にしてください。

認知科学に基づいた根拠

　本書はCHAPTER 1から認知科学の知見を取り入れて説明しています。認知科学が教師の役に立つことを紹介・解説している書籍は少なくあり

	他者のチェック（専門家による匿名の査読）を受けているか？	優れたエビデンスをすべて系統的に含めているか？	教室（担当クラスと同じような生徒や環境）で実践されているか？	対照群を設置しているか？	効果量は記載されているか？（効果を比較することはできるか？）
私の教室で効果があった			★★★★		
他の教師も実践している	★★		★★★		
OFSTED が推奨している	★★★		★★★		
学術誌に掲載された量的研究の論文	★★★		★★★	基本的にある。必ずあるとは限らない。 最大で★★★	★★★
量的研究のリサーチレビュー：メタスタディ、メタ分析、ベストエビデンスシンセシス、システマティックレビューなど	★★★★	★★★	★★★	★★★	★★★★
質的研究のリサーチレビュー：システマティックレビューなど	★★★★	★★★	★★	★	
認知心理学の研究	★★		★	必ずあるとは限らない	
専門家が書いた本	★★	基本的にない	時々含まれている		基本的にない
文献に基づいたアドバイス	★		時々含まれている	基本的にない	基本的にない
ブログ、ウェブサイト、ソーシャルメディアなど	ブログは読者たちからコメントを受けることが多い		ブログは該当する		基本的にない
優秀な教師が実践している方法に関する研究	★★	優秀な教師を対象としている。しかし、効果の根拠がすべて記述されているわけではない	★★★	★★★ 一般的な教師を対照群として扱っている	効果量は計算されていない。しかし、教師間の比較が記述されている
EEF、EPPI-Centreなど	★★★★	★★★★	★★★★	★★★★	時々含まれている

CHAPTER 14　教育分野のエビデンスを選択する

ません。中でも特に人気がある本はウィリンガム（Willingham, 2009）
です。最も権威がある本はブランスフォードら（Bransford et al., 2000）
でしょう（日本語版：『授業を変える　認知心理学のさらなる挑戦』米
国学術研究推進会議 編著、ジョン・ブランスフォード、アン・ブラウ
ン著　北大路書房）。ブランスフォードは、全米科学アカデミー、全米
技術アカデミー、全米医学アカデミー、全米研究評議会の依頼を受けて、
25人以上の学者を集めて2年にわたり学習科学（science of learning）
をまとめるプロジェクトに取り組みました。ブランスフォードの本は一
読の価値があります。学習や理解に関する要因は多く挙げられています
が、ブランスフォードは「理解したことをつなぐこと」と「浅い学習と
深い学習（これらの用語は使われていません）」と「学習の転移」を強
調しています。ブランスフォードも、外からのプレッシャーに応えるた
めに学習するのではなく、自分のために学習すること（主体的な学び）
が大切であることを強く主張しています。

　次に紹介するマルツァノとハッティは認知科学を慎重に利用していま
す。ベイカー（Baker, 2015）は、心理学研究の半分以上が再現できなかっ
たことを明らかにしました。つまり、個々の研究の論文はリサーチレ
ビューよりも信頼性が低いことを意味しています。

優秀な教師たちの授業方法に関する研究

「優秀な教師たち」はしているけれども、「良い教師たち」がしていな
いことは何でしょうか？　このような問題は未解明でした。しかし、最
近の研究から少しずつわかってきたことがあります。優秀な教師たちが
優秀である理由は、各教師の性格などではなく、「教室で何をしているか」
であり、教室で使っているテクニックです。優秀な教師たちが使ってい
たテクニックは誰でも利用できるテクニックでした。

　アメリカで研究している**ポール・エイヤーズ**（Ayres, 2004）は、社
会的・経済的に最も恵まれない地域で最も成績が高い学校をいくつか訪

373

ねました。そして、各校で最も優秀な教師２人の授業を見学し続けた結果、優れた教師たちは同じような戦略を使っていることがわかりました。優れた教師たちの戦略は授業を成功させる鍵になっていたのですが、教育研究で見落とされ続けていることにレモフは気づきました。

　優秀な教師の１人は生徒たちの数学の成績を全国１位まで上昇させていました。約80％の生徒たちは経済的な理由から給食費が免除されており、ほぼ全員が民族的背景を持つマイノリティでした。また、約90％の生徒たちは貧困層でした。しかし、試験の合格率は100％を達成しており、特権階級の地域の生徒たちの合格率を大幅に超えていました。

　レモフは100人の優秀な教師たちを調査した結果、彼らが「明示的な指導（explicit teaching）（本書で紹介したRARモデルに類似した方法）」を利用していることがわかりました。優秀な教師たちは頻繁に「チェック・修正」していたのです。授業は厳しい一方で思いやりがあり、厳しさと優しさが表と裏の関係であることを教師たちは理解していました。CHAPTER 5 の後半で紹介した質問の方法「正解に到達するまで訂正する」は、レモフの名著『チャンピオンのように教える（Teach like a Champion）』から引用しています。質問の方法に限らず、レモフの研究からわかったことは本書全体に取り入れています。

　ポール・エアーズら（Ayres et al., 2004）は、全国トップクラス１％に入る教師たちを「創意工夫」の観点から６年間続けて調査しました。優秀な教師たちの授業は構造化されており、高い集中力と熱意を伴った教師主導型の授業でした。甘やかすことはありません。ノートを自分で作ることを求めていました。授業では、浅い学習から深い学習へ導くために「課題の梯子（はしご）」を利用していました。また、「閉じた課題」から始めて、回答の理由・説明を求める「開いた課題」を利用していました。

　そして、個別やグループで深い学習を促す高度な課題を用意していました。教師は生徒たちの学習の理解度に注意を払いながら「チェック・修正」を続けて、生徒たちの興味関心に合わせて質が高いクラス全体のディスカッションを活用していました（すぐに正解を与えず、アサーティ

ブな質問をする）。このような方法は量的研究と質的研究で効果が裏づけられています。

　ジョン・ハッティ（Hattie, 2003）は、教師たちを「効果的な教育をしている教師」と「効果的な教育をしていない教師」に分ける基準を提案しています。優秀な教師たちは「深い学習」に焦点を当てた難易度の高いゴールを設定していました。また、優秀な教師に教わった生徒たちの課題の74％は各情報が関連付けられており、抽象度も高く、深い学習が成立していることは明らかでした。

　しかし、効果的な教育をしていない教師たちのクラスでは、深い学習が成立していた課題は29％程度でした。優秀な教師たちは「自分の教え方が生徒たちの課題に反映される」と考えており、「生徒たちの特性が課題に反映される」とは考えていませんでした。そして、優秀な教師たちは有益な情報を伴う質が高いフィードバックを多く与えていました。

　優れた教師たちを調べた研究は、量的研究や質的研究の結果を裏づけるため、本書では優れた教師たちの実践例を各章で紹介してきました。

　さらに詳しい内容はハッティ (Hattie, 2003)、エアーズら（Ayres et al., 2004）、ペティ（Petty, 2009）を参照してください。

量的研究に基づいた情報源

　次に紹介する研究者たちは量的研究だけでなく質的研究も参照しています。

ジョン・ハッティ教授

　ジョン・ハッティは学習到達度に影響を与える要因を特定しており、世界的に高い評価を得ています。ハッティは、効果量を算出している研究をすべて集めて、効果量を統合することによって要因を特定しました。ハッティ (Hattie, 2008) の著書『Visible Learning（日本語版：『教育の

375

効果　メタ分析による学力に影響を与える要因の効果の可視化』ジョン・ハッティ著、山森光陽監修、翻訳　図書文化社)』はとても画期的であり、一読の価値があります。ハッティはグレゴリー・ドノヒュー（Gregory Donoghue）と協力して膨大な研究を統合しており、トピックの最適な教え方を説明する概念マップを作成しています（図14−5）。

　ハッティとドノヒューの学習モデル（図14−5）は、トピックを学習する各段階で「効果的な戦略」は異なることを示唆しています。浅い学習で知識を獲得させる時の最適な方法は、深い理解や学習の転移を促したい時に利用する方法と同じではありません。本書で紹介している戦略は、ハッティとドノヒューの学習モデルに基づいて構成しています（例えば、「RAR」や「課題の梯子」はハッティとドノヒューの学習モデルに基づいています）。

　浅い学習と深い学習の両方に「獲得」と「強化」の段階があることに注目してください。ハッティは数千の研究論文（研究の対象となった生徒たちは数百万人）を集約したデータベースを使って最も効果的な教育方法や学習の戦略を特定しました。

　さらに、ハッティとドノヒューによると、教育方法の効果は生徒の学習段階で変わります。例えば、浅い学習で効果的な方法は、深い学習をする時に利用しても効果はありません。逆も同じです。各段階で最も有効な方法や戦略を以下で概説しました。詳細はハッティとドノヒューの論文（Hattie and Donoghue, 2016）に掲載されています（無料で読むことができます）。「0.4」は中程度の効果量であり、「0.6」は高い効果量です。下記の表に示されている効果量は多くの研究の平均であることを忘れないでください。

各段階で最も効果が高い方法は何か？

　図14−5の学習モデルを通してトピックを教えた場合、到達基準（CHAPTER 6 、CHAPTER 7 参照）の効果量は1.1でした。また、ジグソー学習（CHAPTER 8 参照）の効果量は1.2でした。

各段階で効果的な方法を以下の表に示しました。ハッティとドノヒューに基づいて方法と用語を記載しています。

深く学習するためには、学習している知識や概念が成立している理由

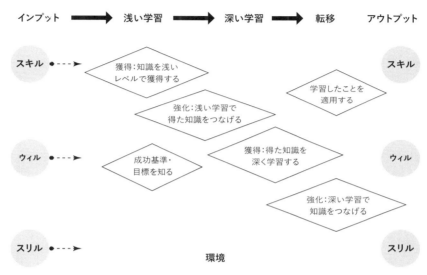

図14-5：ハッティとドノヒューの学習モデル

スキル、ウィル、スリルの3つのインプットの説明は、379ページを参照。

浅い学習：獲得	効果量	概要（本書で紹介している章）
持っている知識を統合する	0.93	オリエンテーション（CHAPTER6）、関連する知識を思い出させる（CHAPTER6）、生徒同士の説明（CHAPTER7）。
記憶術（語呂合わせ）	0.76	語呂合わせなど（CHAPTER8）。
要約	0.66	学習内容のキーポイントを要約する。テキストを利用する場合、下線を引くと要約しやすくなります。
下線を引く・ハイライトする	0.50	スキルの教育（CHAPTER13）（CHAPTER8）。
ノートテイキング（私はノートメイキングと呼んでいます）	0.50	板書をコピーするのではなく、生徒が自分でノートを作成する（CHAPTER7）（CHAPTER12）。グラフィックオーガナイザー（CHAPTER3）の形式であれば効果量が高くなります。

浅い学習：獲得	効果量	概要（紹介している章）
弱点に焦点を当てた練習	0.77	知識とスキルの使い方を練習する。特に弱点を修正する。学習の応用（CHAPTER9）・チェック・修正（CHAPTER11）
フィードバックを与える・受ける	0.71	チェック・修正（CHAPTER11）を参照してください。
分散学習	0.66	学習の再使用（CHAPTER12）を参照してください。
模擬テスト	0.44	CHAPTER12の後半を参照してください。
テストの対策方法を教える	0.27	他の方法と同程度の効果はありません。

浅い学習：獲得	効果量	概要（紹介している章）
推敲と体系化	0.75	知識を自分の言葉で解説する。知識を組み立てる。
戦略的モニタリング	0.71	「考えていること」や「学んでいること」について考える。自分の学習方法をモニタリングする。
精緻的な質問	0.42	詳細な部分の理解を深める。「なぜ?」と自分に問いかけて、批判的に知識の正しさを評価する。

浅い学習：獲得	効果量	概要（紹介している章）
他の生徒に支援を求める	0.83	グループ活動の方法（CHAPTER5）（CHAPTER11）。
クラスディスカッション	0.82	CHAPTER5を参照してください。
評価とリフレクション	0.75	「課題の梯子」上段に向かう評価課題（CHAPTER9）。振り返りの記録・個別の目標やターゲット（CHAPTER11）。
問題解決を教える	0.68	高度な課題（CHAPTER9）（CHAPTER10）。問題の解き方はスキルとして教えることができる（CHAPTER13）。
学習したことを言語化する・自問する	0.64	生徒同士の説明（CHAPTER7）。
生徒同士で教え合う	0.64	生徒同士の説明（CHAPTER7）。オンラインでlearning teams Geoff Pettyを検索してください。

学習の転移	効果量	概要（紹介している章）
類似点と相違点の比較	1.32	2つの概念を比べる（CHAPTER3）。
新しい場面でパターンを見つける	1.14	「以前にどこで見たことはあるかな?」と尋ねて、持っている知識を利用させる（CHAPTER1後半）（CHAPTER9）。
遠い転移	0.08	知識と知識の関連性を広げる（CHAPTER9後半）。橋渡し（CHAPTER13）とメタ認知（CHAPTER13）。

を深く考えて、反対意見や根拠を丁寧に検証する必要があります。CHAPTER 1で紹介した通り、学習していることを他の知識とつなげることは特に重要です。

　ハッティとドノヒューの学習モデルは3つのインプット（スキル・ウィル・スリル）を挙げています。トピックを教え始める時、生徒たちが3つを（ある程度）持っている必要があります。

- **スキル**：必要なスキルが事前に獲得できている。課題の達成に必要な他のスキル。
- **ウィル**：学習に取り組む心構え、基礎的な能力、学習に対する自信。
- **スリル**：学習が楽しいと感じる程度の強さ。外から課された要因（承認や成績）のために学習するのではない。学習していることを理解して、持っている知識と関連付けようとするモチベーションの高さ。

　ハッティとドノヒューの学習モデルによると、以上の3つは教え方の影響を受けます。つまり、これらは教えた後の「結果」でもあるのです。例えば、あるトピックを教えると、生徒たちの「スキル」は向上します。しかし、「スキル」だけでなく、「ウィル」と「スリル」にも影響を与えているはずです。可能であれば、「生徒たちの学習能力」や「学習者としての自信」が上昇するように教えてあげたいですよね。あなたの教え方によって生徒たちの興味関心や学習のスリルが高まることを願っています。

　成果に対する過度な説明責任の習慣・文化に駆り立てられて、批判や非難を避けるために試験勉強に役立つ方法を多用している現状を私は心配しています。退屈で繰り返すことが多くなるので、生徒たちは学習に興味関心を持てなくなるかもしれません。CHAPTER11で説明したように、生徒たちを成績やパーセンテージで比較し続ける教育方法は、多くの生徒たちの自尊心に良い影響を与えません。教えている教科や学習に対する興味も悪影響を受けるでしょう。テストの成績の重視を続けると、

379

生徒たちのメンタルヘルスに良くない影響を与えるかもしれません。

　ハッティとドノヒューの学習モデルによると、テスト対策の方法を教える効果は、他の方法ほど高くないようです。テストの準備として最も

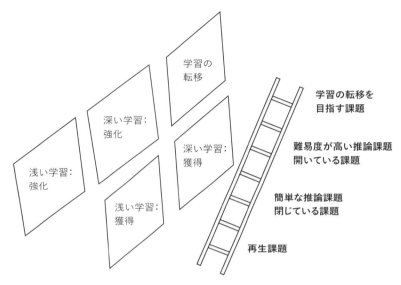

図14-6：ハッティとドノヒューの学習モデルは「課題の梯子」に似ている

良い方法は、興味が持てるアクティブな教え方や「チェック・修正」を利用することであり、深い学習につながるように教えることです。テスト対策の方法は208、296、313、326ページで紹介しています。

> 　「深い学習をしている生徒たちは、学習している内容を理解するだけでなく、学習している内容を他の知識と関連付けながら学習を進めます。このような学習を進めていると、（中略）……「新しい知識」を「以前の知識」や「これまでの経験」につなげたり、疑問を作って自分で調べたり、アイデアを話し合ったり、異なる視点を比較するようになります。
> 　しかし、浅い学習をしている生徒たちは、記憶した情報の再現

を目的としているため、知識と考え方がつながることはありません。

ジョン・ハッティ「現在の教室で学習ストラテジーが果たす役割」講演

The 34th Vernon-Wall Lecture, 2014

ロベルト・マルツァノ教授

　ロベルト・マルツァノはアメリカで研究を続けており、システィマティックリサーチレビューを利用して教え方の改善方法を伝えています。彼の著書も読むことをお勧めします。9つのエッセンシャル・インストラクショナル・ストラテジーは無料でダウンロードすることが可能です（http://www.marzanoresearch.com/）。

　マルツァノが紹介している方法は他にも多くあります。例えば、語彙を教える方法は以下の6段階のプロセスを勧めています：（1）教師の説明、（2）生徒の説明、（3）グラフィックやピクトグラフィック（絵文字）

マルツァノが示した効果的な方法	概要（紹介している章）
1. 類似点と相違点を特定する	CHAPTER 3を参照してください。
2. 要約とノートテイキング	板書をコピーするのではなく、生徒が自分でノートを作成する（CHAPTER 7）（CHAPTER 8）（CHAPTER 10）。
3. 努力の促進と承認	ゴール、メダル、ミッション（CHAPTER 11）。
4. 宿題と練習	CHAPTER 7、CHAPTER 8、CHAPTER 9、CHAPTER 11を参照してください。
5. 視覚的に学習内容を提示する	グラフィックオーガナイザー（CHAPTER 3）。
6. 協同学習	ジグソー学習（CHAPTER 8）。
7. 目標を設定させてフィードバックを与える	目標設定（CHAPTER 6）（CHAPTER 7）。 フィードバック（CHAPTER 11）。
8. 一般化と仮説検証	CHAPTER 9後半を参照してください。
9. 手がかり、質問、先行オーガナイザー	CHAPTER 5、CHAPTER 6を参照してください。

を用いた説明、(4) 比較を用いた復習、(5) 用語のディスカッション、(6) ゲームを利用する方法など。CHAPTER 3 で紹介したカードを分類するゲームも含まれています。

マルツァノの著書「The Art and Science of Teaching」は無料でダウンロードすることが可能です。

EEF（Education Endowment Fundation）：ティーチング & ラーニングツールキット

EEFはイギリスのサットントラスト（慈善団体）によって2011年に設立されました。自立型学習、数学、生徒に対する積極的な関与、問題行動など、大きな枠組みでアドバイスしています。「エビデンスの概要」も制作しており、現在は「ティーチング & ラーニングツールキット」として発展しています。ツールキットは 5 歳から16歳までの児童・生徒を対象にしています（16歳以上の学習者に対しても適用可能です）。EEFは到達度に影響を与える要因を以下の観点から評価しています。

コスト：「低い」、「中程度」、「とても高い」など、一般的な言葉でコストが示されています。
エビデンスの強さ：「広い範囲で適用できるエビデンス」、「適用範囲が限定的なエビデンス」など、エビデンスの強さも一般的な言葉で表現されています。
インパクト：各要因のインパクト（効果）は、効果量ではなく、「月数」で示しています。「月数」は典型的な生徒を対象とした時の「進歩の程度」です。例えば、「フィードバック」を適切に利用した場合、「8 ヶ月分」の進歩を生徒に与えることになります。

残念ながら、EEFが紹介しているいくつかの方法は手順が詳しく説明されていません。しかし、「マーキングレビュー（Marking Review）」

EEFツールキット	コスト	エビデンスの強さ	インパクト:追加される学習進度を月数で表示	概要（紹介している章）
フィードバック（本書では「チェック・修正」と呼んでいます）	1/5	3/5	8	質問（CHAPTER5）チェック・修正（CHAPTER11）
メタ認知と自己調整	1/5	4/5	8	考えていること、取り組んでいることについて考える（CHAPTER7）（CHAPTER11）
宿題（中学生対象）	1/5	3/5	5	CHAPTER9
完全習得学習（マスタリーラーニング）	1/5	3/5	5	CHAPTER11
生徒同士で教え合う	1/5	4/5	5	生徒同士の説明（CHAPTER7）
読解ストラテジー	1/5	4/5	5	CHAPTER13
協調学習	1/5	4/5	5	ジグソー学習（CHAPTER8）

のような役立つレポートを入手・参照することができます。EEFが特定した大きな「追加的な進歩」を与える要因は次ページの表の通りです。詳細はEEFのサイトを参照してください。

BES（Iterative Best Evidence Synthesis）

　ニュージーランド政府は「Iterative Best Evidence Synthesis」を通して信頼できるアドバイスを教師たちに無償で提供しています。「Iterative Best Evidence Synthesis」は、エビデンスを要約した情報が掲載されています［ウィリアム（William 2016）が推奨した形式で要約されている］。本書394ページの「ベストエビデンスシンセシス」の文献を参照してください。次のような優れた研究があります。

- Effective pedagogy in mathematics

  G. Anthony and M. Walshaw（2009）
- Teacher professional learning and development: best evidence syn thesis iterution

  H. Timperley et al.（2007）

BES のウェブサイト（www.educationcounts.govt.nz）の中にある「質が高い教育の例（Exemplars for quality teaching）」に、実践例の詳細が掲載されています。以下の機関と同じように、報告書やエビデンスの要約も公開しています。

EPPI センター（EPPI-Centre）

ロンドン大学の教育研究所は The Evidence for Policy and Practice Information and Co-ordinating Centre（EPPI-centre）を運営しており、「意思決定に役立つ研究の活用」やシステマティックレビューを専門としています（https://eppi.ioe.ac.uk）。

EPPI センターのレポートは短くて簡潔です。レポートの中に「実践に役立つ示唆」の記述があるのですが、ほとんど一般論的なアドバイスです。例えば、「自己評価」と「生徒同士の評価」を利用すると生徒たちの学習到達度が向上したと主張する研究論文を紹介したレポートの「実践に役立つ示唆」では、箇条書きが 3 つ記載されているだけです。3 つの箇条書きだけで「自己評価」や「生徒同士の評価」を実践することはできません。公平性の観点から、教師が実際に利用した方法を詳しく紹介していないのかもしれません。このような特徴は公表されている教育研究系の報告書のすべてに共通する弱点です。

IES（Institute of Education Science）

IES はアメリカ国内の教育に焦点を当てており、IES の中に National

Centre for Education Research（国立教育研究センター）とWhat Works Clearinghouse（WWC情報センター）を設置しています。IESのウェブサイト（https://ies.ed.gov/）の検索機能から情報を探すことができます。システマティックレビューを要約した「practice guides」は無料でダウンロードすることが可能です。いくつかの「practice guides」はアメリカのカリキュラムに特化しているのですが、参考にできるアイデアがあるかもしれません。

WWC（What Works Clearinghouse）

WWCのサイト（https://ies. ed. gov/ncee/wwc/）を見てみましょう。アメリカの教育情報機関であり、学校や大学が購入を検討するプログラム（読み方の指導案など）の評価に力を入れています。

IEE（Institute for Effective Education）

イギリスのヨーク大学に設置されているIEEはアメリカのジョン・ホプキンス大学のCenter for Research and Reform in Educationと連携して「Best Evidence in Brief」というオンラインニュースレターを隔週で公開しています。とても読みやすいニュースレターです。質が高い研究を報告しており、実践的な示唆にも焦点を当てています。IEEのサイト（https://the-iee.org.uk/）で「Best Evidence in Brief」に登録すると無料で閲覧することができます（訳者補足：2020年12月にIEEは閉鎖されました）。

Best Evidence Encyclopedia

ヨーク大学は「best evidence encyclopedia」を提供しています。精読、理科、テクノロジー、幼児教育、算数、数学、その他の教育に関するア

ドバイスが掲載されています。対象は、教師、校長、教育政策立案者、研究者、児童・生徒です。ただし、主な焦点は学校が購入するプログラムであり、プログラムを利用する際は特別な研修が必要です。

「best evidence encyclopedia」は 以下のサイトに掲載されています（http://www.bestevidence.org/）。幼稚園から高校３年（17〜18歳）までの期間はK12と呼ばれており、「best evidence encyclopedia」は K12の教育期間をカバーしています。

また、ベストエビデンスの概要を検索することができるので、担当している学年に合ったエビデンスの要約を見つけることができるかもしれません。アメリカ国内の教育が対象になっていますが、アメリカ以外の国の教師でも参考になるアドバイスが多く掲載されています。

エビデンスを参照して授業を改善する

本章の前半で紹介した通り、トライアンギュレーションとシステマティックシンセシスを利用すると、教師と生徒の両方に効果がある方法を知ることができます。しかし、他の教師たちが利用して効果があった方法、戦略、テクニックを使っても、同じように効果が得られるとは限りません。同じ効果量が算出される保証もありません。では、どのようにすると良いでしょうか？　エビデンスを参照して考えてみましょう。授業の改善に関するリサーチレビューはどのような方法を提案しているでしょうか？

図14−７はティンパーリー（Timperley, 2007）とジョイスとシャワーズ（Joyce and Showers, 2002）の研究論文の要約です。図14−７で示している通り、質が高いエビデンスを使うと、教師の役に立つ方法、授業や学習の問題を解決する方法、目標を達成する方法が見つかるかもしれません。次に、試行錯誤を繰り返しながらそれらの方法の使い方を学習していきます。 つまり、省察的実践（reflective practice）です。

ただし、エビデンスはあくまでもあなたのアドバイザーであり、命令

CHAPTER 14　教育分野のエビデンスを選択する　　　386

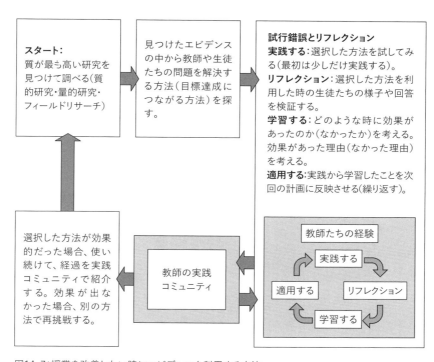

図14-7：授業を改善したい時にエビデンスを利用する方法

を下す指揮官ではありません。あなたの教え方や創造性を制限する必要はありません。役に立ちそうな方法を選択して、繰り返し試して、上手な使い方を発見しましょう（アクションリサーチと呼ばれることがあります）。そして、他の方法を試している先生たちと話し合ってみてください。教師同士の話し合いは実践コミュニティと呼ばれています。授業の改善に関するリサーチレビューによると、実践コミュニティは教師の質の向上に必要不可欠であり、実践コミュニティがなくても改善方法を見つけることができる教師は多くないだろうと推測しています。

　試している方法が成功しているのであれば、さらに使い続けて、経過を他の教師たちに伝えてください。少なくとも5回くらい繰り返しても成果が得られない場合、その方法は破棄して、質が高いエビデンスが推奨する他の方法を試してみましょう。

独自で考えたアイデアを試すことはやめるべきではありません。しかし、アイデアのスタート地点としてエビデンスを利用することは、とても効果的です。エビデンスに基づいた方法を試すことにより、「何が効果的なのか（効果的ではないのか）」や「なぜ効果があったのか（なかったのか）」を深く理解することができるため、効果的な方法を考えることができるようになります。実際のところ、エビデンスを利用する目的は、教育のプロセスや学習のプロセスを深く理解することにあります。(Timperley et al., 2008、Timperley, 2011参照)。

　エビデンスに基づいた方法を授業に採用する実験的な実践を「支えられた実験（supported experiments）」と呼んでいます。実験的な実践は、生徒たちだけでなく、あなたの教師仲間たちのためでもあり、教師たちによって実践が支えられています。効果的な使い方を発見することができた時は、実践コミュニティで他の教師たちに方法や結果を紹介してください。教師たちは自分のアクティブスキーム（教え方を書いている授業計画）や教科別のベストメソッドマニュアルにあなたが見つけた方法を追加するでしょう。実験的な実践の結果の共有は、他の教師を助けることになります。また、新しい方法の使い方を伝えることもできます。このような改善プロセスは著者のサイトで詳しく紹介しています（http://geoffpetty.com/for-team-leaders/supported-experiments/）。

考えてみましょう
　方法、戦略、テクニックのマニュアルをチーム（教師の実践コミュニティ）で作ってみましょう。
以下は、本書を利用したマニュアルの作成例です。

1　生徒たちの学習の理解につながる可能性が高い方法を試してみる。
2　選択した方法を繰り返して利用する（最初は短い時間で検証す

る）。

3 効果があった戦略をチームの教師たちに共有する。

4 各授業の内容に合わせて利用できる「アクティブスキーム（教え方を書いている授業計画）」を作る。または、教え方のマニュアルを作る。マニュアルの作成は大仕事になるので、チームで分担して詳しく書くと良いでしょう。少なくとも1年の時間は必要なので、継続的な改善プロジェクトにすることが理想的です。

ティンパーリー、ジョイス、シャワーズたちの研究を注意深く調べてみると、監査の制度や学校のランキング表など、教師たちの教え方を審査するアカウンタビリティシステムが授業や学習の改善に貢献していることを示したエビデンスは現在も出ていません。実践コミュニティの教育システムの国際比較で優れている国々は、説明責任（accountability）ではなく、CPD（continued professional development：継続的な専門教育制度）とチームワークを重視しています。

参考文献 CHAPTER15の文献も参考にしてください。

無料で閲覧できるサイト エビデンスに基づいた授業(evidence-based teaching)、メタスタディ(meta-study)、システマティックレビュー(systematic reviews)、確証バイアス(confirmation bias)、効果量(effect sizes)で検索してください。

"A new guide on evidence-based practice: identifying and implementing educational practices supported by rigorous evidence".
アメリカ政府が出版した読みやすいガイドです。

M. Baker, "Over half of psychology studies fail reproducibility test" (*Nature,* 2015).
Nature誌に掲載された論文。私は「研究を集約した論文は個別研究よりも信頼性が高い」と考えています。

R. Marzano, "A theory-based meta-analysis of research on instruction" (Aurora: Mid-Continent Research for Education and Learning, 1998).
長く複雑な論文です。しかし、授業方法のメタ分析の1つの例として挙げることができます。

H. Timperley et al., "Best evidence synthesis on professional learning and development" (Report to the Ministry of Education, Wellington, New Zealand, 2008).
授業の改善方法に関するエビデンスのレビューです。

D. William, "Randomised control trails in education research" (University of Brighton Research in Education, Vol. 6, No. 1, 2014).

書籍と論文
P. Ayres et al. "Effective teaching in the context of Grade 12 high-stakes external examination in New South Wales, Australia" (*British Educational Research Journal,* 30(1):141–165, 2004).

J.B. Biggs, "What do inventories of students' learning processes really measure? A theoretical review and clarification" (*British Journal of Educational Psychology,* 63(1), 3-19, 1993).

J.D. Bransford et al., *How People Learn: Brain, Mind, Experience and School* (Washington: National Research Council, 2000).

D. Gough, S. Oliver and J. Thomas, *An Introduction to Systematic Reviews* (London: Sage, 2012).

D. Gough and J. Thomas, "Systematic reviews of research in education: Aims, myths and multiple methods" (*Review of Education,* 4(1): 84-102, February 2016).

J.A.C. Hattie, "The role of learning strategies in today's classrooms" (The British Psychological Society, 2014).
オンラインで低料金で入手することができる。

B.R. Joyce and B. Showers, *Student Achievement Through Staff Development* (3rd edition) (Alexandria: ASCD, 2002).
ティンパーリーの調査結果と似ています。とても読みやすいリサーチレビューです。

T.S. Kuhn, *The structure of Scientific Revolutions* (Chicago: University of Chicago Press, 1962).

R. Marzano, D. Pickering and J. Pollock, *Classroom Instruction that Works* (Alexandria; ASCD, 2001).

J.C. Nesbit and O. Adesope, "Learning with concept and knowledge maps: A meta-analysis" (*Review of Educational Research ,* 76(3): 413–448, 2006).

G. Petty, *Evidence-based Teaching* (2nd edition)(Oxford University Press, 2014).

K.R. Popper, *The Logic of Scientific Discovery* (3rd Edition) (London: Hutchinson, 1968).

H. Timperley, *Realising the Power of Professional Learning* (Maidenhead: McGraw-Hill:

CHAPTER 14　教育分野のエビデンスを選択する　　　　390

2011).

D. William, *Assessment for Learning: Why, What and How?* (London: IoE, 2009).
実践コミュニティの教師たちが研究論文で示されている平均的効果量と同程度の効果量を得るまで約 2 年の時間が必要だったことを報告しています。

D. Wiliam, *Leadership for teacher learning: Creating a culture where all teachers* improve so that all students succeed Bloomington: Solution Tree, 2016).
効果量に関する有益な批評を読むことができます。

D. Willingham, *Why Don't Students Like School? A Cognitive Scientist Answers Questions About How the Mind Works and What It Means for the Classroom* (San Francisco; Jossey-Bass, 2010).
認知科学の概要が記載されています。とてもわかりやすい本です。

CHAPTER
15 参考文献

各章で紹介した主要な文献

　各章の最後で紹介した主な情報源に関する文献を以下で紹介していま
す。本書で紹介した「トライアンギュレーション（CHAPTER14参照）」
のアプローチに基づいて、3つの情報源に分けて掲載しました。無料で
ダウンロードできる文献がたくさんあります（タイトルと著者名で検索
してください）。他の文献は主に書籍です。書籍は、無料で入手できる
資料よりも詳しく書かれています。

質的研究の概要

以下の文献の中に量的データは含まれていません。しかし、執筆の段階で量的研究も参考に
していると考えられます。最初の2つの文献は書籍です。その他は無料でダウンロードでき
る文献です。

J.D. Bransford et al.
How People Learn: Brain, Mind, Experience and School (Washington: National Research
Council, 2000).
2年の歳月をかけてアメリカの20以上の教育機関を調査している。学習について知られてい
ることをまとめた国家プロジェクトの結果報告書。以下の文献よりも詳しい情報が掲載され
ている。

D. Willingham
*Why Don't Students Like School? A Cognitive Scientist Answers Questions About How the
Mind Works and What it Means for the Classroom* (San Francisco: Jossey-Bass, 2009).

American Psychological Association
"Coalition for psychology in schools and education" (2015).
幼稚園から高校までの授業と学習について、心理学の観点から20の重要な原則を紹介している。

Deans for Impact
"The science of learning" (Austin, TX: Deans for Impact, 2015).

H. Pashler, P. Bain, B. Bottge, A. Graesser, K. Koedinger, M. McDaniel and J. Metcalfe
"Organising instruction and study to improve student learning" (NCER 2007-2004),

(Washington, DC: National Center for Education Research, Institute of Education Sciences, U.S. Department of Education, 2007. Retrieved from http://ncer.ed/gov).

B. Rosenshine "Principles of instruction"(International Academy of Education and International Bureau of Education, 2010).
生徒たちの学習で最も高い成果を出している教師たちの実践に関するエビデンスを用いた研究の概要書。

関連文献:"*Cognitive Load Theory: Research that teachers really need to understand*" (Centre for Education Statistics and Evaluation, 2017).

量的研究の概要

以下の文献はすべて無料でダウンロードできます。いずれも量的研究データが含まれています。しかし、執筆の段階で質的研究も参照されています。

J.A.C. Hattie and G.M. Donoghue
"Learning strategies: a synthesis and conceptual model" (*NPJ Science of Learning 1, 2016*).
文献の最後に補足資料として効果量の一覧が掲載されている。
https://www.nature.com/articles/npjscilearn201613.

R. Marzano
The Art and Science of Teaching: A Comprehensive Framework for Effective Instruction.
(Alexandria, VA: ASCD, 2007).
この本に基づいた教師評価モデル「learning map」のPDFも無料で入手できる。

R. Marzano et al.
Nine Essential Instructional Strategies(*Classroom Instruction that Works,* Alexandria: ASCD, 2001より).

注:学習の成果に影響を与える因子に関する量的研究では、Hattie(2008)とHattie(2011)も参考にすると良い。

生徒の学習到達度を最も高めた教師に関する実地研究

P. Ayres et al.
"Effective teaching in the context of a Grade 12 high-stakes external examination in New South Wales, Australia" (*British Educational Research Journal,* 30(1):141–165, 2004).

J.A.C. Hattie
"Teachers make a difference: What is the research evidence?" (2003年、オーストラリア、メルボルンで開催された学会、Building Teacher Quality: What does the research tell us? ACER Research Conference.で発表された論文。

D. Lemov
Teach like a Champion 2.0 (San Francisco: Jossey-Bass, 2014).

393

優秀な教師たちが利用している授業方法を詳細に記載している重要な書籍。

B. Rosenshine
"Principles of instruction" (International Academy of Education and International Bureau of Education, 2010).
生徒の学習到達度を最も高めることができた教師たちに関するフィールドリサーチ。

ベストエビデンスシンセシス（無料ウェブサイト）

ディラン・ウィリアム（Dylan William）は、最も信頼できる情報源として「ベストエビデンスシンセシス」を紹介しています。ユネスコ国際教育局（International Bureau of Education）は特定の分野の研究概要をシリーズにした小冊子を発行しています。International Bureau of Education practice で検索すると目次を閲覧することができます。20以上あるシリーズの中から、いくつかの文献を以下に紹介します。最後の2つは教師の授業改善に関する研究の要約です。

G. Aitken and C. Sinnema
"Effective pedagogy in the social sciences/tikanga ā iwi: Best evidence synthesis iteration" (Ministry of Education, 2008).

G. Anthony and M. Walshaw
"Effective pedagogy in mathematics/pāngarau: Best evidence synthesis iteration" (Ministry of Education, 2009).

E. Bernhardt
"Teaching other languages" (International Academy of Education, 2010.)

V. Robinson, M. Hohepa and C. Lloyd
"School leadership and student outcomes: identifing what works and why: Best evidence synthesis interation" (Ministry of Education, 2009).

H. Timperley et al
"Teacher professional learning and development: Best evidence synthesis" (Ministry of Education, 2007).

無料でダウンロードできる研究概要

以下のサイトでは、厳密な方法で研究を整理しています。タイトルと著者名で検索してみましょう。

O. Caviglioli
J.Sweller(2011)の "Cognitive load theory" を要約している。

R. Coe et al.
"What makes great teaching?" (Centre for Evaluation and Monitoring, University of Durham, 2014).

CHAPTER 15　参考文献

J. Dunlosky
"Strengthening the Student Toolbox" (*American Educator,* 37(3):12–21, 2013).
初回の学習よりも復習時の学習に焦点を当てている（引用者によっては、この点が見落とされていることがある）。残念ながら、学習の転移はほとんど説明されていない。

R. Marzano
The Art and Science of Teaching: A Comprehensive Framework for Effective Instruction (Alexandria, Virginia: ASCD, 2007).
ASCDとマルツァノの厚意により本全体のダウンロードが無料になっている。

R. Marzano
"The Art and Science of Teaching Teacher Evaluation Model Learning Map" (2014).
上記の名著を概念マップにまとめている。

R. Marzano et al.
The Highly Engaged Classroom (Bloomington: Marzano Research Laboratory, 2010).

D. William
"The nine things every teacher should know" (TES, 2016).

その他の参考文献と書籍

P.C. Abrami et al.
"Instructional interventions affecting critical thinking skills and dispositions: A stage 1 meta-analysis" (*Review of Educational Research,* 78 (4), 1102-1134, 2008).
批判的思考を教えることは可能であることを示した研究。

P.C. Abrami et al.
"Strategies for teaching students to think critically; A meta-analysis" (*Review of Educational Research,* 85(2):, 275-314, 2015).
批判的思考の教育を授業に組み込む必要があることを示唆している。

P. Adey and M. Shayer
Really Raising Standards (London: Routledge, 1994).
認知の加速（cognitive acceleration）が学習の転移に効率的であることを主張している。画期的な文献。

P. Adey and J. Dillon (Eds)
Bad Education: Debunking Myths in Education (Buckingham: Open University Press, 2012).
IQやラーニングスタイルなどの問題点を紹介している。とても読みやすい。

S. Allison and A. Tharby
Making Every Lesson Count (Carmarthen: Crown House Publishing, 2015).
授業方法が詳細に記載されている。とてもわかりやすい文献。

P. Ayres et al.
"Effective teaching in the context of a Grade 12 high-stakes external examination in New South Wales, Australia" (*British Educational Research Journal,* 30(1):141–165, February 2004).
「イギリスで6年続けてトップレベルに入った1%の教師が、どのように教えているのか」を調査している。とても魅力的な文献。

J.B. Biggs and K.F. Collis
Evaluating the Quality of Learning: The SOLO Taxonomy (Structure of the Observed Learning Outcome) (New York: Academic Press, 1982).
「理解とは何か」について理解しやすい素晴らしい文献。また、大きな影響力を与えた文献。Petty(2009)に概要を掲載している。

J.B. Biggs and C. Tang
Teaching for Quality Learning at University (4th Edition) (Maidenhead: McGraw-Hill, 2011).

P.J. Black and D. William
"Assessment and classroom learning" (*Assessment in Education: Principles, Policy and Practice,* 5 (1), 7-74, 1998).
私が「チェック・修正」と呼んでいるプロセスが詳細に説明されている。最も重要なトピックに関する第1級のリサーチレビュー。とてもわかりやすい。

P. J. Black et al.,
Assessment for Learning: Putting it into Practice (Buckingham Open University Press. 2003).
とても実用的で読みやすい。「チェック・修正」に関する多くのアイデアが掲載されている。

J.D. Bransford et al.
How People Learn: Brain, Mind, Experience and School (Washington: National Research Council, 2000).
授業方法と学習に関する心理学研究の要約の中で最も入手しやすい。そして、最も信頼性が高い。多くの教育機関が2年以上にわたって徹底的に調査した結果を教師のために読みやすく要約している。「How People Learn」のシリーズとして歴史版や科学版などもある。

W.M. Carroll
"Using worked examples as an instructional support in the algebra classroom" (*Journal of Educational Psychology,* 83(3):360-367, 1994).
生徒同士の説明が数学の学習を促すことを明らかにしている優れた研究。

S. Clarke
Formative Assessment in the Secondary Classroom (London: Hodder Murray, 2005).

F. Coffield, D. Moseley, E. Hall and K. Ecclestone
"Learning styles and pedagogy in post-16 learning: A systematic and critical review" (Learning and Skills Research Centre, 2004).
「ラーニングスタイル」に関する考え方の間違いを指摘している。

L. Cohen et al.
Research Methods in Education (7th Edition) (London: Routledge-Falmer, 2011).
教育研究の方法を紹介している。各方法が有効な理由だけでなく、研究方法の使い方も紹介している。

M.S. Donovan and J.D. Bransford (eds)
How Students Learn: History in the Classroom (Washington: National Academies Press, 2005).
Bransford et al, (2000) から派生した論文の1つ。

J. Dunlosky et al.
"Improving students' learning with effective learning techniques promising directions from cognitive and educational psychology" (*Psychological Science in the Public Interest* 14(1):4-58, 2018).
授業方法と生徒たちの復習方法をあわせて紹介している。ただし、ある教科で効果的だった授業方法が他の教科でも有効とは限らない。このような難しさは残るが、読む価値がある文献。

C. Dweck
Mindset: How You Can Fulfil Your Potential (New York: Hachette, 2012).
「学習は、コントロール可能であり（努力、練習、助けを求める、「チェック・修正」など）、生得的な性質で制限されない」という考え方が必要であることを主張している。このような領域に詳しい研究者がわかりやすく解説している。

K. Ericsson et al.
"The role of deliberate practice in the acquisition of expert performance" (*Psychological Review,* 100(3):363-406, 1993).
特定の方法で練習した後、練習を「チェック・修正」することで学習が進展すると主張している。「知能は生得的である」という考え方に対抗する考え方。研究の概要はPetty(2009)に掲載している。元の論文も無料でダウンロードすることができる。

P. Ginnis
The Teacher's Toolkit (Carmarthen: Crown House Publishing, 2002).
試すべき方法の詳細が多数掲載されている。一読の価値がある。

D. Gough, S. Oliver and J. Thomas
An Introduction to Systematic Reviews (London: Sage, 2012).

D. Gough and J. Thomas
"Systematic reviews of research in education: Aims, myths and multiple methods" (*Review of Education,* 4(1):84-102, February 2016).

J.A.C. Hattie
Visible Learning: A Synthesis of Over 800 Meta-Analyses Relating to Achievement (London: Routledge, 2008).
量的研究を最大限に統合している。質的研究の情報も扱われている。学習に影響を与える要因について検討したい時に役に立つ。

J.A.C. Hattie

Visible Learning for Teachers (London: Routledge, 2011).

J.A.C. Hattie

"The 34th Vernon-Wall Lecture：The roll of learning strategies in tiday's–classromes" (British Psychological Society, 2014).

Hattie-Donoghueのモデルが詳しく紹介されている。低額でダウンロードすることができる。

J.A.C. Hattie and E.M. Anderman (Eds)

International Guide to Student Achievement (New York: Routledge, 2013).

先導的な研究者たちによる短いリサーチレビューを150以上掲載している。生徒たちの到達度に影響を与える因子の多くを扱っている。量的研究のアプローチも含まれている。

J.A.C. Hattie, J. Biggs and N. Purdie

"Effects of learning skills interventions on student learning: A meta-analysis" (*Review of Educational Research,* 66(2):99-136, 1996).

アカデミックスキル、スタディスキル、思考スキルなどを教えることができることを明示した影響力が大きい論文。 概要は著者(Petty)のウェブサイトに掲載している。

J.A.C. Hattie and H. Timperley

"The power of feedback" (*Review of Educational Research,* 77(1):81-112, 2007).

教育問題に関する論文として最もよく読まれている。

S. Johnson and H. Siegel

Teaching Thinking Skills (London: Continuum, 2010).

「思考スキルを教えることはできるか？」に関する賛否両論を紹介している。量的研究はほとんど考慮されていない。

B.R. Joyce and B. Showers

Student Achievement Through Staff Development (3rd Edition) (Alexandria: ASCD, 2002).

とても読みやすいリサーチレビュー。Timperley et al, (2008)の研究結果に類似している。

T.S. Kuhn

The Structure of Scientific Revolutions (Chicago: University of Chicago Press, 1962).

「『自分が何を知っているのか』をどのように知るのか」に関する文献。20世紀の名著に入る1冊。

D. Lemov, *Teach Like a Champion 2.0* (San Francisco: Jossey-Bass, 2014).

優秀な教師たちが利用している授業方法を詳細に記載している重要な書籍。

R.J. Marzano

"A theory-based meta-analysis of research on instruction" (Aurora, CO: Mid-continent Research for Education and Learning, 1998).

無料でダウンロードできる。専門性が高く、説明がとても詳しい。しかし、やや内容が古いかもしれない。

R. Marzano
The Art and Science of Teaching: A Comprehensive Framework for Effective Instruction
（Alexandria, VA: ASCD, 2007）.
とても価値がある本。PDFを無料でダウンロードできる。

R. Marzano
"The Marzano Compendium of Instructional Strategies"
100件を超える授業方法が掲載されている。www.marzanoresearch.com
購読料が必要。

R. Marzano, D. Pickering and J. Pollock
Classroom Instruction that Works（Alexandria, Virginia: ASCD, 2001）.
個人的な意見として、初版の方が良い。内容はタイトル通りであり、事実上、量的研究である。

R. Marzano et al.
The Highly Engaged Classroom（Bloomington: Marzano Research Laboratory, 2010）.
PDFを無料でダウンロードできる。

E. Mazur
Peer Instruction: A User's Manual（London: Pearson, 1996）.
本書で診断的質問と呼んでいる方法が詳しく紹介されている。高等教育に必須の本。

D. Mosely et al.
Thinking Skill Frameworks for Post-16 Learners: An Evaluation（Cambridge: Cambridge University Press, 2004）.
授業スキルの向上を促す方法論集。私が考案した創造的思考・作業の「ICEDIPモデル」にも肯定的なレビューが書かれている。

D. Muijs and D. Reynolds
Effective Teaching: Evidence and Practice（London: Paul Chapman Publishing, 2017）.
エビデンスに基づいた授業を別の観点から考察した優れた書籍。ダイレクトインストラクション（direct instruction）についてわかりやすい記述がある。

J.C. Nesbit and O. Adesope
"Learning with Concept and Knowledge Maps: A Meta-Analysis"（*Review of Educational Research 76*(3):413–448, 2006）.
他のメタ分析の文献よりも読みやすい。

G. A. Nuthall
The Hidden Lives of Learners（Wellington: NZCER Press. 2007）.
大きな影響力を持っている書籍。学習の再使用、復習、再経験の必要性を主張している。3つが満たされると、成績が低い生徒でも上手に学習することができる。

G. Petty
Evidence-Based Teaching（2nd edition）（Oxford: Oxford University Press, 2009）.
www.geoffpetty.comも参照。

G. Petty
Teaching Today: A Practical Guide (5th Edition) (Oxford: Oxford University Press, 2014).

G. Petty
How to be Better at Creativity (2nd Edition) (Raleigh: Lulu, 2017).

S. Pinker
How the Mind Works (London: Penguin, 1999).
現在でも読む価値がある本。とても読みやすい。

K.R. Popper
The logic of Scientific Discovery (3rd Edition) (London: Hutchinson, 1968).
「自分の知識は正しいのか」、「どのように見極めることができるか」など、高い知性で書かれている優れた書籍の１つ。あらゆる分野に適用できる。大きな影響を持っているが、現在もあまり知られていない。

R. Sadler
"Formative assessment and the design of instructional systems" (*Instructional Science*, 18:119-144, 1989).
より良い学習をするために、生徒たちは何を知っておくべきなのか。短い論文ではあるが、フィードバックとモデリングに関するすべてのリサーチレビューに基づいて書かれている素晴らしい内容。

R.K. Sawyer (Ed)
The Cambridge Handbook of The Learning Sciences (Cambridge: Cambridge University Press, 2006).
学習科学の領域で中心的な役割を担っている研究者たちが寄せた非常に権威ある論文集。プロジェクトベースドラーニング(project-based learning)や深い理解の評価など、30以上の論文が掲載されている。

M. Shayer and P. Adey
Learning Intelligence: Cognitive Acceleration Across the Curriculum from 5 to 15 Years (Buckingham: Open University Press, 2002).
イギリス国内の教育実験に最も影響を与えた報告書。思いがけない転移が起きる可能性を示唆している。認知科学の専門家の間であまり知られていない。

H. Timperley
Realizing the Power of Professional Learning (Maidenhead: McGraw-Hill, 2011).

H. Timperley et al.
"Best evidence synthesis on professional learning and development" (Report to the Ministry of Education, Wellington, New Zealand, 2008).
授業の改善方法に関する信頼性の高いリサーチレビュー。説明責任ではなく、実践コミュニティを重視している。

P. Westwood
Commonsense Methods for Children with Special Educational Needs (4th Edition) (London:

Routledge-Falmer, 2002).
実用的なアイデアとアドバイスを集約している。

D. William
Assessment for Learning: Why, What and How? (London: IoE, 2009).

D. William
"Randomised control trials in education research" (*University of Brighton Research in Education,* Vol. 6, No. 1, 2014).
オンラインで入手することができる。

D. William
Leadership for teacher learning: Creating a culture where all teachers improve so that all students succeed (Bloomington:Solution Tree, 2016).
効果量の批評を理解することに役立つ。

D. William and S. Leahy
Embedding Formative Assessment (West Palm Beach: The Learning Sciences, 2015).
「チェック・修正」に関する実用的なアイデアが記載されている。より高い学習を促すことを目的とした「課題の梯子」の使用の意義を強く主張している。

D. Willingham
Why Don't Students Like School? A Cognitive Scientist Answers Questions About How the Mind Works and What it Means for the Classroom (San Francisco: Jossey-Bass, 2009).
認知科学の概論書。とても読みやすい。

索引

本書内で使用している主な用語を索引項目とし事項と人名の別で構成した。
項目名に続く数字は、用語が所在する主なページ、用語に関連するまたは触れている主なページを示す。

事項索引

あ

RAR（受け取り、適用、再使用）モデル　92-105, 182, 216, 314, 374, 376
　受け取る段階　96-97, 99-100
　エビデンス　104-105
　オリエンテーション　96, 99-100, 129-133
　協働的構成主義を実現させる　94
　構造　94, 102, 191-192
　再使用の段階　97-98, 100-101
　適用の段階　97, 100, 218
アイデアマップ　25-26, 50, 53, 64-66, 69, 72, 75, 80, 88, 99, 103, 132, 138, 185, 197, 199, 205, 212, 232, 254, 258, 263, 300, 333, 339, 346, 348, 355-358
　アトミスティック　65-66
　同異　69-70
　ホリスティック　65-66, 205
アウトカムに基づいた対応の分化　222
赤ペンで　276
アクションリサーチ　387
アクティブアテンション課題　177-183, 190, 192, 233
　利用する　181-183
アクティブラーニング　182, 188, 209-211, 322
アサーティブな（お互いの意見を尊重する）質問　57, 88, 97-98, 106, 109-113, 116, 118, 125, 132, 172, 185, 189, 207, 210, 212, 229, 231, 233, 243, 253, 291, 318, 337, 374
浅い学習　33-35, 36-40, 44, 92-93, 103, 116, 183, 208, 220, 224, 234, 236, 248, 297, 304, 313, 321-323, 362, 373, 374
　獲得　376-378, 380

強化　376-378, 380
足場　258-260, 350
新しい内容を掲示する　176
アトミスティックなアイデアマップ（ベン図）　65-66
アトミスティック分析　61-69, 253
アポストロフィの使い方を教える　96-98
安全な空間　279
EPPI-Centre　370, 372, 384
e-ラーニング　30, 101, 102, 137, 176, 191, 209, 280, 286
意思決定　52, 80-81
以前に学習したことを思い出す　311
一般原則　237
Institute of Education Science(IES)　384
Institute of Effective Education (IEE)　385
Interative Best Evidence Syntheses(IBES)　383
ウェブサイト　99-100, 177, 191, 194, 199, 319, 368
　　無料で閲覧できるサイトも参照
「受け取る」段階　215-216
Education Endowment Foundation（EEF）　126, 306, 370, 372, 382-389
　ティーチング＆ラーニングツールキット　382-383
　エビデンス　366-377
　　信頼できる　371
　　比較　372
FOG指数　192-193, 195
オーガナイザーを実際に利用する　136
　　グラフィックオーガナイザーも参照
オーガナイザーを使って構造化する　260
教え方の効果を検証する方法　356
落ちこぼれを出さない　123
OFSTED　366, 372
オリエンテーション（RAR）　96, 99-100, 129-133
　エビデンス　145-146

か

カードにランクを付ける　87
カードのグループ分け　83
カードのマッチング　83, 84

カード分類ゲーム　52, 61-90, 103, 112,
　　168, 382
　　エビデンス　89
カードを順序で並べる　85
解説せずに教える　103, 191, 194-195, 320
　　宿題版　323
　　ブースター　194
概念、科学的　159
概念、比較　69
概念のつながり　22, 38-39
概念マッピング、概念マップを作る　59, 135
「概要を把握する」読み方　333, 348
書き方の枠組み　257
書く計画（レポートや論文など）　77, 218, 251
学習
　　新しい　19-21, 23
　　エビデンス　248-250
　　学習目標　225
　　協同　207-208, 216, 302, 361, 381
　　自立型　192, 194, 197, 204-205, 209, 382
　　資料を用いた　208
　　適用　218-232
　　反転　101, 191
学習したことや理解できなかったことを書く
　292
学習と忘却の曲線　312
学習の転移　35, 40-42, 44, 196, 221, 224,
　　246-249, 311-312, 315, 323-326, 329,
　　337, 373, 376, 378,380
　　方法　323
学習評価　101, 263
学術的な論議　244
学術用語　49, 152
確証バイアス　365
確認係　210, 212-215
仮説を検証する課題　242
下線を引く（重要な箇所を下線で示す）
　　192, 196-197, 216, 335-336, 339, 341-
　　342, 346-348, 361, 377
課題
　　誤解　274
　　実生活につながる　235
　　転移　235–6
　　梯子で扱う　224

評価　238
　　閉じた課題と開かれた課題　221-222
　　ミックスされた　326
課題の梯子　25, 34-35, 116, 156, 183, 208,
　　220-225, 241-242, 246-249, 296, 374,
　　378, 380
　　最上段　246-249
カテゴリーに見出しをつける　255
空（から）の褒め言葉　278
カリキュラムマップ　137
関連する情報を思い出させる質問　22
関連する知識（過去に学習したこと）
　　35, 96, 103, 104, 129-134
　　思い出してもらい、チェックする　129, 133,
　　208 ,377
記憶
　　長期　93, 102, 309, 311, 315, 316
　　ワーキングメモリー　58, 148-152, 165,
　　173, 181, 234, 340
記憶術（語呂合わせ）　190, 216, 377
議会　51
記述表　67-69, 260-261
帰属トレーニング　346-347
逆向き設計のテスト　305
キャッシュフロー　53, 55
教育研究の比較　370
教師たちの経験　387
教師に尋ねる前に3人の友達に尋ねる　289
教師のノート　316-317
（教師の）模範解答例　327
協調学習　383
協働的構成主義　36, 43, 94, 171, 263, 268,
　　317, 367
　　エビデンス　43-45
挙手　113
切り分ける（分割）　22-23, 47, 237
ギルドの知識　274, 281
寓話から始める方法　134-135
クオリティラーニングブースター　29-30, 34,
　　98, 101, 228-232, 319, 325
句読点を正しく打つ方法（モデリング）　231
グラウンドルール　114-115, 124, 143, 292
クラス全体に質問する方法　106-128
　　エビデンス　126-127

クラス全体の回答　118
クラス全体のディスカッション　34, 95, 97, 102, 107, 120, 123, 363
　発展　115
グラフィックオーガナイザー　58-59, 61, 64-90, 135-137, 197-199, 216, 255, 300, 318-320, 325, 381
　エビデンス　88-89
　ゲーム　80, 88
　先行オーガナイザー　136
　内容を要約する　137, 197
　比較に役立つ　69
　ピンポン（やり取り）　78, 198
　別視点で作り直す　199
　利用する　78, 136
　論理的な思考や推論を示す　72
　　アイデアマップ、表、樹形図、ベン図も参照
クリッカー　119, 291
グループワーク　209
グレード　275, 276, 278, 280
形成的クイズ　195
形成的評価　230, 233, 263, 298, 306
　チェックと修正、フィードバックも参照
結果に責任を持たせる　302
語彙を教える　381
効果量　355-364, 369-370, 372, 375-378, 382, 386, 389-391
　研究に対する批判　362-364
構成　18-19, 21, 24-27, 32, 35-38, 43-44, 76, 92, 106, 126, 130, 132, 136, 176, 179, 215, 219, 237, 264, 316
構成主義　19, 36, 43
校正するスキル　303
構成の調整　333
構造的支援　346-347
ゴール
　交渉して　143
　個別の　143, 292, 294
　設定する　129-130, 138-146
　模範解答例を　141
ゴール、メダル、ミッション　269-272, 288, 304-305, 327, 381
ゴール、メダル、ミッションを与えるフィードバック　304-305

小型ホワイトボード　106, 119-120
9つのエッセンシャル・インストラクショナル・ストラテジー　381
コンピュータ作業が多い労働者の健康と安全　99

さ

再使用と再学習　309-330
　エビデンス　328-329
再生課題　31-32, 34-35, 380
「支えられた実験」　388
査読　372
参加率　28, 95, 107-108, 112-113, 116, 124, 188, 212, 227
3色の紙コップ　289
3段階のアプローチ　149-151
CPD：継続的な専門教育制度　389
「支援」　156
視覚的な文章プラン　73
視覚的な提示　49, 204
　　グラフィックオーガナイザーも参照
ジグソー学習　202-204, 216, 381, 383
試験勉強　313, 329, 379
試験問題　66, 182, 220, 288, 326, 332
試行錯誤　18, 386-387
自己改善　282, 287
自己効力感　156
自己評価　26, 29, 195, 229, 279-280, 286-288
　階段　282
　スキル　274
質が高い学習サイクル　24-31, 43, 81, 126, 263
　生徒たちを導く　194, 228-229, 233
実生活につながる課題　235
実践コミュニティ　386-391
質的研究　372, 374-375
　レビュー　369-370, 372
質問
　考える　200
　関連する情報を思い出させる　22
　形成的　30, 195, 230, 233
　診断的　132, 290-291
　生徒たちが作成する　298-300
　程度に関する　259

質問係　210, 214-215
質問してから教える　185-191, 207, 216
質問と探索の定型的な手順　139-140
質問表、コンピテンシー　144
指導係　210, 213
シナプスの可塑性　43
集計表のデザイン　231
集団浅慮　365-366
集中して教える　310
授業を改善する　386-388
宿題
　出す　312, 339
　目的　321
樹形図　55-66, 88, 319
書記係　207, 213
自立型学習　192, 194, 197, 204-205, 209, 382
自立させる　170
審査　366-367
診断的質問　132, 290-291
新聞記事　368
推論課題　30-35, 116, 221, 227, 232-238, 380
スキーマ　54-57
スキムリーディング　135
スキル、ウィル、スリル（3つのインプット）　379
スキルを教える　30, 331-333, 338, 340, 342-343, 347-350
スタディスキル　331-334, 347-349
　エビデンス　350-350
スプーフィング回答・作品の評価　165-168, 195, 229, 233, 241, 273
スペクトラム（連続量）　71-72
正解に到達するまで訂正する　121-123, 127, 374
正誤の文章　290-291
成績を付ける　236, 268-269
精読スキル　332-342, 348
精読スキルを教える　332, 338, 348
生徒同士の説明　150-151, 164, 171-172, 174, 173-180, 183, 191, 377-378, 383
生徒のプレゼンテーション　200-201
積極的に聴く課題　30
説明スキル　190, 202

先行オーガナイザー　78, 96, 99, 103, 104, 133-137, 143, 146, 190, 199, 208, 318-320, 346, 381
相互評価（生徒同士の評価）　26, 29, 195, 229, 279-280, 286-288
　省いて　287
　問題を作って　298
ソーシャルメディア　368, 372
SOLO（観察された学習成果の構造）　63, 236, 257

た

代数で説明　48-49
タイムライン　50, 71-72
「ダブルデッカー」の授業／課題　235, 242, 261, 334-336, 343, 347
短期記憶　174, 182
単元オーガナイザー　137
専門用語チェック係　207, 210, 214
チェック・修正　23-24, 112, 122, 263
　受け取る段階　215-216
　エビデンス　305-306
　学習中　288-289
　授業中　278-288
　トピックを学習した後に　290-292
　頻繁に　28
　目的　265
　よく見かける授業と優れた授業　265-268
　　フィードバックも参照
知識を関連付けること　19-20
抽象的概念を教える　51-56
抽象的な思考を拡張する　256-257
抽象的な表現　46-47, 50
著作権法　165
貯蓄　205-206
次の課題（の目標）　295
ティーチング＆ラーニングツールキット　382-383
帝国主義　51-53, 81-82, 137
テスト対策の方法　380
デモンストレーション　50, 103, 109, 116-119, 125, 152-154, 161-162, 171-173, 176-177, 181
　「受け取る」課題を使った　171

405

協働構成主義型　171
身体的スキル　171-173
生徒の　116, 125
尋ねながら進める　173
沈黙　172
モデリングも参照
同異　69, 78, 80
図表　69, 70
ベン図　70, 254
到達基準　25, 27, 96, 103, 130, 138, 146, 153, 208, 264, 269, 273-274, 279-285, 287, 288, 293, 304-305, 376
読書年齢　192-194
匿名化された回答・作品　165, 279, 283-285, 287
登山すごろく　298-300, 328
Docショッピング　365
トライアンギュレーション　14, 43, 58, 89, 104, 126, 145, 173, 305, 328, 350, 355, 369, 370-371, 386, 392

な

ナラティブ（物語式）先行オーガナイザー　135
苦手な箇所を把握・克服する方法：日本版　301
二重符号化　48, 58
偽物（の）カード　84, 86
2段階（の）アプローチ　149-151
日常的に使って（利用して）いる言葉　47, 49-50, 52-53, 56-58
認識論　113
認知科学の知見　371-373
認知心理学者　20, 234, 367
研究　58, 367, 373
認知的加速　57, 59
認知的活動　34
認知的葛藤　51-57, 59, 167, 283
認知的不協和　141-142
ゴールに設定する　141
ネガティブなコメント　271
ノート作成　329
方法　318
ノート作り　316-319
ノートを作る　184-185
改善する　349

過程　157
授業以外の時間で　321
授業中の　318
比較する　300
望ましくない（習慣的に選択してしまう）読み方をやめさせる　338-339

は

バーチャル（な）学習環境（VLE）　99, 194, 196-198, 280
パーツに分けて分析　62
バイアス　355, 365-368, 371
配布資料　136, 139, 194, 200, 243
橋渡し　196, 206, 258, 261, 337, 340, 343, 349, 378
発見学習　349
反転学習　101, 191
反復　93, 315-316
反例　240-241
ピアインストラクション　291
比較するオーガナイザー　75
比較表　71, 80, 197, 206, 254
非難しない授業　114-116
評価課題　238, 241-242, 378
評価基準　152-153, 160-161, 164, 166-168
評価の目的　268
評価プロフォーマ　295
表現
視覚的　47-50, 53, 57-76
象徴的　46-50
抽象的　46-47, 50
日常的に使って（利用して）いる言葉　47, 49-50, 52-53, 56-58
複数の方法　46, 48-50, 53-59
標準偏差　357-358
フィードバック　23, 88, 95-96, 100, 104, 115, 126, 132, 146, 211, 214, 216, 263, 268-269, 272-273, 275, 277-278, 294, 304-306, 313, 317, 328, 343, 361, 375, 378, 381-382
遅らせる　313
コメント　275
質が低い　278
批判するためではない　277

索引　　　406

評価を与える　304

有益な情報（ゴール・メダル・ミッション）を与える　304
メダルとミッション　115, 277, 306
チェックと修正も参照
VAK（視覚、聴覚、運動感覚）　46
ブースター　194-195, 216, 218
組み込む、取り入れる　232-233, 242
質が高い学習（クオリティラーニング）　29-30, 34, 98, 101, 228-232, 319, 325
深い学習　22, 33-35, 37-45, 92-93, 102-103, 183, 204, 219-221, 234, 238, 248-249, 297, 304, 311, 315, 323, 373-376, 380
獲得　376-378, 380
課題　220
強化　376-378, 380
転移　40
復習　313-315, 320
複数の表現方法　46-60, 190
エビデンス　58-59
2人ひと組　29, 97, 117, 119, 125, 178, 229
ブルーナーの螺旋型カリキュラム　312
ブルームのタクソノミー　299
ブレインストーミング　190, 253-254
クラス　188
ブレンド型学習　101, 102, 191
フローチャート（流れ図）　51, 58, 64, 72-73, 80, 88
プロセスに関するミッション　270
分散学習　36, 170, 311-312, 329, 361, 378
分配　22-23, 47, 237
best evidence encyclopedia　385-386
ベストエビデンスシンセシス　368
ベン図　40, 51-52, 64-67, 69-70, 75, 80-82, 197, 254, 259, 325
忘却　36, 311
方法やスキル　346
ホールクラスインタラクティブティーチング　102-104, 106, 314
ポジティブなコメント　271
微笑ましい回答　20
ホリスティックなアイデアマップ　65-66, 205

ホリスティック分析　61-64, 69, 253

ま
マスタリーテスト　102, 297-300
間違いの種類を記号で示す　303
間違いを見つけて修正する　293-294
マルチ・モダリティ　58
未知数（代数における）　49
ミックスされた課題　326
ミニ課題　183-184
無料で閲覧できるサイト　59, 89, 105, 127, 147, 174, 217, 249, 261, 306, 329, 351, 389
無力感　276, 304
明示的な指導（授業）　374
メタスタディ　359, 361, 363, 367, 372, 389
メタ認知　258, 336-338,340, 343, 348, 378, 383
メタ分析　64, 262, 272, 362-363, 368, 372, 389
メダルとミッション　211, 275, 278
フィードバック　115, 275, 277-278, 306
「目標や目的を誤解している」　274
モチベーション　379
モデリング　74, 76, 97, 145, 148-175, 230-231, 233, 242, 268, 274, 283, 339, 342, 345, 350
エビデンス　173-174
作文やレポートの思考プロセス　159-160
利用する　152-166
デモンストレーションも参照
モデルや解答の例と比較しながら
採点させる　165
モデルや模範回答例（手本）　25, 27, 153, 161, 168-171, 174, 229
書き写す　169
活用　161-165
問題解決　42, 50, 141, 378

や
役割　212-215
「優秀な教師」のストラテジー　121-124
優秀な教師たちの授業方法に関する研究　373-375

407

雪だるま式　29, 124-125, 166, 187, 189-190, 195, 208, 229, 233, 243, 253, 284-287, 318-320, 339, 343

要約、1分　292

要約をプリントの裏面に書く　322

ら

ラーニングループ　143-145, 161, 252, 258, 293-295, 338-339, 342-343

ラウンド　188-190

螺旋型カリキュラム　312

ラベルを付けた図　67

ランダム化比較試験　355, 363-364

リーダー　204, 210, 214

リサーチレビュー／シンセシス　359-362, 367-368, 372-373, 386-387, 390

量的研究　355, 362, 372, 375-376, 387
　情報源　375
　レビュー　369-370

リレーショナルシンキング　38, 256

類似点と相違点　40-42, 239, 247, 315, 323-325

類推、利用する　51-52

レンズ　63, 89, 205-207

「レンズ」の方法　206

連続量　71-72

ロンドン大学　384

わ

ワーキングメモリー　58, 148-152, 165, 174, 181, 234, 340

What Works Clearing house(WWC)　384-385

「わら人形論法」　368

割り算、概念　21-23, 37-38, 40-42, 47-48, 237-238

人名索引

エアーズ　105, 146, 171, 216, 248, 329, 351, 374

キャロル、ウィリアム　149
　3段階アプローチ　149-151

コフィールド、フランク　46

ハッティ、ジョン　98, 195, 126, 360-361, 375-381

ハッティ、ビグス、パーディ　346-348, 351

ハッティとドノヒューによる学習モデル　376-377

バトラー、ルース　275-276

ビグス、ジョン　32, 63, 333

ビグスとコリス　236, 257

ペティ、ジェフ　375
　『Teaching Today』　32, 205

レモフ、ダグ　121-122, 126-127, 174, 248-249, 306, 329, 373-374

レンツ　139-140

訳者あとがき

　卒業研究の相談を終えて時計を見ると時刻は夜8時。担当している講義は翌日の1限目！　残された時間に不安を感じながら、パワーポイントを開いて講義資料を作り始める大学教員3年目の秋。

　完成はいつも深夜1時を過ぎていました。完成できない理由は単純です。「こだわり」と「迷走」。講義の導入部分をこだわったり、説明の順番をこだわったり……。何を軸にして講義を作ると良いのかわからず、講義スタイルを1年単位で修正していました。

　「こだわり」のレベルは頑固オヤジ級。完成しても納得できなかった場合、陶芸家が満足できない壺を叩き割るかのようにリセットしていました。「自信を持って提供できる資料でなければ絶対に講義で使わない！」と決めていたので、新しい伝え方を閃いたときは嬉しくて、完成していても作り直さずにはいられませんでした。当時は「面白さ」を最優先で追求していました。「面白いほど記憶に残る！」と考えていたのです。

　「面白さだけでは不十分」とわかっていても、打開策がわからず、考え始めても明確なゴールに到達できるわけでもなく、悶々とした日々が続きました。どうしたものか。進むべき方向を見失った時は仲間に相談すれば良いのでしょう。しかし、講義の作り方を相談したくても、当時は相談できる仲間がおらず、1人で創意工夫を続ける（海外のエビデンスを探す）以外に道はありませんでした。

　時は流れて2022年10月。エビデンスの参照を続けた結果、ティーチングアワードを受賞する機会に恵まれました。エビデンスを参照しながら講義を作り続けていると、「何を変更すると良いのか（何を変更してはいけないのか）」の基準が少しずつわかるようになったのです。「こだわり」と「迷走」から抜け出すまで長い時間が必要でした。

認知科学や教育科学のエビデンスを知っていれば、「こだわり」と「迷走」の沼に落ちることはありません。しかし、「効果的な教え方」や「学習の仕組み」等のエビデンスを教えている教育学部は現在も多くありません。教員を目指す学生さんたちを長く見守り続けてきたこともあり、「本書を私だけの伝家の宝刀にしてはいけない！」「授業作りに苦労している先生たちに紹介したい！」と強く思うようになりました。当時の私と同じような苦労を負わせないためにも、本書の翻訳は最優先で達成したかったことでした。

　「認知心理学者が教える最適の学習法」が「学び方のエビデンス」を紹介している本であるなら、本書は「教え方のエビデンス」を紹介している本と言えるでしょう。日本中教育者たちの努力と苦労が報われますように！

2024年11月

訳者　岡崎善弘

岡山大学学術研究院教育学域准教授

著者紹介

ジェフ・ペティは、工学で学位を取得した後、あるソフトロックバンドの結成を支援していました。ジェフが支援したバンドは全英コンテストで優勝した他、ワーナーブラザーズとレコーディング契約を結びました。

ジェフは子どもの頃から、教え方が上手な教師と下手な教師がいることを不思議に思っていました。物理と歴史の教師になった後、コンプリヘンシブ・スクール（13～18歳の子どもが通うイギリスの総合制中等学校）と専門学校で物理を教えました（専門学校では教員研修も担当していました）。

当時、ジェフの研修を受けていた教師たちから「教え方を説明している本が実用的ではない」という不満が出ていました。実際、どの本も、教師たちが（そして、ジェフ自身が）最も知りたかった「教え方」の詳細はほとんど記載されていませんでした。

そこで、ジェフは「Teaching Today」を1994年に出版しました。「Teaching Today」は教員研修用テキストとしてベストセラーになり、この本によって、教え方と生徒たちの学習について実践的でインスピレーションを与えるように解説するジェフの評判が確立しました。この著者紹介を執筆している時点で、『Teaching Today』はAmazonにおいて星5個のレビューが140件も付いています。

ジェフはサットン・コールドフィールド・カレッジ（専門学校）で「学習開発マネージャー」として働き、学内全体の授業改善を目指してエビデンスを活用しました。その結果、この学校は、国内で最高のValue added scor（一定の期間でどれくらい生徒たちの学力を伸ばしたかを測る数値）を取得しました。

2006年に出版された『Evidence-Based Teaching』では、ジェフは最

も信頼できる方法でエビデンスを活用しており、効果的な教え方、戦略や全体的な計画、テクニックを紹介しています。実際の使い方だけでなく、それらが成果をもたらす理由も説明しています。本書は、『Evidence–Based Teaching』を簡潔にまとめた一冊です。

　ジェフの書籍は、中国語やロシア語を含めた８ヶ国語で翻訳されており、大学などの教育機関で行われた彼の研修は伝説と称されています。ジェフの研修を受けた後、教師たちは「支えられた実験」を始めており、新しい授業方法を試すなど、協力して授業の質を高め合い、学び合っています。

　無料でダウンロードできる多くの情報はwww.geoffpetty.com に掲載されています。ジェフの動向はX（旧Twitter）で知ることができます。
　ジェフのXアカウント：@geoffreypetty

著者略歴

ジェフ・ペティ（GEOFF PETTY）
イギリスを代表する教授法の専門家。28年間の教員生活の経験を活かして執筆した『Teaching Today』（1994）が教員研修用テキストとして大ベストセラーになる。最も信頼できる方法で科学的エビデンスを活用し、最強の教え方、戦略、テクニックを紹介した『Evidence-Based Teaching』（2006）のエッセンスをさらに凝縮した傑作が本書。著書はこれまで中国語、ロシア語を含め8ヶ国語に翻訳され、大学などの教育機関で行われた彼の研修は伝説と称されている。

日本語版監修者略歴

緒方広明（おがた　ひろあき）
京都大学学術情報メディアセンター　教授。1998年、徳島大学大学院工学研究科博士後期課程修了、博士（工学）。研究分野は、モバイル・ユビキタスラーニング(Computer Supported Mobile and Ubiquitous Learning)、協調学習環境、CSCL (Computer Supported Collaborative Learning)、ラーニングアナリティクス、教育ビッグデータ、教育データサイエンス、教育情報学、教育工学。共著に『情報研シリーズ23 学びの羅針盤―ラーニングアナリティクス』2020年（丸善出版)、『学びを変えるラーニングアナリティクス』2023年（日経BP)。

訳者略歴

岡崎善弘（おかざき　よしひろ）
岡山大学学術研究院教育学域　准教授。2012年、広島大学大学院教育学研究科博士課程修了、博士（心理学）。日本学術振興会特別研究員（PD）を経て、2022年より現職。教育学部で教育心理学や児童心理学の講義を担当している。令和3年度岡山大学ティーチング・アワード表彰を受賞。訳書に『認知心理学者が教える最適の学習法 ビジュアルガイドブック』2022年（東京書籍）。

校正協力

雲財 寛　　（東海大学児童教育学部　講師）
緒方拓也　　（津山市立鶴山小学校）
小田哲也　　（岡山大学学術研究院教育学域　准教授）
德留宏紀　　（三宅町立三宅幼児園　園長）
友滝 愛　　（東京大学大学院医学系研究科附属グローバルナーシング
　　　　　　　リサーチセンター　特任研究員）
槇野邦彦　　（岡山大学教師教育開発センター　准教授）
安永和央　　（岡山大学学術研究院教育学域　准教授）
山形悟史　　（岡山大学学術研究院教育学域　講師）
渡邊友萌　　（岡山大学大学院教育学研究科　修士課程2年）

東京出版サービスセンター

科学的エビデンスに基づく最適の教え方
実践ガイドブック

2025年1月23日 第1刷発行

著者　ジェフ・ペティ
日本語版監修者　緒方広明
訳者　岡崎善弘

翻訳協力　テーラー幸恵

装丁　沼本明希子（direction Q）
装画　本村誠
DTP　越海辰夫（越海編集デザイン）
協力　小野寺美華、柴原瑛美
編集　金井亜由美

発行者　渡辺能理夫
発行所　東京書籍株式会社　〒114-8524　東京都北区堀船2-17-1
　　　　電話 03-5390-7531（営業）／03-5390-7512（編集）
　　　　https://www.tokyo-shoseki.co.jp
印刷・製本　株式会社リーブルテック

ISBN978-4-487-81544-9　C0037　NDC370
Japanese edition text copyright ©2025 by OGATA Hiroaki, OKAZAKI Yoshihiro, TAYLOR Yukie,
Tokyo Shoseki Co., Ltd. All rights reserved. Printed in Japan

乱丁・落丁の場合はお取り替えさせていただきます。定価はカバーに表示してあります。
本書の無断転載は固くお断りします。本書の情報は原則的に原書出版時のものとなります。